하나님과
함께하는
출근길
365

하나님과 함께하는
출근길 365

© 생명의말씀사 2016

2016년 12월 7일 1판 1쇄 발행
2024년 7월 29일 6쇄 발행

펴낸이 | 김창영
펴낸곳 | 생명의말씀사

등록 | 1962. 1. 10. No.300-1962-1
주소 | 서울시 종로구 경희궁1길 6 (03176)
전화 | 02)738-6555(본사) · 02)3159-7979(영업)
팩스 | 02)739-3824(본사) · 080-022-8585(영업)

지은이 | 김민정

기획편집 | 서정희, 박미현, 김세나
디자인 | 김혜진
인쇄 | 영진문원
제본 | 다온바인텍

ISBN 978-89-04-16570-4 (03230)

저작권자의 허락없이 이 책의 일부 또는 전체를
무단 복제, 전재, 발췌하면 저작권법에 의해 처벌을 받습니다.

하나님과 함께하는 출근길 365

김민정 지음

이 기도문을 읽는 1분의 일상이
하루의 시작점에서 하나님을 기억하는
우리의 영성이 될 것입니다

나는 2001년부터 서너 군데 회사에서 신우회 예배를 인도해 왔었다. 그간 통신, 제조, 무역, 디자인 등 다양한 회사에 예배 인도차 방문하면서 그래도 나름 다른 목사들보다는 직장인들의 일상에 대해 많이 알고 있다고 자부했었다. 그렇게 딱 10년이 되던 2011년 1월에 한 회사의 사목으로 청빙을 받고 입사하게 되었다. (이 곳에서 나는 다른 직원들과 마찬가지로 출퇴근하면서 예배와 직원 상담 등의 사역을 담당하고 있다.)

그런데 막상 회사에 출근해 그들과 같이 생활하면서, 나는 정말 큰 충격을 받았다. 목사들이 상상할 수 없는 생존을 향한 치열함, 더불어 크리스천이라는 이름으로 자리매김하기 위한 그들만의 고민과 몸부림이 생생하게 다가왔기 때문이다.

나는 '이들을 위해 무엇을 할 수 있을까? 무엇이 이들에게 도움이 될까?'를 정말 많이 고민했다.

어떻게 하면 그 바쁜 아침에 하나님을 기억할 수 있을까?

입사 후 첫 3년은 아침마다 말씀을 요약해서 큐티를 나누듯이 전 직원에게 메일을 발송했다. 그런데 시간이 지나면서 직장인들은 그것조차도 읽을 시간이 없다는 것을 알게 되었다.

'어떻게 하면 그 바쁜 아침에 하나님을 기억하게 할 수 있을까?'
'더 짧아야 하겠구나… 더 간결해야 하겠구나….'

고민하다가 그냥 읽기만 해도 자신의 기도가 될 수 있는 간단한 기도문을 보내기로 했다. 아침에 출근하자마자 볼 수 있도록 전 직원 메일을 보내기 시작한 지 3년이 지나 출장이 잦은 회사의 특성을 고려해 출장을 가는 직원에게는 카톡으로도 기도문을 보냈다. 퇴사한 직원들에게도, 지인들에게도 알음알음 보내기 시작한 것이 오늘에 이르렀다. 매일 아침 한 명 한 명에게 기도문을 복사해서 붙이는 일을 반복하며 그 이름을 누를 때마다 그 사람을 위해 기도했다. 내가 휴가라도 가는 날에는 왜 기도문을 보내지 않느냐고 성화를 부리는 사람들이 늘어갔다. 그저 초라한 일상의 기도문일 뿐인데, 그나마도 할 수 없는 사람들에게는 힘이 되었나 보다.

나는 일상의 힘을 믿는다

이 기도문은 가볍다. 내 영성의 깊이가 그 정도이기도 하지만, 너무 무거운 기도는 하고 싶지 않았다. 가벼워 보일지라도 마음에 와 닿는 기도를 하고 싶었다. 내가 쓰는 일상의 단어들과 때로는 지지고 볶는 한심한 모습들 그대로 기도 속에 녹이고 싶었다. 매일 아침 똑같은 날의 반복, 똑같은 기도문을 쓰는 일은 쉽지 않지만 나는 일상의 힘을 믿는다. 직장이 가장 그러하다. 직장의 지루한 일상은 한없이 무료한 반복 같지만, 그것이 경력이 되고 실력이 되고 열매가 된다. 우리의 삶도 이와 같다. 매일 똑같은 일을 반복하는데 그게 나의 모든 실력과 열매를 좌우한다.

오늘 우리의 일상이 그러하다. 눈물 흘리며 출근하는 이 일상이 쌓여 우리는 대리가 되고 과장이 된다. 우는 아이를 아픈 마음으로 밀어놓고 출근하는 일상이 우리로 차장이 되고 부장이 되게 한다. 대가를 치르는 일상이 우리로 열매 맺게 하듯이 똑같은 아침의 반복이지만, 이 기도문을 읽는 1분의 일상이 하루의 시작점에서 하나님을 기억하는 우리의 영성이 될 것이다.

세상으로 나가는 당신을 존경한다

내가 본 모든 직장인들은 위대했다. 그들의 성품, 실적, 습관과 상관없이 그러하다.

모든 직장인 엄마들은 위대하다. 그들은 거하는 모든 곳에서 죄인이지만, 역으로 모든 곳에서 그들은 희생하고 있다.

모든 직장인 아빠들은 위대하다. 그들이 어려움을 견뎌내는 모든 원동력은 가족에게 나오기 때문이다. 직장에서 무슨 일을 겪는지 누가 알겠는가. 자기 혼자라면 참지 않을 일들을 참아내는 딱 하나의 이유는 가족 때문이다.

모든 직장 젊은이들은 위대하다. 꿈꾸고 싶어 직장에 다니지만 때로는 꿈으로 가는 길이 보이지 않음에도 인내로 자신의 길을 만들어가기 때문이다.

어떤 이유이든 상관없이 난 세상으로 나가는 당신을 존경한다. 어떤 모습을 보이고 있던지 이미 당신은 전쟁터에 나아와 있기 때문이다. 그래서 난 오늘 일터로 향하는 당신을 목사로서 존경하고 사랑한다.

_ **김민정** 목사

1월

JANUARY / 01

오직 너희의 심령이 새롭게 되어
하나님을 따라 의와 진리의 거룩함으로
지으심을 받은 새 사람을 입으라
_ 에베소서 4:23-24

이 달 의 기 도 제 목

-
-
-
-
-

JANUARY 1

시간의 주인이신 하나님을 찬양합니다

나의 희망이 되시는 하나님 아버지,
오늘 새로운 한 해를 시작하는 멋진 아침을 주심에 감사합니다.
아버지께서 시간을 나누시고 경계를 나누셔서
우리로 어제가 있게 하시고 오늘이 있게 하셨으니
어제의 아픔은 잊게 하시고 오늘을 기대하게 하심을 감사합니다.

지난 한 해의 모든 아픔과 어려움들을 다 잊게 하시고 오늘 새 희망을 품게 하소서.
어제와 똑같은 하루처럼 보이지만 시간의 주인이신 창조주 아버지께서
우리에게 새롭다 명하시면 그리 될 줄 믿습니다.
이 새해가 진정 내 삶의 새로운 도전과 시작이 되게 하소서.

오늘 내가 만나는 일터의 모든 것들이 새로워지기를 기도합니다.
나의 출근길과 나의 책상, 내가 만나는 사람들과 나의 모든 일들에게
새롭다 명하여 주소서.

올해는 조금 더 성숙한 모습으로 서길 원합니다.
작년에 나를 몸부림치게 했던 모든 부족함들을 벗어 버리게 하소서.
올해는 주님으로 인하여 더 감격하게 하소서.

나의 주 나의 시간이 되시는 주님. 사랑합니다.
예수 그리스도의 이름으로 기도합니다.
아멘!

:: 우리가 시작할 때에 확신한 것을 끝까지 견고히 잡고 있으면 그리스도와 함께 참여한 자가
되리라 (히브리서 3:14).

JANUARY 2

오늘 나의 선 자리가 주께서 세우신 곳입니다

나를 위해 일하시는 아버지,
사랑의 아버지 언제나 나를 위해 오늘도 쉬지 않고 일하심에 감사합니다.
나로 매일 출근하는 이 길에서 나의 일터를 축복하게 하소서.

올 한 해도 주님께서 나를 부르신 이 곳에서 나의 삶에 최선을 다하기 원합니다.
아버지께서 가라면 가고 서라면 서겠다고 고백하는 찬양의 노래처럼,
오늘 나의 선 자리가 주께서 세우신 곳이고,
있으라 한 곳임을 믿고 성실하게 하소서.
새로운 시작 앞에서 열정을 잃어 버리지 말게 하소서.
내가 누군가를 위해서 일하는 것이 아니라
결국 나를 위해 일하는 것이라는 믿음을 주소서.
그래서 입술에서 감사가 넘치는 하루하루가 되게 하소서.

나를 부르신 곳에서 사람들을 섬기기 원합니다.
힘들고 어려운 곳일수록
더 하나님의 빛이 필요한 곳이라는 믿음으로 굳건히 서게 하소서.
직장을 주심에 감사합니다.
이로 인하여 많은 것을 지킬 수 있게 하심에 감사합니다.

이 감사한 마음으로 올 한 해를 가득 채우게 하시고, 기쁨과 열정을 허락하소서.
일터를 향한 새 마음으로 가득 채워 주소서.
나의 주 나의 예수님의 이름으로 기도합니다.
아멘!

:: 하나님의 은사와 부르심에는 후회하심이 없느니라 (로마서 11:29).

JANUARY 3

주님의 손을 굳게 잡고 출근합니다

하나님 아버지,
오늘도 새날을 허락하신 아버지 감사합니다.
어제의 모든 짐들을 내려놓고, 완전히 새로운 하루를 시작하게 하심을 감사합니다.
오늘도 다시 주님의 인자하심을 믿고 시작합니다.
혹여 육체는 피곤할지라도 나의 영혼은 오늘도 새롭게 하소서.
나의 영혼이 나의 육체를 다시 일으켜 오늘 힘찬 출근길이 되게 하소서.

나의 직장에서의 삶이 상사의 지시만으로 사는 것이 아니라,
하나님께서 원하시는 또 다른 명령 앞에 순종하는 삶을 살게 하소서.
상사를 기쁘게 하려고만 애쓰는 것이 아니라
주님을 기쁘시게 하는 삶도 동시에 살게 하소서.
나에게 주어진 명령은 상사의 업무만이 아니라
이곳에서 실천해야 할 하나님의 업무도 있음을 알게 하소서.
그래서 세상 속에서 반드시 믿음의 승리가 있게 하소서.

이 사명을 위해 주님께서 매 순간 동행하심에 감사합니다.
이 아침에 주님의 손을 굳게 잡고 출근하게 하소서.
오늘도 나에게 주어진 한 해를 축복합니다.
매일의 걸음걸음이 아버지께서 인도하시는 길이 되게 하소서.
주님과 대화하며 걸어가는 길 되게 하소서.
예수님의 이름으로 기도합니다.
아멘!

:: 이르되 주여 내가 주께 은총을 입었거든 원하건대 주는 우리와 동행하옵소서 이는 목이 뻣뻣한 백성이니이다 우리의 악과 죄를 사하시고 우리를 주의 기업으로 삼으소서
(출애굽기 34:9).

JANUARY
4

하나님이 원하시는 일을 해내는 것이 승리입니다

사랑하는 하나님 아버지!
오늘도 아름다운 날을 주셔서 감사합니다.
주님께서 모든 것을 창조하시고 기뻐하신 것처럼
이 모든 창조물이 아름다운 것을 믿습니다.

하나님, 오늘도 승리하게 하소서.
그런데 그 승리가 다른 사람을 가슴 아프게 하는 승리가 되지 말게 하시고,
모두가 박수 쳐 기뻐해 줄 수 있는 승리를 이루게 하소서.
세상에서 높아지는 것이 승리가 아니라,
하나님이 원하시는 일을 해내는 것이 승리임을 기억하게 하소서.
승리가 쟁취가 아니라 때로는 내려놓음으로
아버지의 박수를 받을 수 있음을 믿습니다.

올 한 해는 하나님을 기쁘시게 하기에 더 노력하게 하소서.
세상의 기준에 맞추기보다 하나님의 기준에 맞추는 삶을 살게 하소서.
세상을 거스르는 믿음은 흐르는 강물을 거스르는 것처럼
많이 힘들고 어렵다는 것을 기억하고 쉽게 포기하지 말게 하소서.
타협이 자연스럽고 아부가 문화가 되어 있는 세상에서
하나님의 방식으로 정직하게 하시고, 무례하지 않는 소신을 지키게 하소서.
오늘도 나의 영혼은 주님의 품 안에 있음을 믿습니다.
나의 하루를 지키고 보호하소서.
힘의 근원 되시는 예수님의 이름으로 기도합니다.
아멘!

:: 정직하게 행하는 자는 여호와를 경외하여도 패역하게 행하는 자는 여호와를 경멸하느니라
(잠언 14:2).

JANUARY 5

오늘 해야 하는 모든 일에 복을 주십시오

나를 바라보시는 하나님 아버지,
오늘도 따뜻한 잠자리에서 일어나게 하신 아버지 감사합니다.
이 아침에 맑고 상쾌한 마음을 허락하소서.
매일 아침 새로운 출발을 다짐하는 마음으로 시작하게 하소서.

새해 첫날 먹었던 마음을 잊어버리지 말게 하시고,
매일 기억하며 기도하게 하소서.
나의 기도가 하나님의 기대와 같은 것이 되게 하시고,
아버지의 마음을 닮아 가는 하루하루가 되게 하소서.

오늘도 지혜를 주셔서 모든 상황마다 잘 대처하게 하시고,
내가 예상하지 못한 모든 일 속에서 하나님께서 특별히 일하여 주소서.
이 아침에 하나님으로 인하여 웃게 하시고,
아버지로 인한 이 기쁨을 다른 사람에게 전달하는 아버지의 자녀 되게 하소서.
만나는 사람들의 등을 두드려 격려하게 하시고,
실수한 자에게 따뜻한 위로를 전하는 자 되게 하소서.

하나님의 사랑이 오늘도 나를 지켜주심을 믿습니다.
오늘 해야 하는 모든 일에 복을 주시고,
저녁이 되어 하나님께 모든 순조로움에 감사하는 하루 되게 하소서.
나의 주 나의 전부이신 예수 그리스도의 이름으로 기도합니다.
아멘!

:: 너희에게 아버지가 되고 너희는 내게 자녀가 되리라 전능하신 주의 말씀이니라 하셨느니라
(고린도후서 6:18).

오늘 나를 새롭게 하시고, 이 하루를 새롭게 하소서

모든 만물의 시작이 되시는 하나님 아버지,
우리에게 새해를 주시고, 새로운 시작을 허락하시는 주님 감사합니다.
지나간 것을 바라보지 않고 새로운 것을 바라보게 하시는 주님,
주님의 뜻을 따라 새 마음을 가지고 오늘도 새롭게 시작하기 원합니다.
우리의 마음 가운데 기대와 희망이 가득하게 하시고
하나님의 은혜로 채우고 시작할 수 있는 한 해, 하루가 되게 하소서.

하나님께서 명하시면 모든 것이 새롭고 모든 것이 가능한 것을 믿습니다.
오늘 나를 새롭게 하시고, 오늘 이 하루를 새롭게 하시고,
오늘 우리의 마음을 새롭게 하셔서 하나님으로 인해 모든 것이 가능하고,
하나님으로 인해 모든 것이 새로워질 수 있다는 믿음으로 시작하게 하소서.

날이 흐려도, 바람이 불고 추워도, 차가 막혀도,
나의 마음을 자극하는 어떤 것이 와도
내 기쁨의 근원은 하나님이시니 흔들리지 말게 하시고
찬양이 넘쳐나는 하루 되게 하소서.

오늘도 해야 하는 모든 일들을 축복합니다.
오늘 함께 일해야 하는 나의 동료들을 축복합니다.
나의 가족들과 모든 공동체들 속에 하나님의 은혜가 가득한 하루 되게 하소서.
나의 사랑이 되시는 예수 그리스도의 이름으로 기도합니다.
아멘!

:: 오직 너희의 심령이 새롭게 되어 하나님을 따라 의와 진리의 거룩함으로 지으심을 받은 새
사람을 입으라 (에베소서 4:23-24).

JANUARY 7

주님과의 만남을 통해 모든 것이 회복되는 하루

새 힘을 주시는 하나님 아버지,
오늘도 소중한 하루를 주신 하나님 아버지 감사합니다.
새해의 하루하루가 매일 지나가고 있습니다.
이렇게 또 금방 지나갈 것 같은 매일을 지내며
하나님 앞에 하루하루를 소중하게 여기며 살게 하소서.

오늘 하루를 시작하며 혹 피곤하고 불편한 몸으로 하루를 시작하더라도
마음까지 어두워지지 않게 하소서.
마음은 언제나 새롭기를 원하지만 그것이 뜻대로 되지 않음은
나의 마음이 육체와 환경에 묶여 자유롭지 못함입니다.
그럼에도 불구하고 오늘을 새롭게 하기 위하여 나의 영혼을 새롭게 하시고,
주님과의 만남을 통해 모든 것이 회복되는 역사를 주소서.

오늘도 나의 말을 조심하고,
나의 눈과 표정과 나의 행동을 조심하여 시험이 드는 자 없게 하소서.
내가 심판관이 되는 피곤한 생활을 하지 말게 하시고,
내가 누군가를 향하여 늘 변호하는 사람이 되는 예수님을 닮은 삶을 살게 하소서.

나의 가는 길에 도움이 되지 않는 많은 생각들을 버리게 하시고,
단순하게 하셔서 주님의 뜻을 생각하며 매 순간 옳은 선택을 하게 하소서.
주님 안에 천국을 누리는 하루, 한 해 되게 하소서.
나의 모든 소망 되시는 예수 그리스도의 이름으로 기도합니다.
아멘!

:: 내 영혼을 소생시키시고 자기 이름을 위하여 의의 길로 인도하시는도다 (시편 23:3).

내가 조금 더 희생해서 나아질 수 있는 것이 있다면

나의 아버지
오늘도 귀한 하루를 선물로 주심에 감사합니다.
새해를 맞이하였지만 새해 같지 않게 보내고 있다면
다시 새로운 마음으로 심기일전 하는 기회가 되게 하소서.

오늘 하루 무엇이 주님께 영광을 드리는 것인지를 기억하게 하소서.
이제는 너무나 추상적이 되어 버린 '주님께 드리는 영광'이라는 말이
나의 삶에 실제가 될 수 있게 하소서.
나로 평화의 도구가 될 수 있게 하소서.
사람들과 사람들 사이에서 화평하게 만드는 자 되게 하소서.

내가 조금 더 희생해서 나아질 수 있는 것이 있다면 그 길을 선택하게 하소서.
나의 노력으로 다른 사람들이 더 즐거워질 수 있다면
그것을 선택하여 주님의 기쁨이 되게 하소서.
지혜를 주셔서 수많은 만남들 사이에서 기쁨의 조종자가 되게 하소서.
가족이라는 이름으로 묶어 주신 사람들이 얼마나 소중한지 기억하게 하셔서
나로 그들을 섬길 수 있는 마음이 가득하게 하소서.

오늘도 열심히 일할 수 있는 건강을 주심에 감사합니다.
시간과 건강의 선물만으로 충분히 감사한 날이오니
주님과 동행하며 행복한 하루를 만들어 가게 하소서.
나로 주님의 도구 되게 하시는 예수 그리스도의 이름으로 기도합니다.
아멘!

:: 화평하게 하는 자들은 화평으로 심어 의의 열매를 거두느니라 (야고보서 3:18).

저는 종이처럼 연약한 존재입니다

하나님 아버지!
오늘 아침 지친 몸을 이끌고 출근했습니다.
새 힘을 주시옵소서.
맑은 하늘처럼, 차가운 공기처럼 저의 몸과 마음을 깨끗하고 맑게 하여 주소서.
하나님의 생기의 바람이 저의 온몸과 마음에 가득하게 하소서.

이 순간 하나님의 생명이 제 안에 가득 임하게 하소서.
내 몸의 불편한 구석구석마다, 내 머리의 탁한 구석구석마다
하나님의 생명의 에너지가 가득 임하여 치유되길 기도합니다.

저는 종이처럼 연약한 존재입니다.
이 연약한 그릇 안에 하나님을 품어야만 강해질 수 있습니다.
내 안에 오셔서 오늘 저로 강하게 하시고,
그 주님의 강함이 파괴적 강함이 아니라,
사랑하고 세우고 헤쳐 나가는 강함이 되게 하소서.

오늘 이 하루 하나님 앞에 승리하게 하소서.
그저 견뎌 내는 것이 아니라,
넉넉히 이겨 승리하게 하소서.
세상이 험하여도 주님은 강하시니 주님과 함께라면 어디든 갈 수 있습니다.
오늘 나와 매 순간 함께하소서.
나의 주님, 당신의 이름으로 기도합니다.
아멘!

:: 무릇 하나님께로부터 난 자마다 세상을 이기느니라 세상을 이기는 승리는 이것이니 우리의 믿음이니라 (요한일서 5:4).

JANUARY 10

내가 받은 복이 얼마나 많은지 알게 하소서

하나님 아버지.
오늘 하루를 시작할 수 있게 하심에 감사합니다.
내게 주어진 책임을 다하게 하시고,
나에게 요구되어지는 일들 속에 하나님의 뜻이 있음을 기억하게 하소서.

지치지 말게 하시고, 매 순간 놀라운 지혜로 덧입혀 주소서.
힘들고 어려울 때마다 십자가를 기억하게 하소서.
나를 살리기 위해 예수님께서 지신 십자가 얼마나 큰 고통의 것이었는지,
그것 때문에 내가 살고 있고, 소망이 있다는 것을 잊지 말게 하소서.

매일 내가 받은 상처를 세고 묵상하며 괴로워하는 쳇바퀴에서 벗어나게 하소서.
내가 받은 복이 얼마나 많은지를 세게 하시고,
그 크신 십자가의 은혜를 세게 하소서.
그래서 오늘 내가 누리는 이 하루가 얼마나 대단한 것인지 느끼게 하소서.

오늘도 이 땅에서 살아야 합니다.
이 땅에서 살면서 이 땅처럼 살게 하지 하시고,
하늘의 자녀로서 품위를 잃지 않도록 우리의 마음을 붙잡아 주소서.
이 땅을 살되, 하늘처럼 살게 하시고 하늘이 임하게 하는 다리가 되게 하소서.
주님을 의지합니다.
이 마음에 십자가를 품게 하소서.
나를 살리신 예수 그리스도의 이름으로 기도합니다.
아멘!

:: 그의 영광의 풍성함을 따라 그의 성령으로 말미암아 너희 속사람을 능력으로 강건하게 하시오며 (에베소서 3:16).

어제보다 나은 하루가 되길 원합니다

사랑의 하나님 아버지.
오늘도 아침에 출근할 수 있는 직장을 주심에 감사합니다.
이 경제력 또한 하나님께서 저에게 주신 축복임을 믿습니다.
저의 마음 가운데 이로 인한 감사가 넘치게 하여 주시옵소서.
주님께서 선물로 주신 직장임을 기억하게 하시고
그것 때문에 어떠한 어려움도 견뎌 나갈 수 있게 하옵소서.

오늘 새날을 허락하셨는데
어제보다 나은 하루가 되길 원합니다.
마음의 어두움을 모두 지워버리게 하시고,
마치 오늘 새로 시작하는 일처럼 그렇게 신선한 마음을 주소서.

삶의 기회 주심에 감사하며,
신나게 일하게 하시고, 미래를 계획하게 하시고
성실한 오늘이 내일의 토대로 반드시 쌓아지게 하소서.
오늘! 이 하루를 주님께 맡깁니다.

내가 선 자리, 내가 앉은 자리에 함께하여 주소서.
오늘도 멋지게 살겠습니다.
지켜 주옵소서.
이 모든 것을 나에게 생명 주시기까지
사랑하신 예수 그리스도의 이름으로 기도합니다.
아멘!

:: 오직 여호와를 앙망하는 자는 새 힘을 얻으리니 독수리가 날개 치며 올라감 같을 것이요 달음박질하여도 곤비하지 아니하겠고 걸어가도 피곤하지 아니하리로다 (이사야 40:31).

JANUARY 12

하나님의 눈으로 사람과 일을 보는 하루

사랑의 하나님.
오늘도 저와 함께해 주심에 감사합니다.
비록 피곤한 몸을 이끌고 출근했지만, 새 힘을 주시옵소서.
정리되지 못한 일들과 복잡한 마음속에서
주님께서 주시는 새로운 활력이 나를 사로잡게 하소서.

오늘도 하나님을 기쁘시게 하길 원합니다.
그런데 사실 어떻게 해야 할지 잘 모르겠습니다.
매 순간 하나님께서 싫어하시는 일들을 하지 않도록 도와주십시오.
매 순간 하나님께서 원하시는 일들을 분별해 낼 수 있도록 도와주십시오.
그리고 실천할 수 있도록 힘을 주소서.

주님의 사랑과 생명의 에너지가 저의 몸과 마음을 사로잡게 하소서.
다른 사람의 선한 의도를 읽을 수 있는 마음을 주소서.
내 눈에 덮인 모든 선입견을 제하여 주소서.
하나님의 눈으로 사람과 일을 보게 하소서.
그리고 보는 것으로 그치지 않고, 반드시 실천하게 하소서.
내가 선 이곳에서 작은 예수가 되게 하소서.
주님을 의지합니다.
그래서 제게 희망이 있음을 믿습니다.
사랑합니다.
나의 주 나의 전부 되신 예수 그리스도의 이름으로 기도합니다.
아멘!

:: 너희가 열매를 많이 맺으면 내 아버지께서 영광을 받으실 것이요 너희는 내 제자가 되리라
(요한복음 15:8).

JANUARY 13

새 힘이 필요합니다

하나님,
무거웠던 어제도 지나가고 새날을 주심을 감사합니다.
오늘 일어날 수 있는 건강 주시고,
오늘 일할 수 있는 지혜 주셔서
지금 이 자리에 있게 하심을 감사합니다.

어제의 무거운 마음이 오늘 나를 붙잡지 말게 하시고,
오늘 아침 하나님의 성실하신 그 인자하심이 나를 사로잡게 하소서.
새 힘이 필요합니다.
하나님께서 주시는 평강과 은혜가
오늘 하루 종일 제 마음을 붙잡게 하소서.

오늘 내가 서 있고, 앉아 있는 이 자리에 하나님 임재하여 주시옵소서.
주께서 주시는 힘으로 오늘도 일에 열정 있게 하시고,
사람을 사랑하게 하시옵소서!
주님을 기대합니다.
사랑합니다.
감사합니다.
예수님의 이름으로 기도합니다.
아멘!

:: 여호와가 너를 항상 인도하여 메마른 곳에서도 네 영혼을 만족하게 하며 네 뼈를 견고하게 하리니 너는 물 댄 동산 같겠고 물이 끊어지지 아니하는 샘 같을 것이라 (이사야 58:11).

JANUARY 14

하나님의 도움 없이는 일할 수 없습니다

사랑의 하나님 아버지!
오늘 아침 맑은 하늘을 주셔서 감사합니다.
오늘 이 하늘처럼 저희의 마음도 깨끗하고 맑아질 수 있도록 은혜를 주시옵소서.
해야 할 일들이 걱정과 근심이 되지 말게 하시고,
그것이 분노와 짜증이 되지 않도록 지켜 주시옵소서.

무거운 짐들이 기도 제목이 되게 하셔서
하나님의 도움으로 일할 수 있도록 은혜를 주소서.
오늘도 하나님의 도움 없이는 일할 수 없음을 고백합니다.
만남의 축복을 허락해 주셔서, 도울 이를 만나게 하소서.
또 내가 돕는 이가 되어서 다른 사람들의 기쁨이 되게 하소서.

두고 온 가족들을 지켜주소서.
제가 있는 자리에 함께하시듯, 그들이 있는 자리에도 함께해 주소서.
오늘을 주님께 의탁 드립니다.
사랑합니다.
감사합니다.
예수님의 이름으로 기도합니다.
아멘!

:: 내가 너와 함께 있어 네가 어디로 가든지 너를 지키며 너를 이끌어 이 땅으로 돌아오게 할지라 내가 네게 허락한 것을 다 이루기까지 너를 떠나지 아니하리라 하신지라 (창세기 28:15).

JANUARY 15

주변 사람을 귀하게 여기겠습니다

사랑의 하나님 아버지
오늘도 밝은 아침을 주심에 감사합니다.
나에게 사랑하는 사람들을 주심에 감사합니다.
그리고 그들에게 사랑 받게 하심을 감사합니다.
나에게 지켜야 할 가족이 있게 하시고, 아픔을 나눌 친구를 허락하시며,
함께 위로할 동료를 주심에 감사합니다.

내 주변에 있는 모든 사람들이
나에게 이렇게 귀한 사람들임을 오늘도 기억하게 하시고,
더 많은 사람들을 내 인생의 소중한 동반자로 만들 수 있도록
사랑의 마음으로 대하고 공들이게 하소서.
주님을 대하듯 그들을 대접하게 하소서.

오늘 나에게 쌓여진 수많은 업무들 위에 손을 얹고 기도합니다.
이 일들을 잘 마치게 하소서.
그저 때우는 것이 아니라 좋은 열매를 얻을 수 있는 축복을 허락하소서.

오늘 하루를 주님께 맡겨드립니다.
내가 지켜야 할 사람들로 힘을 얻어 오늘도 일합니다.
오늘도 멋진 하루 되게 하소서.
주님을 사랑합니다.
죽기까지 나를 사랑하시는 예수 그리스도의 이름으로 기도합니다.
아멘!

:: 사랑하는 자들아 우리가 서로 사랑하자 사랑은 하나님께 속한 것이니 사랑하는 자마다 하나님으로부터 나서 하나님을 알고 (요한일서 4:7).

JANUARY 16

좌절케 하는 일들을 이겨내고 싶습니다

사랑하는 하나님 아버지,
오늘도 새로운 아침을 주심에 감사합니다.
오늘 이 하루가 어제보다 나은 하루가 되게 하여 주소서.
나로 하나님을 알게 하시고, 하나님을 믿게 하시고,
십자가로 구원을 얻게 하여 주심에 감사합니다.

그 십자가의 은혜가 너무도 커서
내게 일어나는 일들이 아주 작은 일이 되도록 하여 주소서.
내 마음의 은혜가 너무 위대하여서
나에게 상처 주는 일이나, 나를 분노케 하는 일이나,
나로 좌절케 하는 일들이 그저 아무 것도 아닌 일처럼 이겨낼 수 있게 하소서.

나에게 영원한 생명을 주셨사오니,
살면서 일어나는 크고 작은 일들 정도는 감사함으로 소화할 수 있게 하소서.
오늘도 놀라지 말게 하시고, 오늘도 두려워 말게 하소서.
주님을 의지하여 담대하게 하시며 남들과 다른 사랑을 하게 하소서.
주님 차원의 사랑을 하는 하루 되게 하소서.

주님께 나의 인생을 드립니다.
주께서 생명을 주셨으니, 나는 나의 삶을 드리겠습니다.
오늘을 포함한 나의 삶을 받아 주소서.
나의 주 나의 전부 되신 예수 그리스도의 이름을 기도합니다.
아멘!

:: 그는 시냇가에 심은 나무가 철을 따라 열매를 맺으며 그 잎사귀가 마르지 아니함 같으니 그가 하는 모든 일이 다 형통하리로다 (시편 1:3).

JANUARY 17

산이 요동하든지, 폭풍이 몰아치든지

은혜의 하나님 아버지
오늘도 새로운 날을 허락하심에 감사합니다.
날마다 제 영혼이 아버지의 인자하심으로 가득하게 하시고
그 아버지의 마음으로 나의 영혼이 평안하게 하소서.

오늘도 많은 일들이 있을 것이고
나의 마음의 평안을 빼앗는 많은 상황들이 벌어지겠지만,
언제나 나의 눈동자가 아버지의 눈동자를 바라보듯 고정되게 하셔서
산이 요동하든지, 바다가 흉용하든지, 폭풍이 몰아치든지
나의 고정된 시선으로 말미암아 평안을 누리게 하소서.

이 세상 모든 것이 나를 휘감을지라도
내가 주를 바라봄으로 그 모든 것을 모르고 지나가게 하소서.
나의 모든 감각이 하나님의 뜻에 고정되게 하시고
하나님을 중심으로 옳고 그름을 판단하게 하소서.

세상에 물든 나를 씻어내고
내가 이 땅에 사는 이유와 사명을 기억하게 하소서.
오늘 이 자리에 있음에 감사합니다.
이 자리에서의 사명에 집중하고, 그것을 이루어내는 하루 되게 하소서.
나로 살게 하시며, 사명 주신 예수 그리스도의 이름으로 기도합니다.
아멘!

:: 내가 산을 향하여 눈을 들리라 나의 도움이 어디서 올까 나의 도움은 천지를 지으신 여호와에게서로다 (시편 121:1-2).

JANUARY 18

한 사람 한 사람을 소중히 여기게 하소서

사랑의 하나님
이렇게 좋은 날을 허락하여 주심에 감사합니다.
아름다운 햇살로 우리의 하루를 시작하게 하심에 감사합니다.
오늘 하루도 이처럼 밝고 아름다운 하루 되게 하소서.

어느 것 하나, 하나님의 손길이 필요 없는 곳이 없습니다.
내가 해야 하는 모든 일들 속에 하나님의 은혜가 머물게 하시고,
내가 알지 못하는 가운데 대신 일하시는 하나님의 역사가 있게 하소서.
그래서 내가 하는 것보다 훨씬 더 좋은 열매를 거두게 하소서.

한 사람 한 사람을 소중히 여기게 하소서.
그들은 누군가의 사랑스런 가족이라는 사실을 잊지 말게 하시고
그들을 대할 때 나의 가족을 대하는 마음으로 귀히 여기게 하소서.
사람을 도구처럼 여기는 일이 없게 하시고
함께 일하지만, 나를 돕는 소중한 사람으로 여기게 하소서.

오늘 이 하루를 기대합니다.
내가 서 있는 이 자리, 내가 앉아 있는 이 책상,
내가 머무는 그 자리에 오늘도 함께하소서.
십자가를 지시기까지 나를 사랑하신 예수 그리스도의 이름으로 기도합니다.
아멘!

:: 높음이나 깊음이나 다른 어떤 피조물이라도 우리를 우리 주 그리스도 예수 안에 있는 하나님의 사랑에서 끊을 수 없으리라 (로마서 8:39).

JANUARY 19

당신의 능력이 임하여 멋진 하루가 되길

사랑의 하나님 아버지
오늘도 새 아침을 주시니 감사합니다.
찌뿌둥한 몸으로 일어났으나, 곧 회복시켜 주심을 감사합니다.

어제 수많은 일들을 마쳤기에 오늘은 좀 가볍게 지나가길 기대합니다.
그러나 설령 그렇다 하지 않더라도 실망하지 않게 하시고,
그 모든 일들을 감당할 수 있는 힘을 주옵소서.
그 어떤 일도 나를 실망시키지 못하게 하시고,
모든 일에 나로 하여금 더한 열정을 갖게 하소서.

성령 하나님!
함께하여 주옵소서.
당신의 손에서 기적과 같은 해결과 열매를 주옵소서.
오늘도 내가 만나야 할 사람과 일들을 반드시 만나고 해결하게 하시고,
오늘도 내가 피해야 할 사람과 사건들을 피할 수 있게 하소서.

당신의 능력이 임하여 멋진 하루가 되길 기도합니다.
나의 사랑하는 가족들과 사람들을 지켜주시고,
어렵고 힘든 사람들의 삶 속에 동일한 은혜로 함께하소서.
주님을 찬양합니다!
오늘도 승리 주실 것을 믿습니다!
나를 위해 십자가를 지신 예수 그리스도의 이름으로 기도합니다.
아멘!

:: 주께서 내 곁에 서서 나에게 힘을 주심은 나로 말미암아 선포된 말씀이 온전히 전파되어 모든 이방인이 듣게 하려 하심이니 내가 사자의 입에서 건짐을 받았느니라 (디모데후서 4:17).

JANUARY 20

나의 유능함이 다른 사람에게 큰 힘이 되게 하소서

사랑의 하나님 아버지.
오늘도 또 하루를 맞이합니다.
피곤하고 지친 육신을 새롭게 하시고,
저희로 모든 눌려있는 마음과 영혼을 새롭게 하여 주소서.

힘들고 어려운 일 앞에서 그것을 바라보는 고통이
때로는 순간이 아니라 지속적일지라도
나의 영혼을 강하게 하사 버틸 힘을 주시고
영혼의 중심을 잃어버리지 않고 견고하게 하소서.

나에게 주어진 과제와 업무들 앞에 가장 지혜롭고 온전한 능력을 주셔서
나의 유능함이 다른 사람에게 큰 힘이 되게 하소서.
내가 할 수 있는 것들이 다른 사람에게 유익이 되게 하시고
내가 이곳에 존재하는 목적을 늘 기억하게 하소서.

오늘 인생의 길 앞에서 하나님을 바라보며
나의 믿음을 다시 돌아보고,
내가 왜 살아야 하며, 무엇을 향해 나아가야 하는지
나의 선 자리에서 다시 확인하여 이 걸음을 확고하게 하소서.
덤으로 주신 인생에 감사합니다.
누군가는 잃어버린 그 하루를 오늘 살며 매 순간 감사하게 하소서.
나의 모든 것 나의 전부이신 예수 그리스도의 이름으로 기도합니다.
아멘!

∷ 화평하게 하는 자는 복이 있나니 그들이 하나님의 아들이라 일컬음을 받을 것임이요
 (마태복음 5:9).

내게 주신 분깃을 충실히 지키는 하루

은혜의 하나님 아버지,
오늘 이 아침에 첫 입술이 감사로 시작하기 원합니다.
매일 아침 눈을 뜨며 하나님을 기억하게 하시고,
오늘도 살아있음에 감사하게 하소서.

나의 발로 걸어 회사에 갈 수 있음도 감사합니다.
내가 한 사회의 일원으로서 제 몫을 하며 살 수 있음에 감사합니다.
누군가 나에게 일을 맡겨 줄 수 있을 만큼 신뢰받게 하심에 감사합니다.

나에게 고난 주심에 감사합니다.
그리고 그 고난을 이겨갈 힘을 주심에 더욱 감사합니다.
고난 앞에 기도할 수 있게 해 주셔서 감사합니다.
이 고난을 함께 나눌 사랑하는 사람들을 주셔서 감사합니다.

오늘도 주께서 내게 주신 분깃을 충실히 지키게 하시고,
때로 그것이 어려움이라 할지라도 감사함으로 받게 하소서.
매 순간 주님의 뜻을 분별하는 것에 집중하게 하시고,
분별하는 순간 순종하게 하소서.
오늘 이 모든 것들을 주님께 감사로 올려드립니다.
나의 모든 생을 주관하시는 예수 그리스도의 이름으로 기도합니다.
아멘!

:: 내 육체와 마음은 쇠약하나 하나님은 내 마음의 반석이시요 영원한 분깃이시라 (시편 73:26).

나의 찌그러진 형상을 회복시켜 주십시오

생명의 하나님 아버지,
날마다 아침이 있다는 것은
날마다 나에게 기회가 있다는 것임에 감사합니다.

오늘도 나의 찌그러진 하나님의 형상을 다시 판판하게 펴게 하소서.
미움으로, 불평으로, 환경의 어려움으로, 질병으로, 관계의 문제로, 피곤으로…
하나님의 원래 형상이 찌그러져 버렸습니다.
이 아침에 성령 하나님과 만남으로 다시 새 생명을 불어넣어 주소서.
다시 온전한 하나님의 형상을 회복하여 하나님의 아름다운 피조물이 되게 하소서.

내가 고난당한다는 것이
남에게 짜증을 내도 된다는 권세가 아님을 알게 하소서.
내가 힘들고 어렵다는 것이
늘 인상을 쓰고 다녀도 되는 특권이 아님을 알게 하소서.
내가 피곤하고 지쳐있다는 것이
말을 막 해도 되는 권리가 아님을 알게 하소서.

나는 언제나 절대적으로 하나님과의 관계 안에서
평안하고 감사하고 기뻐하게 하소서.
오늘도 그 믿음으로 행복한 하루를 시작합니다.
나에게 죽음으로 생명을 주신 예수 그리스도의 이름으로 기도합니다.
아멘!

:: 내가 사망의 음침한 골짜기로 다닐지라도 해를 두려워하지 않을 것은 주께서 나와 함께하심이라 주의 지팡이와 막대기가 나를 안위하시나이다 (시편 23:4).

위기 가운데 만나는 하나님

사랑의 하나님!
모든 것이 주님의 손에 있음을 믿습니다.
주님께서 모든 생명의 주관자이심을 믿습니다.
이것을 진짜 믿는다면 언제나 주님 앞에 평안을 누리게 하소서.

위기 가운데 믿음이 증명되듯 하나님 앞에
나의 믿음이 유효함을, 나의 믿음이 거짓 없음을,
나의 믿음이 현실에서도 동일함을 보이게 하소서.
나로 나의 믿음의 점수를 보게 하심에 감사합니다.

내 삶도, 나의 모든 사랑하는 이들의 삶도 모두 주님의 손 안에 있음을 고백합니다.
나의 모든 삶 속에서 살아계신 하나님을 목도하게 하소서.
고난 당하기 전에는 귀로 들었으나, 고난 당한 후에는 눈으로 보았다는 고백처럼
어려움 이후에 귀로 듣던 하나님을 보게 하시고,
눈으로 보던 하나님을 손으로 만지는 역사를 일으켜 주소서.

오늘의 모든 선택들 앞에 최고로 지혜롭게 하시고,
위기 가운데 만나는 하나님이 더 선명해지는 하루 되게 하소서.
나의 주 나의 전부이신 예수 그리스도의 이름으로 기도합니다.
아멘!

:: 고난 당한 것이 내게 유익이라 이로 말미암아 내가 주의 율례들을 배우게 되었나이다
(시편 119:71).

JANUARY 24

주어진 일을 힘껏 감당할 수 있는 능력을 주소서

우리와 함께하시는 하나님 아버지,
오늘 아침도 아름다운 하루를 시작하게 하심에 감사드립니다.
아침마다 주의 성실하심과 그 인자하심이 가득하다는 것이
저희에게 얼마나 큰 위로와 힘이 되는지요.
오늘 이 아침에 주님의 성실하신 은혜를 구합니다.
어제도 함께하셨고, 오늘도 함께하시며, 내일도 함께하실 주님.
그 은혜가 확실함을 인하여 감사합니다.

늘 불성실하여서 믿음이 들쭉날쭉하고,
늘 충만한 은혜 속에 거하지 못함을 용서하소서.
그래서 더욱 하나님의 신실하심이 감사하고
주님의 성실하신 은혜가 감동적입니다.
오늘도 그것을 의지하여 하루를 살아갑니다.
오늘에 필요한 양식과 은혜를 주시고
오늘 나에게 주어진 일들을 힘껏 감당할 수 있는 능력을 주소서.

기쁨으로 하루를 살게 하시고,
주의 성실하심을 찬양하게 하소서.
나의 모든 것을 주님께 의탁합니다.
지키시고, 아름답게 하소서.
나의 모든 희망 되시는 예수 그리스도의 이름으로 기도합니다.
아멘!

:: 그리스도께서 약하심으로 십자가에 못 박히셨으나 하나님의 능력으로 살아 계시니 우리도
그 안에서 약하나 너희에게 대하여 하나님의 능력으로 그와 함께 살리라 (고린도후서 13:4).

JANUARY 25

주님의 시선을 의식하며 살게 하소서

날마다 함께하시는 하나님 아버지,
자꾸 늘어지려고 하는 마음을 다잡아 주셔서
오늘도 처지지 않고 달려가던 길을 여전히 달리게 하소서.

사무실에서 바라본 창 너머로 거리의 사람들 풍경이
너무 선명하게 보입니다.
주님도 저를 그렇게 바라보고 계실텐데…
마치 아무도 안보는 것처럼 살았던 것이 얼마나 창피한지.
얼마나 뻔뻔하게 살았는지 회개합니다.

아버지는 나의 행동만 보신 것이 아니라, 나의 마음까지 보셨을 텐데,
모든 추한 것들을 용서하시고 잊어 주소서.
내 마음까지 보셨던 그 모든 것들이 낱낱이 드러나지 않도록 지워주소서.
오늘 새 하루를 시작합니다. 부끄러운 모든 것을 지우고 새로 시작합니다.

오늘은 주님의 시선을 의식하며 살게 하시고,
덜 부끄러운 하루가 되게 하소서.
일하기 싫은 모든 마음을 쫓아 버리고
새로운 의욕으로 가득 채워 주소서.
나의 모든 수치를 지워주시고 새로운 기회를 주시는
예수 그리스도의 이름으로 기도합니다.
아멘!

:: 이같이 너희 빛이 사람 앞에 비치게 하여 그들로 너희 착한 행실을 보고 하늘에 계신 너희 아버지께 영광을 돌리게 하라 (마태복음 5:16).

다시 시작할 수 있는 기회를 주심에 감사합니다

놀라우신 지혜의 하나님.
어두운 밤이 지나가고 새로운 태양이 떠오르는 것이 얼마나 감사한지요.
하루라는 시간의 단위를 나누셔서
나로 힘겨운 날들을 과거로 보내게 하심에 감사합니다.

하루가 길지도 짧지도 않은 24시간이라는 것이 얼마나 감사한지요.
24시간마다 나의 삶을 리셋하고 다시 시작할 수 있는 기회를 주심에 감사합니다.
어둠이 지나고 나면, 새로운 태양이 떠오르는 것처럼
언제나 나에게 새로운 기회가 있다는 것이 가장 큰 소망임을,
하나님의 놀라우신 인생을 향한 지혜임을 깨닫습니다.

오늘 책상에 앉아,
슬픔에 잠겼던 어제를 지워버리고
새로운 소망의 하루를 시작하게 하소서.
내가 경험하지 못한 강함이 내 안에 있음을 믿게 하소서.
주님의 이름으로 나의 삶을 다스리게 하소서.

오늘도 예수의 이름으로 다시 승리를 향해 나아갑니다.
주님을 찬양합니다.
십자가로 나에게 새 생명의 기회를 허락하신
예수 그리스도의 이름으로 기도합니다.
아멘!

:: 여호와의 이름은 견고한 망대라 의인은 그리로 달려가서 안전함을 얻느니라 (잠언 18:10).

JANUARY 27

오늘 하루도 나의 곁에 있는 사람들을 위해

은혜의 하나님 아버지,
오늘 이 아침 주님께 감사와 찬양을 드립니다.
하나님의 위대하심이 어떤 것인지,
인간의 나약함이 어떤 것인지 시간이 갈수록 더 절실하게 옵니다.

아침에 눈을 뜨는 것, 밥을 먹을 수 있는 것, 내 힘으로 걸을 수 있는 것,
이 수많은 하루의 일과 속에 일어나는 모든 것들이 기적이라는 것을 깨닫습니다.
오늘의 하루 속에 얼마나 큰 은혜가 담겨 있었는지
그 세세한 것들을 다 헤아릴 수조차 없을 만큼 위대한 것이었음을 기억합니다.
그래서 못하는 것보다는 여전히 할 수 있는 것이
비교할 수 없을 만큼 많다는 것에 감사합니다.

하루를 살면서 때로는 이웃을 위해 나의 시간을 모두 보낸다 하더라도
그것이 절대 낭비가 아님을 늘 기억하게 하시고,
사람을 위해 보내는 시간이 가장 가치 있는 시간임을 알게 하소서.
그래서 오늘 하루도 나의 곁에 있는 사람들을 위해
나의 시간을 낭비하게 하시고,
그것이 예수님이 사시는 방식을 닮아가는 것임을 알게 하소서.

누군가 외로운 오솔길을 걸어갈 때
용기 내어 그 길을 함께 갈 수 있게 하소서.
나의 가는 길 어느 곳이나 함께하시는 예수 그리스도의 이름으로 기도합니다.
아멘!

:: 서로 돌아보아 사랑과 선행을 격려하며 모이기를 폐하는 어떤 사람들의 습관과 같이 하지 말고 오직 권하여 그날이 가까움을 볼수록 더욱 그리하자 (히브리서 10:24-25).

JANUARY 28

주어진 일이 예배가 되게 하소서

좋으신 하나님,
오늘 이 아침 안전하게 일터에 도착하게 하심을 감사합니다.
매일 매일 안전하여 내가 얼마나 보호받고 있는지조차
모르고 지내는 때가 너무 많습니다.
오늘도 나를 보호하시며, 나의 가는 길을 인도하신 아버지 감사합니다.

어깨는 피로로 무겁고, 마음은 상하여
일할 수 있는 최고의 상황은 아니라 하더라도
좋으신 하나님의 은혜로 새 힘을 허락하소서.
지금 여기에 계신 성령하나님을 믿습니다.
이 자리에 내가 선 곳에 나와 함께하시며 나를 돕고 계신 주님을 신뢰합니다.
그래서 모든 것을 떨쳐 버리고 새롭게 시작합니다.
어제 하던 그 똑같은 지루한 일이 아니라, 오늘 내가 만나는 일은
전혀 새로운 일이며 새로운 역사가 될 것이라는 믿음을 주소서.

오늘 나에게 주어진 일이 예배가 되게 하셔서
이 일을 성실하게 함이 내 삶을 통째로 드리는 예배가 될 줄 믿습니다.
예배처럼 집중하게 하시고, 예배처럼 마음을 다하게 하소서.
산 제사로 드리는 하루 안에 나의 업무가 있음을 기억하게 하소서.

오늘도 아버지를 닮아 선하고 좋은 사람 되기 원합니다.
나의 모든 선함의 근원 되시는 예수 그리스도의 이름으로 기도합니다.
아멘!

:: 그러므로 형제들아 내가 하나님의 모든 자비하심으로 너희를 권하노니 너희 몸을 하나님이 기뻐하시는 거룩한 산 제물로 드리라 이는 너희가 드릴 영적 예배니라 (로마서 12:1).

JANUARY 29

오늘 나의 책상과 나의 선 자리를 축복합니다

선하신 하나님 아버지,
오늘 새로운 아침을 맞게 해 주심에 감사합니다.
언제나처럼 시작하는 이 아침에 주님의 축복이 가득하게 하소서.

오늘 나의 책상과 나의 선 자리를 축복합니다.
오늘 내가 만나야 하는 사람과 내가 감당할 업무를 축복합니다.
오늘 내가 누군가와 만날 때 나의 입술을 축복하소서.
오늘 내가 무언가를 결정할 때 나의 머리를 축복하소서.
오늘 내가 나의 손으로 무언가를 해야 할 때 나의 손과 발을 축복하소서.
그래서 내가 생각하고 행하고 말하는 모든 것이
주님께서 기뻐하시는 것들이 되게 하소서.

나에게서 선한 것이 나온다면,
그 모든 것은 하나님께서 주신 것임을 고백합니다.
내 안에 선한 것을 창조하신 하나님께서
오늘 나의 삶을 선하게 인도하실 줄 믿습니다.
내게는 없으나, 하나님께는 있는 그 아름다운 모든 것들이
나를 통해 드러나게 하시고, 보이게 하소서.
오늘도 사람들을 감동시킬 수 있는 선한 마음을 주시고,
오늘도 나의 행하는 모든 것이 하나님께로 나왔음을 증명하는 하루를 살게 하소서.
나의 선함을 되살려 주신 예수 그리스도의 이름으로 기도합니다.
아멘!

:: 믿음의 선한 싸움을 싸우라 영생을 취하라 이를 위하여 네가 부르심을 받았고 많은 증인 앞에서 선한 증언을 하였도다 (디모데전서 6:12).

JANUARY 30

어제의 모든 피로를 잊게 하소서

나의 힘이 되신 여호와 하나님,
내가 주님을 의지하여 오늘을 시작합니다.
나의 육신이 피곤하여, 이 아침에 마치 저녁과 같은 몸을 가졌다 하더라도
나를 새롭게 하시는 주님을 의지합니다.
비록 나의 육체가 피곤할지라도, 나의 마음을 새롭게 하여 주소서.

나에게 주님의 새로운 영을 부어 주셔서
나로 영혼으로부터 일어나는 새 힘을 얻게 하소서.
메마른 땅에 촉촉한 단비를 내려 주시듯이
나의 육체를 신선하게 하시고,
나의 영혼을 새로 돋아나는 새싹처럼 힘 있게 하소서.
어제의 모든 피로를 잊게 하시고
나의 육체가 나를 지배하지 못하게 하소서.
주님께서 부어주시는 힘과 능력이 나의 오늘을 지배하게 하소서.

오늘은 새로운 날입니다.
나의 영혼은 오늘 새로워질 것입니다.
지금 이 시간 새 영을 부어주소서.
내 안의 하나님의 형상을 깨워 일으키시고
나로 알 수 없는 기쁨과 소망이, 기대감이 나를 사로잡게 하소서.
이 아침, 나의 영혼에 새 힘을 불어넣어 주소서.
나에게 모든 것을 바치신 예수 그리스도의 이름으로 기도합니다.
아멘!

:: 너는 알지 못하였느냐 듣지 못하였느냐 영원하신 하나님 여호와, 땅 끝까지 창조하신 이는 피곤하지 않으시며 곤비하지 않으시며 명철이 한이 없으시며 (이사야 40:28).

모든 선택의 기준이 아버지가 되게 하소서

사랑의 하나님 아버지,
어제 모든 하루를 지켜 주셔서 오늘 다시 새 아침을 맞이하게 하심을 감사합니다.
어제도 나로 실족하지 않게 하시고, 그닥 대단한 성과의 하루는 아니었지만
그래도 실망스럽지 않게 하심에 감사합니다.
오늘 하루도 힘을 내게 하시고
나의 발로 걸어 나와 일하게 하심을 감사합니다.

오늘 나의 하루를 살면서 다른 것에 목마르는 일이 없게 하소서.
다른 사람들의 대접에 목마르지 않게 하소서.
나의 명예를 위해 목마르지 않게 하소서.
편안함에 목마르지 않게 하소서.
돈에 목말라 하지 않게 하소서.
나로 오로지 아버지 한 분을 향한 마음에 목마르게 하시고
나의 영혼이 아버지로 인하여 만족하게 하소서.

오늘 나의 모든 크고 작은 선택들의 기준이 아버지가 되게 하시며
아버지의 뜻을 늘 기억하여 그 뜻을 거스르는 일이 없게 하소서.
아버지와 상관없는 수많은 일들을 처리하며 하루를 지날 때에
나의 마음과 태도가 하나님 아버지를 잊어버리지 말게 하시고
나의 마음의 중심이 주님의 울타리를 벗어나는 일이 없게 하소서.
내 영혼의 모든 갈망이 아버지께로 고정되길 원합니다.
나의 모든 기준 되시는 예수 그리스도의 이름으로 기도합니다.
아멘!

:: 여호와 우리 하나님이시여 주 외에 다른 주들이 우리를 관할하였사오나 우리는 주만 의지하고 주의 이름을 부르리이다 (이사야 26:13).

직.장.인.을. 위.한. 묵.상.

하나님은 바로
당신을 기다리십니다

창세기 | 6장 13절-22절

13 하나님이 노아에게 이르시되 모든 혈육 있는 자의 포악함이 땅에 가득하므로
    그 끝 날이 내 앞에 이르렀으니 내가 그들을 땅과 함께 멸하리라
14 너는 고페르 나무로 너를 위하여 방주를 만들되 그 안에 칸들을 막고
    역청을 그 안팎에 칠하라
15 네가 만들 방주는 이러하니 그 길이는
    삼백 규빗, 너비는 오십 규빗, 높이는 삼십 규빗이라
16 거기에 창을 내되 위에서부터 한 규빗에 내고 그 문은 옆으로 내고
    상 중 하 삼층으로 할지니라
17 내가 홍수를 땅에 일으켜 무릇 생명의 기운이 있는 모든 육체를
    천하에서 멸절하리니 땅에 있는 것들이 다 죽으리라
18 그러나 너와는 내가 내 언약을 세우리니
    너는 네 아들들과 네 아내와 네 며느리들과 함께 그 방주로 들어가고
19 혈육 있는 모든 생물을 너는 각기 암수 한 쌍씩 방주로 이끌어들여
    너와 함께 생명을 보존하게 하되
20 새가 그 종류대로, 가축이 그 종류대로, 땅에 기는 모든 것이 그 종류대로
    각기 둘씩 네게로 나아오리니 그 생명을 보존하게 하라
21 너는 먹을 모든 양식을 네게로 가져다가 저축하라
    이것이 너와 그들의 먹을 것이 되리라
22 노아가 그와 같이 하여 하나님이 자기에게 명하신 대로 다 준행하였더라

―

아담이 범죄하여 에덴동산에서 쫓겨난 이후, 인간들이 다 타락해서 세상이 엉망이 되었죠. 그래서 하나님께서 새로운 플랜B를 세우셨답니다. (오~ 그러고 보니 '비'를 통해 플랜B를? 😊 우연의 일치!)
어쨌든 노아는 120년 동안 방주를 만들고, 엄청난 비가 내려서 인간들은 죽고 새로운 노아의 일가로 새 일이 시작되었죠.

노아는 어떻게 120년 동안 배만 지을 수 있었을까?

그 당시까지는 비라는 것이 없었다고 합니다. 고대학자들에 의하면 이슬이 충분히 내려서 그것으로 농사를 지었다고 하네요. 그럼, 홍수는 당연히 없었겠죠. 그런데 노아는 육지, 그것도 산에서 나무를 베어서 배를 지었으니 이건 무슨 믿음일까요? 비를 본 적도 없고, 바다도 아닌 육지 한가운데서 오늘날 축구장만한 배를 만들었다는 거죠. 완전 미친 짓! 누가 봐도 바보 짓!

믿음을 따라 산다는 것, 남들이 보면 '완전 미친 짓! 누가 봐도 바보 짓!' 일 수 있습니다. 그게 믿음의 길이에요. 저는 디자이너를 포기하고 목사가 되었습니다. '대박 미친 짓!'이라 생각할 수 있겠죠. 10년 동안 가난에 쩌들어 몸빼 입고 살았으니까요.
오늘 여러분의 믿음의 길은 무엇입니까? 사람들의 손가락질이 두렵나요? 그들의 평가가 무섭나요? 혹 그들이 여러분을 무시하나요? 괜찮습니다. 하나님이 인정하신다면 그 길이 생존의 길이랍니다.

도대체 왜 그리 오래 걸리는 거죠?

하나님의 일하심은, 하나님의 도우심은 왜 그리 더딘 걸까요? 120년이라니, 말도 안 돼죠. 왜일까요? 하나님은 왜 여러분에게 활짝 열린 대로를 아직도 허락하지 않으실까요? 하나님은 왜 여러분의 환경을 바꾸길 더디 하실까요?

하나님의 시간에는 언제나 깊은 의미를 담고 있답니다. 120년의 시간 동안 노아도, 하나님도 기다렸습니다. 뭘요? 누군가 망치를 가지고 동참하기를, 누군가 톱을 가지고 동참하기를…. 그랬다면 그들도 살았겠죠?
오늘 하나님은 바로 당신을 기다리십니다. 용기 내기를, 동참하기를, 하나님의 길로 들어오기를. 어떤 이유에서도 주저하지 마세요. 힘을 내고 용기를 내십시오! 하나님께서 여러분을 기다리십니다. 왜냐구요?
하나님이 당신을 정말 사랑하시니까요.

2월

FEBRUARY / 02

주께서 생명의 길을 내게 보이시리니
주의 앞에는 충만한 기쁨이 있고
주의 오른쪽에는 영원한 즐거움이 있나이다
_ 시편 16:11

이 달 의 기 도 제 목

-
-
-
-
-

FEBRUARY 1

감사하게 하시며 초심을 잃지 않도록

좋으신 나의 아버지,
오늘 아침 아버지를 생각하며 감사를 드립니다.
아버지가 나의 아버지라는 것이 얼마나 감사한지요.
오늘도 귀한 아침을 선물로 허락하여 주심에 감사합니다.

오늘 내가 출근할 수 있는 회사를 주심에 감사합니다.
더 나은 것을 원하며 불평할 때도 있지만
내가 얼마나 다니고 싶었던 회사였던지 그 처음 시간을 기억하게 하소서.
지금 나의 이 자리가 누군가에게 얼마나 앉고 싶은 자리인지
기억하고 감사하게 하소서.
내가 하는 이 일이 오래 전 내가 얼마나 하고 싶었던 일인지 잊지 말게 하소서.
오늘도 지금 내가 누리고 있는 모든 것이
내가 간절히 원했던 것임을 기억하게 하셔서 감사하게 하소서.

비록 내가 해야 하는 일이 어렵고 힘들다고 느낄 때라도
일하고 있는 내가 너무도 부러운 누군가의 심정을 생각하며 감사하게 하시고
초심을 잃지 않도록 은혜 주소서.
나에게 언제나 좋은 것으로 채우시는 하나님을 믿습니다.
어떤 환경에서도 주님을 향한 믿음 때문에 평안을 잃지 않도록 큰 은혜 주소서.
주님을 진심으로 사랑합니다.
나의 주 나의 모든 것 되시는 예수 그리스도의 이름으로 기도합니다.
아멘!

:: 소망이 우리를 부끄럽게 하지 아니함은 우리에게 주신 성령으로 말미암아 하나님의 사랑이 우리 마음에 부은 바 됨이니 (로마서 5:5).

FEBRUARY 2

행복의 근원은 환경이 아니라 하나님입니다

나의 아버지 되신 하나님,
오늘도 아버지를 사랑합니다.
어제의 피로가 아직 가시지 않고, 때로 무거운 마음으로 하루를 시작할 지라도
나의 친구 되시는 예수님의 이름이 나와 함께 함으로
날마다 상쾌하게 하소서.

오늘도 내게 주어진 일들 앞에 최선을 다하게 하소서.
그리고 최선을 다했음에도 불구하고 되지 않은 일에 대해서는
주님께 내어 맡기게 하소서.
나의 힘으로 할 수 없는 일들은 주님 앞에 내려놓고 기도하게 하소서.
그것이 설령 나의 무능함이라 하더라도
그것으로 인해 주님께서 더 크게 일해 주실 것을 믿고 신뢰하게 하소서.
나의 행복의 근원이 환경이나 세상이 아니라 하나님이심을 기억하게 하셔서
나는 언제나 주님으로 인해 행복할 수 있음을 늘 되새기게 하소서.

주님으로 인해 오늘도 행복합니다.
나와 친구 되어주셔서 오늘 하루가 소풍길처럼 즐겁고 행복한 하루 되게 하소서.
일을 즐겁게 하시고 그로 인하여 만난 귀한 만남들이
얼마나 축복인지 기억하게 하소서.
나의 결정과 선택을 지혜롭게 하시고 나의 하루를 선한 길로 인도하소서.
언제나 나의 친구되어 주시는 예수 그리스도의 이름으로 기도합니다.
아멘!

:: 이스라엘이여 너는 행복한 사람이로다 여호와의 구원을 너 같이 얻은 백성이 누구냐 그는 너를 돕는 방패시요 네 영광의 칼이시로다 네 대적이 네게 복종하리니 네가 그들의 높은 곳을 밟으리로다 (신명기 33:29).

FEBRUARY 3

내가 얼마나 많은 것을 가진 사람인지 돌아보게 하소서

나의 힘이 되시는 여호와 하나님,
오늘 이렇게 새로운 하루를 맞이하게 하심을 감사합니다.
내가 일할 수 있는 터전이 있어서 내 일터의 향기가 익숙하게 하심을 감사합니다.
오늘을 살 때 나의 일함이 누군가에게 필요가 되게 하시고
그 역할을 기대하는 사람들을 허락하심에 감사합니다.

누군가는 생존을 위해 투쟁하고, 누군가는 의식주를 위해 투쟁하고,
누군가는 자신의 발전을 위해, 누군가는 매출과 성장을 위해,
누군가는 명성과 더 큰 인정과 성공을 위해 고군분투합니다.
오늘 내가 생존이 아닌 다른 것을 위해 일하고 있다면
내가 얼마나 많은 것을 가진 사람인지를 돌아보게 하소서.

그리고 오늘 생존을 위해 고군분투하고 있다면
그보다 더 거룩한 일은 없다는 것을 알게 하소서.
그래서 오늘 내가 보내는 시간이 비록 열매 없어 보일지라도,
존재하기 위한 것보다 더 소중한 것은 없다는 것 때문에 견디게 하시고
자부심을 갖게 하소서.
오늘 누군가에게 힘이 되고, 응원이 되는 존재 되게 하소서.
만나는 사람들에게 에너지를 공급해 주는 사람이 되게 하소서.
주님께로부터 공급받은 모든 힘을 나눠 주게 하소서.
오늘도 나의 힘의 근원이 되시는 예수 그리스도의 이름으로 기도합니다.
아멘!

:: 그가 너를 그의 깃으로 덮으시리니 네가 그의 날개 아래에 피하리로다 그의 진실함은 방패와 손 방패가 되시나니 (시편 91:4).

FEBRUARY 4

주께서 주시는 힘과 지혜로 나를 다스려 주소서

날마다 지키시는 하나님,
오늘도 좋은 하루를 시작하게 하신 하나님 아버지 감사합니다.
날마다 새로운 아침에 눈을 뜨는 것이 얼마나 큰 은혜인지요.
내 발에 힘을 더하사 나의 발걸음이 더욱 힘차게 하소서.

오늘 하루에도 많은 일들이 기다리고 있습니다.
내가 처리해야 할 일들, 내가 만나야 하는 사람들,
나의 도움을 필요로 하는 사람들,
이 모든 일들 가운데 하나님이 주시는 힘으로 모든 것들을 감당하게 하소서.
나의 힘으로 하지 말게 하시고, 나의 지혜로 하지 말게 하소서.
주께서 주시는 힘과 지혜로 나를 다스려 주소서.

오늘 나와 함께하시는 하나님의 힘으로 내가 살듯이
오늘 함께하는 사람들이 나로 인하여 오늘 하루가 기쁘고 힘차게 하소서.
나에게 주어진 모든 환경을 사랑하고 감사하게 하소서.
그것이 달가운 것이든 달갑지 않은 것이든 상관없이 받아들이고 이겨내게 하소서.
하나님께서 최선의 것으로 바꾸실 것들이오니,
오늘 그것을 받아들임으로 주께 감사하겠나이다.
매 순간 주님을 기억하는 하루 되게 하소서.
나의 모든 것 되시는 예수 그리스도의 이름으로 기도합니다.
아멘!

:: 끝으로 너희가 주 안에서와 그 힘의 능력으로 강건하여지고 마귀의 간계를 능히 대적하기 위하여 하나님의 전신 갑주를 입으라 (에베소서 6:10-11).

FEBRUARY 5

나의 모든 통치권을 주님께 맡겨 드립니다

나의 사랑하는 하나님,
오늘도 새로운 아침에 눈을 뜨게 하심을 감사합니다.
어제의 모든 고단함을 씻어 주시고, 오늘도 새로운 마음으로 시작하게 하소서.

오늘도 나의 모든 통치권을 주님께 맡겨 드립니다.
가정에서는 가장이 다스리고, 회사에서는 대표가 다스리고,
한 부서는 부서장이 다스리지만 나의 영혼은 온전히 하나님만이 다스리게 하소서.

내가 가장인 곳에서, 그리고 내가 팀장인 곳에서
나의 마음대로 휘두르지 말게 하소서.
나에게 다스림의 권세가 주어진 만큼
두려움을 주셔서 하나님이 내게 하신 것처럼 다스리게 하소서.
긍휼히 여기게 하시고, 사랑하게 하시고, 친절히 가르치게 하소서.
주님이 나를 기다려 주셨듯이 기다려 주게 하시고,
그들을 향한 소망을 버리지 말게 하소서.

언제나 오늘 하루가 마지막 날인 것처럼 의미 있게 살게 하시고,
오늘 하루도 내가 주인이 아니라
하나님께서 나의 주인 되심을 실천하는 하루 되게 하소서.
주님을 사랑합니다.
나의 모든 주권자 되시는 예수 그리스도의 이름으로 기도합니다.
아멘!

:: 하나님이 우리에게 주신 것은 두려워하는 마음이 아니요 오직 능력과 사랑과 절제하는 마음이니 (디모데후서 1:7).

FEBRUARY 6

나의 참모습을 보지 못하는 일이 없게 하소서

선하신 나의 아버지,
오늘도 귀한 하루를 선물로 주심을 감사합니다.
내가 모르는 수많은 위험들과 어려움들로부터 나를 지키시고
더 좋은 것으로 은혜 주심에 감사합니다.
어제도 그리 보냈고, 또 오늘도 그렇게 나를 지키실 줄을 믿습니다.
언제나 나와 동행하시는 아버지로 인하여 내가 안전함을 믿습니다.

겉으로는 멀쩡해 보이고, 열심히 하는 것처럼 보여서
사람들은 전혀 알지 못하지만 주님께서는 언제나 나의 모든 것을 아시니
내 안에 지친 나와, 나의 상한 영혼과 해결되지 못한 마음의 무거움까지
주님께 맡겨 드립니다.
주께서 나를 고치시고 회복시키시며 위로하시고 새로운 힘을 주소서.
언제나 다른 사람에게 보여 주는 것에 익숙해 버린 나의 생활 속에서
나의 참모습을 보지 못하는 일이 없게 하소서.
주님 앞에 약한 모습으로 서는 것에 부끄러워 말게 하소서.
언제나 정직한 모습으로 주님을 대면하게 하셔서
나로 언제나 영적으로 건강하게 하소서.

오늘도 내게 주어진 일들 앞에 담대하게 하시고,
나의 힘보다 크신 주님의 힘을 통해 오늘을 승리하게 하소서.
나의 사랑 나의 전부 되시는 예수 그리스도의 이름으로 기도합니다.
아멘!

:: 나에게 이르시기를 내 은혜가 네게 족하도다 이는 내 능력이 약한 데서 온전하여짐이라 하신지라 그러므로 도리어 크게 기뻐함으로 나의 여러 약한 것들에 대하여 자랑하리니 이는 그리스도의 능력이 내게 머물게 하려 함이라 (고린도후서 12:9).

FEBRUARY 7

동료들을 사랑의 눈으로 바라보고 싶습니다

사랑의 하나님 아버지,
오늘도 건강하게 해 주심을 감사합니다.
일할 수 있는 일터 주셔서
나의 가족에게 좋은 것으로 공급할 수 있음에 감사합니다.

오늘 내가 함께 일할 사람들을 위해 기도합니다.
그들의 건강과 그들의 지혜와 그들의 가정과 모든 것들을 지켜주소서.
오늘 당장 내게 보이는 그들의 표정과 말투와 그들의 태도로 인해
그들의 모든 것을 판단하지 말게 하소서.

그들이 그럴 수밖에 없었던 지난 그들의 속사정을 들여다 볼 수 있게 하소서.
그들을 조금 더 이해하고, 사랑의 눈으로 바라보고 보듬어 줄 수 있게 하소서.
나에게도 다 이유가 있고 사정이 있듯이,
내가 대하는 모든 사람들도 그들만의 이유와 사정이 있음을 생각하게 하소서.
내가 이해 받고 싶은 만큼 더 간절히 다른 사람을 이해하고 배려하게 하소서.

오늘도 배가 고플 때마다 하늘의 양식으로 배고픔을 기억하게 하소서.
느낄 수 없어도 때가 되면 하나님을 기억하고 나의 영혼을 돌볼 수 있게 하소서.
보이지 않는 나의 자리에 함께하시는 나의 주님께 감사를 드립니다.
언제나 나의 삶을 돌아보시며 나를 긍휼히 여기시는
예수 그리스도의 이름으로 기도합니다.
아멘!

:: 자녀들아 우리가 말과 혀로만 사랑하지 말고 행함과 진실함으로 하자 이로써 우리가 진리에 속한 줄을 알고 또 우리 마음을 주 앞에서 굳세게 하리니 (요한일서 3:18-19).

FEBRUARY 8

실생활에서 하나님의 주권을 인정하며 살게 하소서

나의 힘이 되시는 아버지,
오늘도 나를 일어나게 하시는 하나님 아버지 감사합니다.
상쾌한 아침을 주시고, 넓은 하늘을 바라보며 출근할 수 있는
은혜 주심을 감사합니다.

오늘 나에게 주신 시간과 일들 앞에 담대하게 하소서.
나는 기드온처럼 소심하고 연약하여 뒤로 물러나고 싶은 마음이 있다 하여도
주께서 나에게 허락하신 일들 앞에 순종하는 마음으로 담대하게 하소서.
어차피 나의 힘으로 할 수 있는 일이 없음을 고백합니다.
주께서 일하실 수 있도록 나의 모든 주권을 주님께 드립니다.

나를 쓰시는 이도 하나님이심을 고백합니다.
실생활에서 하나님의 주권을 인정하며 살게 하소서.
오늘 나의 생활 속에서 하나님의 주권을 실천하며 살게 하소서.

뒤로 물러나지 말고, 전진하는 하루 되게 하소서.
부정적인 모든 생각과 마음들을 떨쳐내고
아버지 앞에 믿음으로 더욱 담대해지는 하루 되게 하소서.
주님은 선하시며 의로우셔서 나의 삶에 가장 선한 것을 주실 줄 믿습니다.
그 믿음으로 오늘도 달려가게 하소서.
나의 달려갈 길의 모든 힘이 되시는 예수 그리스도의 이름으로 기도합니다.
아멘!

:: 여호와께서 그에게 이르시되 너는 안심하라 두려워하지 말라 죽지 아니하리라 하시니라
(삿 6:23).

FEBRUARY 9

나의 걷는 걸음이 하나님을 증거하는 길이 되길

나의 사랑하는 아버지,
오늘도 이렇게 아름다운 아침을 허락하여 주심에 감사합니다.
어두운 밤이 지나가고 새로운 날을 주셨으니 이 날을 기쁨으로 맞이하게 하소서.

오늘도 그 성령님의 동행하심을 의지하여 살기 원합니다.
나를 부르신 그곳에서 언제든 하나님의 자녀다운 모습을 지키게 하소서.
오늘 나에게 일어날 일들을 나는 알지 못합니다.
그러나 주님께서는 그것을 이겨나갈 충분한 힘과 지혜를 주실 줄 믿습니다.
새로운 일 앞에 담대하게 하시고, 두려움을 제하시며
늘 하던 일 앞에 매너리즘을 버리게 하시고, 자만함을 제거하소서.
하던 일을 더 새롭게 하시고, 새로운 일을 더 능숙하게 하소서.
나의 걷는 걸음이 하나님을 증거하는 길이 되길 소망합니다.

매 순간 기도하는 하루 되기 원합니다.
하나님의 뜻을 묻고, 하나님의 뜻에 답하는 하루 되게 하소서.
내가 머무는 일터를 축복하소서.
이곳이 하나님이 머무시는 성전 되게 하시고,
나의 일이 거룩한 일에 쓰임 받게 하소서.
이 일터가 정직하게 하시고, 나 또한 거짓 없게 하셔서
하나님 앞에 부끄러움이 없는 자리 되게 하소서.
나의 모든 소망 되시는 예수 그리스도의 이름으로 기도합니다.
아멘!

:: 자녀이면 또한 상속자 곧 하나님의 상속자요 그리스도와 함께한 상속자니 우리가 그와 함께 영광을 받기 위하여 고난도 함께 받아야 할 것이니라 (로마서 8:17).

FEBRUARY 10

일에 치여 사람에게 상처 주는 일이 없게 하소서

오늘도 나를 지키시는 하나님,
사랑합니다.
오늘 아침을 시작하기 전에 나의 사랑을 주님께 고백합니다.
비록 매번 마음의 울림은 없을지라도,
이 고백을 통해 내 마음을 빼앗긴 곳은 없는지 다시 돌아봅니다.

분주히 자신의 갈 길을 가는 아침의 출근길에
각자마다의 사정과 이야기를 담고 있을 터인데
사람들을 대할 때 너무 일괄적으로 대하는 경직된 나의 마음을 돌아봅니다.
조금 더 그들의 이야기에 귀 기울일 수 있는 하루 되게 하소서.
늘 나의 사정만 머리에 맴돌고 있는 편협함을 버리게 하시고,
일을 할 때나 사람을 대할 때나 언제든지
그 사람 안에 있는 이야기와 사정들을 바라볼 수 있는 눈을 주소서.

오늘도 내게 주어진 일들을 하나님의 뜻대로 수행하게 하소서.
목적만이 아니라 과정도 주의 뜻대로 행하게 하소서.
언제나 일에 치여 사람에게 상처 주는 일이 없게 하소서.
만약 그렇다면 서둘러 사과하며 그를 위로할 수 있는
하나님의 사람 되게 하소서.
주님과 함께하는 이 하루가 어제보다 더 행복할 줄 믿습니다.
언제나 나의 변호자 되시는 예수 그리스도의 이름으로 기도합니다.
아멘!

:: 사람이 마음으로 자기의 길을 계획할지라도 그의 걸음을 인도하시는 이는 여호와시니라
(잠언 16:9).

FEBRUARY 11

부정적인 마음과 기억들이 지워지길 원합니다

사랑의 하나님 아버지,
오늘도 행복한 하루를 시작하게 하시니 감사합니다.
어떤 상황에서도 감사하고 행복한 마음을 갖는 하루가 되게 하소서.
나에게 하루가 주어졌다는 것 자체가 행복한 것임을 되새기게 하소서.

어제의 모든 무거운 마음들을 다 정리하기 원합니다.
아직 해결되지 않은 문제들, 해야 할 많은 일들,
마음을 눌렀던 것들이 있다면 오늘 아침을 시작하면서 다 털어 버리게 하소서.
그리고 마치 오늘 새로 시작하는 일처럼,
오늘 처음 만나는 상황처럼 대하고, 그 일들을 재해석할 수 있게 하소서.
나의 모든 부정적인 마음들과 기억들이 있다면 다 지워주시고
오늘은 하나님께서 창조하시는 것처럼 새로운 창조의 날이 되게 하소서.

지금 내가 있는 이 자리와 이 일터는
누군가에게 가장 부럽고 소망하는 자리일 수 있음을 기억하게 하소서.
내가 가지고 있는 모든 것들이 당연한 것이라고 생각하는 교만을 버리게 하소서.
내가 가진 것, 내가 누리고 있는 것이 있다면
그 모든 것은 하나님의 은혜이며 기적이고,
행복할 충분한 이유가 된다는 것을 기억하게 하소서.
그래서 오늘 많이 감사하게 하시고, 많이 감격하게 하소서.
오늘도 주님의 은혜를 구합니다.
나를 위해 생명을 주신 예수 그리스도의 이름으로 기도합니다.
아멘!

:: 주께서 생명의 길을 내게 보이시리니 주의 앞에는 충만한 기쁨이 있고 주의 오른쪽에는 영원한 즐거움이 있나이다 (시편 16:11).

FEBRUARY 12

오늘의 영적 전쟁은 수많은 작은 일 속에 있습니다

나와 함께하시는 하나님 아버지,
오늘 나의 시작이 나의 기대와 정반대로 순조롭지 못하고
나를 불쾌하게 할지라도 감사합니다.

어제까지 내가 다른 사람 탓을 하며 살았다면
오늘부터는 절대로 남의 탓을 하지 않고
나와 하나님과의 관계 속에서 평안과 감사하는 삶을 살게 하소서.
나의 안에 구원이 있고, 주님의 동행하심이 약속되어 있다면
그것만으로도 기쁜 하루가 되게 하소서.

오늘 일어날 나의 영적 전쟁은 위대하고 크고 두려운 대상만을 향한 것이 아니라,
사소하고 스쳐지나 갈 것 같은, 내가 무시하는
수많은 작은 일들 속에도 있다는 것을 기억하게 하소서.
그래서 오늘은 작은 일에서부터 승리하게 하소서.
나의 마음을 불쾌하게 하고 짜증나게 하는 모든 작은 일들 앞에 승리하게 하소서.
나의 뜻대로 일이 되지 않을지라도 감사하게 하소서.

오늘 하루 나에게 주어진 영적 전쟁에 승리하게 하소서.
큰 전쟁을 이기기 전에 작은 내 안의 전쟁에서 먼저 승리하게 하소서.
나의 열정 없음을 나이나 환경 탓으로 돌리지 말게 하시고
언제나 새로운 열정을 부어 주소서.
나의 주 나의 기쁨 되시는 예수 그리스도의 이름으로 기도합니다.
아멘!

:: 진실로 의인들이 주의 이름에 감사하며 정직한 자들이 주의 앞에서 살리이다 (시편 140:13).

FEBRUARY 13

나를 힘들게 했던 사람을 용서하게 하소서

나의 주 나의 하나님,
오늘도 새롭고 아름다운 하루를 주심에 감사합니다.
오늘 하루를 새롭게 하기 위해 어제 나에게 상처 주었던 사람을 용서하게 하소서.
오늘의 삶이 어제와 다른 삶이 되기 위해
어제 나를 힘들게 했던 사람을 용서하게 하소서.
내가 그들을 용서하지 않고 오늘 내가 행복할 수 없음을 고백합니다.
작은 일로 마음에 두었던 모든 사람들을 나의 마음에서 풀어놓아
그들을 용서하게 하소서.

오늘도 만나야 하는 수많은 사람들과의 만남을 축복하소서.
그들과 나누는 대화와 눈빛, 행동 모든 것을 통해 서로가 힘이 되게 하시고
나로 말미암아 하루가 기뻐질 수 있는 의미 있는 날이 되게 하소서.

칭찬받기 위해 일하지 말게 하시고, 누가 볼 때나 안볼 때나 동일하게 하소서.
정직한 얼굴을 갖기 위해 나의 마음이 따뜻하게 하소서.
내가 포장하지 않아도 부끄러움이 없는 긍휼의 마음과 사랑의 마음을 주소서.

사람 앞에서나 주님 앞에서 부끄러움이 없는 하루 되게 하소서.
오늘은 어제보다 더 하나님을 기억하며 감사하는 하루 되게 하소서.
주님을 사랑하고 주님을 의지함으로 기쁨이 넘치는 하루를 기대합니다.
나의 마음을 지키시는 예수 그리스도의 이름으로 기도합니다.
아멘!

:: 서로 친절하게 하며 불쌍히 여기며 서로 용서하기를 하나님이 그리스도 안에서 너희를 용서하심과 같이 하라(에베소서 4:32).

FEBRUARY 14

인생에 일어나는 일들의 원인을
내가 어찌 상상이나 할 수 있겠습니까

언제나 신실하신 나의 아버지,
이 아침, 내가 미처 깨달을 틈도 없이 눈을 뜨고 이미 활동하고 있을 만큼
나에게 건강을 주심에 감사합니다.
오늘 나를 지키시며 나의 가는 길을 인도하여 주소서.

내가 가려고 하는 길이 아버지의 뜻이 아니라면 차라리 그 길을 막아 주시고,
내가 하려고 하는 일이 아버지를 기쁘시게 하지 않는다면
차라리 할 수 없게 하소서.

조금만 비가 와도 어김없이 차가 막히고, 조금만 추워져도 차가 막히고,
내가 알 수 없는 차 한대의 실수에 차가 막히는데
나의 인생에 일어나는 일들의 원인을 내가 어찌 상상이나 할 수 있겠습니까.
도대체 무엇 때문인지 알 수 없는 수많은 일들을 만나면서 얼마나 많은 순간
속단하고, 정죄하고, 오해하고, 왜곡하며 판단했는지요.
나의 어리석음을 오늘도 회개합니다.

상황을 향하여 사람을 향하여 오해하는 일이 없게 하소서.
온전한 사실과 온전한 이해를 위해 노력하게 하시고,
스스로를 속이는 일이 없게 하소서.
나의 모든 삶에 실수가 없으신 신실하신 나의 아버지를 믿고 신뢰합니다.
아버지를 사랑합니다.
유일하게 나를 건지실 수 있는 나의 주 예수 그리스도의 이름으로 기도합니다.
아멘!

:: 우리가 선을 행하되 낙심하지 말지니 포기하지 아니하면 때가 이르매 거두리라
(갈라디아서 6:9).

FEBRUARY 15

유혹에 넘어가는 일 없게 하소서

우리와 함께하시는 하나님 아버지,
오늘도 새로운 아침을 주심에 감사합니다.
매일 드리는 이 기도가 때로는 식상하고 때로는 늘 똑같은 기도를 드리는 것이
무슨 의미가 있을까 싶지만 매일 뜨는 이 태양이
오늘도 간절히 나에게 필요한 것처럼
신실하신 아버지를 따라 오늘도 똑같은 이 아침의 기도를 주님께 드립니다.

오늘은 어제보다 나은 날을 만들기 원합니다.
다른 사람이 나에게 상처를 주어도 받지 말게 하시고,
나의 환경이 나를 때로 좌절시키려 해도 이기게 하소서.
연약하기 때문에 어쩔 수 없이 유혹에 넘어가는 일 없게 하시고,
약하여서 죄 앞에 굴복하는 일 없게 하소서.
나의 방패 되시는 아버지로 인하여 어떤 공격에서도 끄떡없게 하시고,
나의 연약함을 모두 내려놓고 주님의 강함을 입게 하소서.

오늘 해야 하는 많은 일들을 주님께 올려드립니다.
축복하셔서 그 일들이 순탄하게 해결되게 하소서.
나의 힘으로 할 수 없는 큰일들이 더 잘 풀리게 하시고,
내가 할 수 있는 일이 작은 일이라 하더라도
최선을 다하여 충성된 청지기의 모습으로 행하게 하소서.
오늘도 주님께서 함께해 주심을 믿고 감사드립니다.
나의 소망, 나의 모든 것 되시는 예수 그리스도의 이름으로 기도합니다.
아멘!

:: 또 약속하신 이는 미쁘시니 우리가 믿는 도리의 소망을 움직이지 말며 굳게 잡고
   (히브리서 10:23).

FEBRUARY 16

반드시 가야 할 그 길로 인도하시는 하나님

나를 인도하시는 아버지여,
오늘 상쾌한 아침을 시작하게 하심에 감사합니다.
세상에는 흉흉한 일이 많으나,
오늘 그 모든 것을 뚫고 나의 삶을 꿋꿋이 살아가게 하심을 감사합니다.

오늘 나에게 주신 일들을 인해 걱정하지 말게 하소서.
걱정하는 것으로 무엇도 좋게 할 수 없사오니,
그 걱정하는 시간이 기도의 시간 되게 하소서.
아주 작은 것에서부터 아주 큰 걱정까지 모든 것을 주님께 드리며,
내 마음에 자리 잡는 근심의 모든 시간을 기도로 전환하게 하소서.

하루 종일 근심한다면 하루 종일 기도하게 하시고,
아주 잠깐 근심한다면 아주 잠깐이라도 기도하게 하소서.
내가 사는 오늘 하루와 내가 하는 오늘의 일이 나로 하여금
반드시 가야 할 그 길로 인도하시는 하나님의 인도하심이라 믿습니다.
때문에 오늘의 일에 충실함이 나의 비전을 이루는 일임을 깨닫고 성실하게 하소서.
순종함으로, 기뻐함으로 이 길을 가게 하소서.

오늘도 주님과만 동행하는 것이 아니라
나의 주변의 사람들과도 행복한 마음으로 동행하게 하소서.
나의 모든 힘의 근원 되시는 예수 그리스도의 이름으로 기도합니다.
아멘!

:: 여호와의 모든 길은 그의 언약과 증거를 지키는 자에게 인자와 진리로다 (시편 25:10).

FEBRUARY 17

가장 선한 것으로 인도하시는 아버지를 믿습니다

나의 도움이 되시는 하나님 아버지,
지난밤에도 나와 나의 가족들을 지켜주신 아버지 감사합니다.
매 순간 아버지의 도움이 아니면
단 한 순간도 설 수 없는 연약한 존재임을 주님 앞에 고백합니다.

오늘을 새날이오니, 새로운 마음으로 주님께서 주시는 소망으로
하루를 시작하게 하소서.
오늘 나에게 주신 모든 일들 가운데 승리하게 하소서.
영적인 전쟁에서 뒤로 물러나는 일이 없게 하시고,
전쟁 없이는 승리도 없다는 것을 기억하고 담대히 맞서게 하소서.

보이지 않는 것에 더 조심하게 하시고,
늘 깨어 기도하게 하셔서 나의 영혼과 마음을 무너뜨리려 하는
모든 전략을 빨리 눈치 채게 하시고 그것을 이겨 낙망하는 일이 없게 하소서.
오늘도 주님을 향한 모든 불신을 모두 던져 버리고 주님 앞에 나아갑니다.
가장 선한 것으로 인도하시는 아버지를 믿습니다.
나에게 주어진 상황 앞에 '예'라 인정하며 굳건히 이겨내게 하소서.

오늘도 날마다 성실하게 베푸시는 주님의 인자하심을 기대합니다.
새 아침이 밝았듯이 새 은혜가 오늘 가득하게 하소서.
묵은 어두운 마음과 기억들을 다 지우고 새 마음으로 시작하게 하소서.
나의 이 자리에 함께하시며 나를 눈동자와 같이 지키시며,
나의 모든 길이 되시는 예수 그리스도의 이름으로 기도합니다.
아멘!

:: 우리 주 예수 그리스도로 말미암아 우리에게 승리를 주시는 하나님께 감사하노니
(고린도전서 15:57).

FEBRUARY 18

나의 인생을 더 값지게 만드는 하루 되게 하소서

나의 주 나의 아버지,
오늘도 새로운 아침을 선물로 허락하심에 감사합니다.

오늘도 내게 주어진 모든 일과 내게 맡겨진 모든 사람을 인하여 감사합니다.
그리고 그 일과 사람들을 축복합니다.
그 일과 또한 그들과 더불어 나의 인생이 만들어지고 있습니다.
감사하게 하시고, 기뻐하게 하소서.
그들이 나의 인생에 한 조각을 차지하니 얼마나 소중한 사람들입니까.
아낌없이 축복하게 하시고, 아낌없이 사랑하게 하소서.

주님을 기억하는 신실한 믿음을 내게 주시고,
오늘 나에게 넘치는 부족함에도 불구하고 주님이 계심을 인하여
감사가 넘치는 하루 되게 하소서.
나를 먼저 사랑하고, 나를 사랑하는 것처럼 다른 사람을 사랑하게 하셔서
나와 다른 사람 모두가 사랑스러워지게 하소서.

오늘 하루 일어날 모든 일들을 주님께 맡겨 드립니다.
나에게 가장 선한 것을 주시는 주님을 믿습니다.
하나님의 뜻대로 행하여 나의 인생을 더 값지게 만드는 하루 되게 하소서.
주님을 사랑합니다.
나의 주 나의 모든 것 되시는 예수 그리스도의 이름으로 기도합니다.
아멘!

:: 하나님이 이르시되 그가 나를 사랑한즉 내가 그를 건지리라 그가 내 이름을 안즉 내가 그를 높이리라 (시편 91:14).

FEBRUARY 19

오늘도 달려가야 할 길들이 있음에 감사합니다

나를 지으신 아버지,
이 아침 나를 지으시고 만드신 하나님 아버지께 감사를 드립니다.
주님을 사랑하고, 주님을 찬양합니다.
주님께서 나의 인생을 아시고, 나를 인도하고 계심을 인해 감사합니다.

마치 토기장이와 같이 나를 만드셔서 나의 삶의 용도대로 나를 인도하셨으니,
오늘도 주님께서 이 질그릇에 담으시는 보배를
잘 보존하고 빛내는 삶을 살게 하소서.
무엇을 하든지 나의 오늘의 삶이 내 그릇에 담긴 보배를
훼손하는 일이 없게 하소서.

오늘도 달려가야 할 길들이 있음에 감사합니다.
이는 아직 나로 기대하고 계시며,
나를 통해 일하기를 원하시는 아버지의 뜻이 계심을 믿습니다.
피곤치 말게 하시고, 넘어지지 말게 하시고,
주님을 힘입어 모든 일을 너끈히 이길 수 있는 자 되게 하소서.

나의 목적지는 주님께서 아시오니
오늘 내가 해야 하는 일은 이 길에서 순종하는 일임을 고백합니다.
오늘도 주님을 기뻐하며 이 길을 달려가게 하소서.
주님을 맛보는 하루를 기대합니다.
나의 주 나의 모든 소망 되시는 예수 그리스도의 이름으로 기도합니다.
아멘!

:: 그러나 여호와여, 이제 주는 우리 아버지시니이다 우리는 진흙이요 주는 토기장이시니 우리는 다 주의 손으로 지으신 것이니이다 (이사야 64:8).

FEBRUARY 20

하나님을 향한 갈망이 사라지지 말게 하소서

나의 공급자 되시는 하나님 아버지,
새로운 아침, 눈을 뜨게 하신 아버지 감사합니다.
피곤하고 지친 몸으로 일어나며 오늘 하루를 걱정하지만,
늘 그랬던 것처럼 오늘도 나에게 힘을 공급하시는
하나님의 은혜를 의지하여 기쁨으로 하루를 시작합니다.

무엇보다 나에게 하나님을 향한 갈망이 사라지지 말게 하소서.
물이 필요 없다고 자만하는 가뭄의 땅처럼 무지한 교만을 없애 주소서.
나는 매일 주께서 공급하시는 생수의 힘이 없이는 살 수 없다는 한없는 갈망이
오늘도 나의 사는 모든 날에도 가득할 수 있게 하소서.
모든 것을 다 채워도 주님을 향한 갈망만큼은 언제나 부족하게 하소서.
그래서 언제나 나의 마음에 은혜는 이제 되었다고 자만하는 일이 없게 하소서.

오늘도 아버지의 뜻을 구합니다.
나의 판단과 나의 마음, 나의 결정들 안에서 하나님 아버지의 마음이
가득하게 하셔서 모든 것들의 기준이 아버지의 뜻 안에서 세워지게 하소서.
오늘 내가 해야 하는 일들, 내가 지켜야 하는 사람과 업무들,
내가 넘어야 하는 모든 장애물과 커다란 산들을 주님께 올려 드립니다.
주께서 힘주시고 감당하게 하소서.
오늘이 나에게 주어진 가장 젊은 날이며
그래서 가장 힘 있는 날이오니 포기하지 않고 힘을 내게 하소서.
나의 주 나의 모든 힘의 근원 되시는 예수 그리스도의 이름으로 기도합니다.
아멘!

:: 하나님이여 사슴이 시냇물을 찾기에 갈급함 같이 내 영혼이 주를 찾기에 갈급하니이다
    (시편 42:1).

FEBRUARY 21

오늘을 임하는 나의 자세를 바꾸어 주십시오

나와 함께하시는 하나님 아버지,
상쾌한 아침을 주시고, 일 할 수 있는 직장을 주시고,
함께 나눌 수 있는 가정을 주심에 감사합니다.

나에게 허락된 이 하루가 얼마나 많은 역사가 일어날 수 있는 하루인지
기억하게 하소서.
내가 마음먹기에 따라 정말 불행하고 무료한 하루가 될 수도 있고,
정말 의미 있고 활기찬 하루도 될 수 있습니다.
아버지, 오늘을 임하는 나의 자세를 바꾸어 주십시오.

오늘 내가 반복되는 일상의 패배감이 아니라,
오늘도 역사하시는 하나님의 힘을 힘입어 힘차게 하루를 만들어 가게 하소서.
아무리 거친 파도가 몰려와도 주님과 함께 날아오를 수 있다는
믿음을 갖게 하소서.

나에게 주어진 시간을 무엇보다 가치 있게 만들기 위해 최선을 다하게 하소서.
기억조차 할 수 없이 지나간 수많은 날들이 있으나,
오늘은 기억될 수 있는 아름다운 날이 되게 하시고 승리의 날이 되게 하소서.
상황을 보든지 사람을 보든지 그것의 가치와 의미를 생각하게 하소서.
오늘 하루가 소중한 하루가 되게 하소서.
나의 주 나의 힘의 근원 되시는 예수 그리스도의 이름으로 기도합니다.
아멘!

:: 나 여호와가 의로 너를 불렀은즉 내가 네 손을 잡아 너를 보호하며 너를 세워 백성의 언약과
이방의 빛이 되게 하리니 (이사야 42:6).

FEBRUARY 22

사람의 위로가 아닌 하나님의 위로를 구합니다

끝까지 사랑하시는 아버지,
오늘도 어김없이 해가 뜨고 새로운 아침을 맞게 하신 아버지 감사합니다.
나의 연약함에도 불구하고 나에게 새로운 기회의 하루가 주어짐에 감사합니다.

나에게는 끝까지 모든 것을 담을 만큼의 그릇도 없고 사랑도 없음을 깨닫고
주님께 나아가게 하소서.
주님의 마음이 아니라면, 아버지의 사랑이 아니라면
아무 것도 인내하거나 포용할 수 없음을 기억하게 하소서.

내가 지고 가는 짐이 최고로 무겁다고 여기는 인간의 본성을 이기게 하소서.
비척거리며 걸어가는 사람을 뒤에서 비웃기만 했지
그 사람의 발밑에 박힌 압핀을 볼 눈이 없음을 인정하게 하소서.
사람의 위로를 구하느라 정신없이 헤매지 말게 하시고,
하나님의 위로를 구하기 위해 최선을 다하게 하소서.
이 땅에 살면서 내가 나의 짐을 지고 갈 때에
그것이 누군가를 위해서 하는 것이 아니라
아버지께서 주신 것과 그것을 이기는 것이 아버지의 뜻이라는 것 때문에
오늘도 최선을 다하게 하소서.

나를 사랑하시되 끝까지 사랑하신 아버지의 마음을 닮게 하소서.
오늘도 나를 건지시며 살리시고 존재케 하소서.
고통을 이기시고 끝까지 사랑하신 예수 그리스도의 이름으로 기도합니다.
아멘!

:: 우리의 모든 환난 중에서 우리를 위로하사 우리로 하여금 하나님께 받는 위로로써 모든 환난 중에 있는 자들을 능히 위로하게 하시는 이시로다 (고린도후서 1:4).

FEBRUARY 23

더 힘을 낼 수 있는 원동력을 주소서

사랑하는 하나님 아버지,
오늘도 나와 함께하시고 동행하시는 아버지 감사합니다.
무사히 출근하게 하시고, 일할 수 있는 여건을 주심에 감사합니다.
언제나처럼 아버지의 은혜가 가득한 하루 되게 하여 주소서.

오늘은 그 무엇보다 나의 영혼과 정신이 맑고 투명하여
모든 일들을 잘 판단하고 결정하게 하소서.
마음을 분산시키는 나쁜 영향력들로부터 자유하게 하소서.
눈물을 흘리며 씨를 뿌리는 자는 기쁨으로 단을 거둔다고 하셨습니다.
언제나 기쁨의 단을 거두는 일은 멀게만 느껴집니다.
그러나 오늘 하루는 작은 것이라 하더라도 손에 쥐는 기쁨을 얻게 하소서.

그래서 '내가 이 일을 잘 했구나, 내가 여기 있는 것이 참 기쁨이구나'라고 고백하며
더 힘을 낼 수 있는 원동력이 되게 하소서.
매일매일이 소진되는 느낌이 아니라
매일매일이 충만해지는 느낌을 가질 수 있도록 보람을 느끼는 하루로 축복하소서.
때로는 지치고 힘든 순간에도 주님이 계시기 때문에 견딜 수 있게 하소서.

늘 가족들의 건강을 지켜 주시고, 동료들의 건강을 보호하소서.
오늘 하루 모든 것을 주님께 의탁 드립니다.
나의 주 나의 모든 것 되시는 예수 그리스도의 이름으로 기도합니다.
아멘!

:: 주께서 너희 마음을 인도하여 하나님의 사랑과 그리스도의 인내에 들어가게 하시기를 원하노라 (데살로니가후서 3:5).

FEBRUARY 24

나의 삶이 예배가 되길 원합니다

힘 주시는 하나님 아버지,
오늘도 새로운 아침, 새로운 힘을 주심에 감사합니다.
눈을 뜨게 하시고, 걷게 하시고, 어제와 다를 바 없는 건강을 주심에 감사합니다.
피곤한 육체로 저녁에 누웠는데 간밤에 그 피로를 가져가시고
회복케 하시는 아버지 감사합니다.

오늘도 나에게 주어진 짧은 미래를 주님께 맡겨 드리며 소망을 갖습니다.
나의 미래는 언제나 나의 현재보다 나을 것이라는 믿음을 갖게 하소서.
그리고 주님의 힘으로 그것을 만들어갈 힘을 얻을 것이라는 확신을 허락하소서.
비록 그 나은 미래 앞에 장애물이 있겠으나 주님과 함께
그 장애물을 뛰어 넘게 하소서.
오늘 저녁에는 작은 것이라 하더라도 성취감에 감사하게 하소서.

오늘 내가 앉은 자리와 가는 걸음마다 주님 동행하셔서
내가 가는 그곳에서 나의 삶을 예배처럼 드리게 하소서.
주님의 사랑과 긍휼의 마음으로 사람과 상황을 대할 때
그것이 예배가 될 줄 믿습니다.
눈 감고 기도할 때 함께하시듯 눈 뜨고 일 할 때 더욱 함께하소서.
비록 일에 집중해 있다 하더라도 나의 영혼이 늘 하나님을 향해 열려있게 하소서.
주님의 뜻을 분별하는 지혜를 주시고
오늘 내 앞에 있는 사람이 내가 사랑해야 하는 사람이라는 것을 기억하게 하소서.
나의 영원한 동반자 되시는 예수 그리스도의 이름으로 기도합니다.
아멘!

:: 이 하나님은 영원히 우리 하나님이시니 그가 우리를 죽을 때까지 인도하시리로다
(시편 48:14).

FEBRUARY 25

무엇을 두려워하고 있는지 바라보게 하소서

신실하신 아버지여,
오늘도 주님을 사랑합니다.
매일 아침 눈을 뜨며 하나님 앞에 가장 먼저 드리는 나의 말이
이 말이 되게 하소서.

언제나 신실하신 나의 아버지를 기억하며 하루를 시작하기 원합니다.
언제나 하나님은 나를 지키시고 나와 함께하시며,
두려워하지 말라고 우리에게 말씀하십니다.
우리는 주님이 그 약속을 지키시는 분이심을 알면서도
매일 매일의 삶 속에서는 그 약속을 100% 믿지 못함을 고백합니다.
머리로는 이해가 되는데 마음으로는 작동되지 않는 나의 믿음 때문에
언제나 똑같은 평안을 누리지 못함을 용서하소서.

오늘 하루 나는 무엇을 두려워하고 있는지 바라보게 하소서.
내가 감당하기 어려운 일 때문이라면
어차피 그 일은 언제든 나의 힘으로 했던 적이 없음을 기억하게 하소서.
'내가 잘해야 할 텐데'라고 생각한다면
주님의 능력으로 함께해 주시기를 기도하게 하소서.
미래에 대한 근심이라면 어차피 인생이 뜻대로 되지 않음을 기억하고
주님께 모든 것을 맡겨드리는 삶 되게 하소서.
생각하는 것이나 판단하는 것이나 주님의 마음으로 할 수 있게 도와주소서.
나의 주 나의 온전한 약속 되시는 예수 그리스도의 이름으로 기도합니다.
아멘!

:: 너희는 이 세대를 본받지 말고 오직 마음을 새롭게 함으로 변화를 받아 하나님의 선하시고 기뻐하시고 온전하신 뜻이 무엇인지 분별하도록 하라 (로마서 12:2).

FEBRUARY 26

주중에 더 성도답게 살게 하소서

오늘도 나의 소망 되시는 하나님 아버지,
귀한 하루를 시작하게 하신 아버지 감사합니다.
오늘도 주님을 찬양합니다. 주님을 사랑합니다.

하나님 아버지, 오늘 만나는 모든 사람들을 축복합니다.
그들과 대화 나눌 때, 그들과 인사 나눌 때 성령 하나님 함께하셔서
저로 하나님의 사람으로서 사랑을 전할 수 있게 하소서.
나보다 약한 자를 향하여서는 훨씬 더 친절하게 하시고 그들을 배려하게 하소서.
나의 얼굴이 어둡고 칙칙한, 근심 어린 모습으로 보이지 않게 하소서.
나의 마음이 주님으로 인하여 참된 평안과 담대함을 가지게 하시고,
그것으로 말미암아 나의 얼굴에서
하나님께서 주시는 평안이 보이고 느껴지게 하소서.

주일에만 성도처럼 사는 것을 벗어나 주중에 더 성도답게 살게 하소서.
주일에 만나는 사람들에게만 친절하게 웃는 것이 아니라
주중에 더 웃고 따뜻한 모습을 보이기 위해 노력하게 하소서.
나의 삶의 승리가 주일에 있지 않고
주중의 날들에 있다는 것을 매 순간 기억하게 하소서.
오늘도 넘치는 의욕과 삶의 힘을 허락하소서.
모든 것을 가장 선한 길로 인도하시는 주님을 믿습니다.
나의 모든 희망이 되시는 예수 그리스도의 이름으로 기도합니다.
아멘!

:: 마음이 굽은 자는 여호와께 미움을 받아도 행위가 온전한 자는 그의 기뻐하심을 받느니라
(잠언 11:20).

FEBRUARY 27

오늘 내가 받을 은혜

은혜의 하나님 아버지,
오늘도 주님 안에서 고요히 주님을 기억하며 하루를 시작하게 하심을 감사합니다.
하루를 시작하기 전 단 1분이라도 주님을 기억하게 하소서.

이 세상의 모든 것은 변하고 어떤 것도 영원한 것이 없으나,
오직 주님만은 언제나 동일하시며 하나님의 사랑과 구원은 영원한 것이니
그것으로 나의 버팀목이 되게 하소서.
오늘도 내가 헛된 것을 의지하여 나의 하루가 떠돌아다니지 말게 하시고
주님의 말씀을 붙잡고 세상의 어떤 풍파에도
의연히 자신의 자리를 지킬 수 있는 힘을 허락 하소서.

오늘은 나에게 주어진 놀라운 선물이고 새로운 기회이니
오늘 내가 받을 은혜를 기억하게 하소서.
미래의 걱정은 주님께 맡겨드리고 지금 나에게 주어진 것에 최선을 다하게 하소서.
오늘 저녁이 되었을 때에 매우 성공적이지는 못한다 하더라도
주님 앞에 부끄럽지 않은 날이 되게 하소서.
편법을 쓰거나 남을 불쾌하게 만들거나, 다른 사람에게 피해를 주지 않게 하소서.

선으로 악을 이기게 하시고, 정의로 불의를 이기게 하시며
정직으로 거짓을 이기게 하소서.
오늘도 주님과 동행하는 하루 되게 하소서.
나의 주 나의 전부 되시는 예수 그리스도의 이름으로 기도합니다.
아멘!

:: 내가 여호와를 항상 내 앞에 모심이여 그가 나의 오른쪽에 계시므로 내가 흔들리지 아니하리로다 (시편 16:8).

FEBRUARY 28

"감사!"를 외치며 사는 하루 되게 하소서

사랑의 하나님 아버지,
매일매일 선물을 받듯이 하루의 시간을 선물로 주신 아버지 감사합니다.
이 선물이 정말 기쁜 선물이 되게 하시고,
행복해하며 감사하며 힘을 내어 누릴 수 있는 선물이 되게 하소서.

오늘도 나를 구원해 주신 십자가의 은혜를 감사합니다.
자꾸 잊어버려서 감사함이 작아지는 오래된 신앙의 틀을 벗어버리고
마치 오늘 내가 처음 구원받은 것처럼 감동하며
하루를 시작하게 하소서.

나에게 천국을 주신 하나님 감사합니다.
지갑에 돈이 두둑하면 든든하다고 여기면서
돈보다 비교할 수 없을 만큼 중요한 나의 생명이 영원하다는 것에
전혀 든든해하지 않고 불안하게 사는 어리석음을 지금 버립니다.
나의 영원한 생명으로 인해 오늘 든든하고 넉넉한 마음으로 기쁘게 살게 하소서.

내 입술이 오늘 하루도 모든 일에 "감사!"를 외치며 사는 하루 되게 하소서.
모든 것은 지나가는 과정이오니 감사로 받아들이고 승리하게 하소서.
오늘도 모든 것을 주님께 올려 드립니다.
나로 죽음을 이기게 하신 예수 그리스도의 이름으로 기도합니다.
아멘!

:: 또 무엇을 하든지 말에나 일에나 다 주 예수의 이름으로 하고 그를 힘입어 하나님 아버지께
감사하라 (골로새서 3:17).

FEBRUARY 29

두려움을 이기는 사랑 앞에 서고 싶습니다

사랑의 하나님 아버지,
새날 눈을 뜨게 하시고 하루를 시작하게 하신 하나님 감사합니다.
매일매일 아침에 기도를 하면서 하나님을 기억할 수 있게 하심을 감사합니다.
어제의 내가 사랑 가운데 머물지 못하고,
혹은 더 많은 사람들의 사랑을 받지 못했다 하더라도
오늘 나를 담기에 부족함이 없으신 크신 하나님의 사랑으로 푹 안아 주시옵소서.

하나님의 사랑을 느끼며 여유를 가지는 하루 되게 하소서.
두렵고 쫓기는 마음을 벗어 버리게 하소서.
두려움을 이기는 사랑 앞에 늠름하게 하시고 쫓기는 자의 모습이 아니라
당당한 자의 모습으로 오늘 하루를 살게 하소서.

아무리 바빠도 주님 앞에 마음의 무릎을 꿇고 기도하게 하소서.
나의 입술이 주님을 향해 매 순간 열리게 하셔서 하나님과 동행하는
하루 되게 하소서.

혹시라도 어제까지 나의 안에 아직 풀리지 않은 분노나 억울함이나 상처가 있다면
넘치는 하나님의 사랑으로 회복되게 하시고
새 힘으로 새로운 하루를 시작하게 하소서.
오늘도 주님께서 내가 머무는 자리에 함께하여 주소서.
주님의 사랑을 누리듯 그 사랑을 전달할 수 있는 하루 되길 원합니다.
나의 힘이 되시는 예수 그리스도의 이름으로 기도합니다.
아멘!

:: 여호와여 위대하심과 권능과 영광과 승리와 위엄이 다 주께 속하였사오니 천지에 있는 것이 다 주의 것이로소이다 여호와여 주권도 주께 속하였사오니 주는 높으사 만물의 머리이심이니이다 (역대상 29:11).

직.장.인.을. 위.한. 묵.상.

여러분은 어떤 동기로
일하십니까?

창세기 | 11장 1절-9절

1 온 땅의 언어가 하나요 말이 하나였더라
2 이에 그들이 동방으로 옮기다가 시날 평지를 만나 거기 거류하며
3 서로 말하되 자, 벽돌을 만들어 견고히 굽자 하고 이에 벽돌로 돌을 대신하며 역청으로 진흙을 대신하고
4 또 말하되 자, 성읍과 탑을 건설하여 그 탑 꼭대기를 하늘에 닿게 하여 우리 이름을 내고 온 지면에 흩어짐을 면하자 하였더니
5 여호와께서 사람들이 건설하는 그 성읍과 탑을 보려고 내려오셨더라
6 여호와께서 이르시되 이 무리가 한 족속이요 언어도 하나이므로 이같이 시작하였으니 이 후로는 그 하고자 하는 일을 막을 수 없으리로다
7 자, 우리가 내려가서 거기서 그들의 언어를 혼잡하게 하여 그들이 서로 알아듣지 못하게 하자 하시고
8 여호와께서 거기서 그들을 온 지면에 흩으셨으므로 그들이 그 도시를 건설하기를 그쳤더라
9 그러므로 그 이름을 바벨이라 하니 이는 여호와께서 거기서 온 땅의 언어를 혼잡하게 하셨음이니라 여호와께서 거기서 그들을 온 지면에 흩으셨더라

—

저는 개인적으로 이 창세기 11장을 정말 싫어합니다. 왜냐면 이 바벨탑 사건 때문에 언어가 완전히 달라지게 되었거든요. 오늘날 우리가 영어니, 중국어니, 일본어니 배워야 하는 근거가 여기서부터 시작되었답니다. 즉, 바벨탑은 우리의 '공공의 적'이죠.

노아방주 사건을 보면, 하나님께서 인간을 심판하시려 홍수를 주셨고, 그 이후 노아의 가족을 통해 새로운 신실한 백성들이 나오길 원했습니다. 그래서 이제 그 자손들을 온 세계로 흩어지라고 명령했죠. 근데, 문제는 흩어지라고 했는데, 뭉쳤다는 겁니다. 그 이유는 시날 평야가 정말 좋아보였거든요.

무엇이 본뜻이냐가 제일 중요합니다

하나님의 뜻은 노아의 가족들로 전 세계를 채우기 원하셨기에, 전 세계로 흩어지라고 명했습니다. 그런데 인간적인 마음에 "우리 함께 뭉치자!"라고 한 거죠. 우리 눈에 좋아 보여도 본뜻에 맞지 않는 선택은 항상 화를 불러일으킵니다.

여러분을 향한 오늘 하루의 본뜻은 무엇일까요? 그것을 발견하고 그대로 실천하시는 하루 되시길 바랍니다. 그냥 겉보기에 당연한 것만 생각하지 마시고요.

오늘 어떤 동기로 일하십니까?

바벨탑을 쌓은 동기는 두 가지 입니다.
1) 우리가 우리의 이름을 내자! : 나만의 명예를 위해 하늘 꼭대기까지 다다를 탑을 쌓았죠. 하나님 때문에 살 수 있었던 그들은 모든 영광을 자신의 것으로 취하려합니다.
2) 흩어짐을 면하자! : 하나님이 흩어지라 했건 말건, "우리 뭉치자. 같이 살자."라고 독려합니다. 하나님을 제외한 단합이 때로는 심판의 이유가 될 수 있답니다.

나쁜 뜻을 향한 마음의 하나 됨은 모두를 죽이는 행위입니다. 마음이 하나 되는 것이 중요한 것이 아니라, 올바른 뜻에 하나 되는 것이 중요한 것입니다.

오늘 여러분은 어떤 동기로 일하십니까? 어떤 동기로 사람을 대하십니까? "으흐흐흐 내가 저 사람을 밟고서라도 올라서야겠다." 혹은 "나의 실수를 피하기 위해서라면 다른 사람쯤이야…" 이러지는 않겠죠?

인생을 뒤돌아보면 결국 자신의 이름만을 위해서 일한 사람들은 다른 사람들이 절대로 기억하지 않습니다. 오히려, 그 반대의 사람들을 기억하죠. 당장의 유익에 넘어가지 마시고, 좀 더 멀리, 좀 더 올바른 뜻을 바라보는 여러분이 되길 축복합니다!

3월

MARCH / 03

여호와의 눈은 온 땅을 두루 감찰하사
전심으로 자기에게 향하는 자들을 위하여
능력을 베푸시나니
_ 역대하 16:9

이 달 의 기 도 제 목

-
-
-
-
-

MARCH 1

나의 삶의 자리에서 공의를 이루게 하소서

공의로우신 하나님 아버지,
이 세상에 더 못살고 힘든 나라들이 많이 있음에도 불구하고
대한민국이라는 땅에서 살게 하신 아버지 감사합니다.
오늘 내가 누리는 이 자유는 누군가의 피 흘린 대가임을 기억합니다.
누군가가 대신해서 싸워 주었기 때문에 그 후대가 복을 누립니다.
누군들 두렵지 않고 편한 것이 싫은 사람이 누가 있겠습니까만
그 두려움을 이길 만큼의 공의로움과 사랑이 있었기에 가능하다고 믿습니다.

오늘 나의 삶의 자리에서 공의를 이루게 하소서.
고아와 과부와 나그네를 대접하라는 말씀처럼 약자를 향한 긍휼의 마음을 주소서.
누군가가 불의와 싸우지 않으면 나의 자손들이 그 고통을
다시 겪어야 한다는 믿음으로 나에게 주어진 이 현장에서
나의 신앙의 양심을 따라 불의와 싸워 공의를 이루게 하소서.

나의 편의를 위하여 눈감았던 많은 불의와의 타협들을 회개합니다.
신앙의 양심도 나를 움직이지 못할 만큼
이기적으로 변해 버린 나의 삶을 회개합니다.
오늘 나의 삶의 자리에서 하나님 앞에
온전하지 못한 탐욕과 부정과 핍박과 불평등이 있다면
작은 것 하나라도 나의 손으로 고쳐
다음 사람을 위하여 정결한 곳이 되도록 최선을 다하게 하소서.
언제나 옳으신 예수 그리스도의 이름으로 기도합니다.
아멘!

:: 공의와 인자를 따라 구하는 자는 생명과 공의와 영광을 얻느니라 (잠언 21:21).

MARCH 2

나의 가는 길에 가장 선한 것으로 채우시는 분

나의 힘이 되시는 하나님 아버지,
이 아침에 주님을 찬양합니다.
나의 모든 염려와 근심을 다 내려놓고
주님 앞에서 자유함을 누리며 하루를 시작합니다.
말로는 언제나 나의 힘이 되신다고 고백하면서도
마음의 자유와 평안을 누리지 못함은 진정 힘의 근원으로 인정하지 못하고
여전히 내가 해내야 한다는 강박관념 때문임을 고백합니다.
주님, 오늘은 모든 걱정을 던져 버리고 새롭게 하루를 시작하게 하소서.

주님께서 오늘도 모든 일들 가운데 함께하실 것을 믿습니다.
주님께서는 모든 필요를 아시며
나의 가는 길에 가장 선한 것으로 채우시는 분이심을 믿습니다.
오늘도 그런 주님의 계획이 하나하나 다 이루어지는 하루 되게 하소서.
즐겁게 허락하신 이 하루를 걱정과 근심으로 망치지 말게 하시고,
짐을 내려놓고 열심히 달려갈 수 있는 하루 되게 하소서.
'여호와는 나의 힘이요, 노래시며 나의 구원이시로다'라는 고백이
내 영혼 깊은 곳의 진심 어린 고백이며 생활이 되게 하소서.
오늘도 나의 믿음과 나의 행함이 점점 하나가 되게 하소서.

오늘 나의 일터에서 여전히 하나님과 동행하기를 소원합니다.
아니, 이미 동행하고 계신 주님을 눈치 채고 감사하는 하루 되게 하소서.
참 진리와 자유 되시는 예수 그리스도의 이름으로 기도합니다.
아멘!

:: 예수께서 대답하여 이르시되 사람이 나를 사랑하면 내 말을 지키리니 내 아버지께서 그를 사랑하실 것이요 우리가 그에게 가서 거처를 그와 함께하리라 (요한복음 14:23).

MARCH 3

걱정이 아니라 기대가 되는 하루

언제나 나와 함께하시는 아버지,
오늘도 놀라운 하루를 시작하게 하심을 감사합니다.
어제의 모든 근심과 걱정을 털어 버리고 새로운 마음으로 다시 시작합니다.
나의 환경은 달라지지 않았다 하더라도 나의 마음이 새로워지게 하셔서
내가 웃지 못할 일이 없으며,
내가 감사하지 않을 일이 없는 것을 기억하게 하소서.
나의 입술이 마땅히 찬양하며 즐거워해야 할 소중한 하루임을 알게 하소서.

아침에 일어날 수 있는 건강을 주시고,
아름다운 사람들을 곁에 주심을 감사합니다.
속 썩이는 자녀가 있다면 나에게 이미 가정이 있다는 것이니 감사합니다.
나를 힘들게 하는 상사나 부하직원이 있다면
나는 백수가 아니라 직장이 있다는 것이니 감사합니다.
오늘도 나의 생각을 거꾸로 뒤집어 내가 가진 것, 주님이 주신 은혜,
문제보다 훨씬 더 큰 문제없음을 바라보게 하소서.

오늘 만나야 하는 사람들을 어제보다 더 축복하게 하시고, 사랑하게 하소서.
오늘 나에게 무슨 일이 벌어질지 전혀 알지 못하지만
그것이 걱정이 아니라 기대가 되게 하시고
하나님의 역사를 목도하는 계기가 되게 하소서.
나의 모든 감사의 조건 되시는 예수 그리스도의 이름으로 기도합니다.
아멘!

:: 그리스도의 말씀이 너희 속에 풍성히 거하여 모든 지혜로 피차 가르치며 권면하고 시와 찬송과 신령한 노래를 부르며 감사하는 마음으로 하나님을 찬양하고 (골로새서 3:16).

MARCH 4

성령으로 뜨겁게 다시 시작합니다

사랑의 아버지,
나에게 새로운 생명을 주셔서 오늘 아침 새로운 시간을 맞이하게 하신
하나님 감사합니다.

오늘도 성령 하나님께서 임재하셔서
영적인, 육체적인 모든 질병과 어려움들을 거둬 가 주옵소서.
내가 머무는 그곳 어디에든 바로 옆에 계셔 주심을 믿습니다.
차에 탈 때에도 내 곁에 앉아 계시고, 내 책상 곁에도 계시며,
나의 걷는 그 길 옆에도 주님이 계심을 믿습니다.

오늘 행하는 모든 일 속에 주님과 상의하게 하시고,
모든 일들이 순적하게 풀어지게 하소서.
연약한 육체마다 새로워지는 은혜를 베푸소서.
아침을 시작하며 은혜의 날개 아래 안식하기 원합니다.
가장 신선한 공기를 들이 마시듯이 가장 새롭고 신선한 주님의 은혜가
내 안에 가득하게 하소서.

남은 차를 버리지 않고 뜨거운 차를 담을 수 없듯이
내게 오늘 아침까지 남아있는 모든 식어 버린 차들을 버리고
성령으로 뜨겁게 다시 시작하게 하소서.
오늘도 모든 사람을 귀히 여기며 존중하는 하루 되게 하소서.
나를 지키는 울타리 되어 주신 예수 그리스도의 이름으로 기도합니다.
아멘!

:: 자기의 육체를 위하여 심는 자는 육체로부터 썩어질 것을 거두고 성령을 위하여 심는 자는
성령으로부터 영생을 거두리라 (갈라디아서 6:8).

MARCH 5

일상이 기적임을 매 순간 고백하게 하소서

사랑하는 하나님 아버지,
이 아침을 맞음이 하나님의 은혜임을 고백합니다.
이 모든 것을 존재케 하신 하나님을 찬양합니다.

어제의 모든 죄악을 용서하소서.
나로 천국을 누릴 수 있는 은혜를 주신 하나님께 감사합니다.
십자가를 지심으로 나의 모든 죄악을 대신하심에 감사합니다.
채찍에 맞으심으로 나의 모든 질병을 대신하심에 감사합니다.
징계를 받으심으로 나로 평화를 누리게 하심에 감사합니다.
오늘 나의 모든 누림은 고통의 십자가 대신임을 기억하게 하소서.
나의 한걸음 한걸음이 감사로 넘치게 하시고,
그 감사가 너무도 당연한 것임을 잊지 말게 하소서.

나에게 벌어지는 일들이 부당한 것이 아니라,
나에게 펼쳐져 있는 행복들이 모두 기적임을 기억하게 하셔서
나로 겸손케 하시며, 일상이 기적임을 매 순간 고백하게 하소서.
오늘 이 하루가 온전한 감사가 무엇인지 생각하는 하루 되게 하시고
감사로 또 감사한 일을 만들려고 하는 얄팍한 꾀에서 벗어나
감사로 고난도 감사할 수 있는 진실된 믿음 갖게 하소서.
나를 살리기 위해 피 흘려 죽으신 예수 그리스도의 이름으로 기도합니다.
아멘!

:: 여호와 나의 하나님이여 주께서 행하신 기적이 많고 우리를 향하신 주의 생각도 많아 누구도 주와 견줄 수가 없나이다 내가 널리 알려 말하고자 하나 너무 많아 그 수를 셀 수도 없나이다 (시편 40:5).

MARCH 6

나의 작은 고통이 부끄럽습니다

은혜의 하나님 아버지.
이 아침에 주님의 십자가 고난을 생각합니다.
90킬로가 넘는 십자가 무게가 그 지친 몸에 얼마나 버거웠을지.
때로는 나의 삶의 십자가가 그렇게 무겁게 느껴질 때마다
채찍과 가시관을 쓰시고도 그 무거운 십자가를 지신 예수님을 생각하게 하소서.

나는 나의 삶을 위해 나의 십자가를 지지만,
주님은 주님이 아니라 인간을 위해 십자가를 지셨으니
나의 십자가와 비교할 수 없음을 기억하게 하소서.

나의 삶이 고통스러운 순간마다
고통을 목적으로 태어나신 예수 그리스도를 생각하게 하시고,
이 땅의 누구도 고통을 목적으로 태어나지는 않았으니
주님을 생각할 때 불평할 입이 없음을 기억하게 하소서.

예수 그리스도의 고통의 선한 목적을 나의 삶으로 이루게 하소서.
오늘 하루를 주님께 맡깁니다.
나의 작은 고통이 부끄럽습니다.
그것이 무엇이든 간에 감사함으로 감당하게 하소서.
주님을 찬양하고 찬양합니다.
날 위해 죽기 위해 태어나신 예수 그리스도의 이름으로 기도합니다.
아멘!

:: 사람의 모양으로 나타나사 자기를 낮추시고 죽기까지 복종하셨으니 곧 십자가에 죽으심이라
(빌립보서 2:8).

예수를 닮는 것이 무엇인지 다시 생각하게 하소서

나에게 오신 하나님 아버지,
나를 만드시고 고치시고 살리시는 아버지 감사합니다.
언제나 완벽한 빛이시며 영광 받아 마땅하신 하나님께서
더럽고 추한 인간의 자리에 오심을 인하여 감사합니다.

오늘 가장 강렬한 빛이신 예수 그리스도께서 가장 어둠의 깊은 곳으로
스스로 들어가셔서 우리를 다시 빛 되게 하셨던 것을 기억합니다.
나는 살면서 내 옷에 작은 얼룩만 묻어도 불쾌히 여기며,
아주 작은 일에만 연루되어도 억울하다 외치며,
내가 더 높임 받아야 하는데 알아주지 않는다고
섭섭하게 여기지는 않는지 돌아보게 하소서.
도대체 예수를 닮는 것이 무엇인지 다시 생각하게 하소서.

고난을 묵상함이 처절하고 아팠던 고통에 대한 감상적 눈물만이 아니라,
그 고난의 모든 원인이 나였다는 사실을 철저히 깨닫고 감사하게 하소서.
하늘의 영광을 버리고 어둠 속에 있는 나에게 오신 하나님 앞에
무릎 꿇어 경배하게 하시고 단지 나에게 오신 것만이 아니라
고통과 죽음을 견디신 주님으로 인해 한없는 감사가 넘치게 하소서.

나 때문에 죽으신 예수 그리스도를 사랑하고 또 사랑합니다.
날 위해 죽으신 예수 그리스도의 이름으로 기도합니다.
아멘!

:: 오라 우리가 굽혀 경배하며 우리를 지으신 여호와 앞에 무릎을 꿇자 (시편 95:6).

MARCH 8

오늘 십자가의 은혜가 가득한 하루 되게 하소서

날 위해 고통을 택하신 하나님 아버지,
일년 내내 나의 기도만 주님께 드리고 바라는 것만을 달라고 하면서도
지금 내가 잃어버린 가장 중요한 것이 무엇인지 정작 모르고 사는
우리의 어리석음을 용서하소서.

아버지의 사랑과 십자가의 은혜가 없었다면 지금 존재할 수도 없으며,
지옥으로 향하는 인생을 살아야 함에도 불구하고
주님을 향한 사랑에 감사가 없었음을 고백합니다.

주님이 십자가에 달리셨던 고통을
제 3자의 고통을 바라보듯 묵상하지 말게 하소서.
십자가를 생각할 때마다 원인 제공자가 나임을 기억하게 하시고,
그래서 더 아프고 그래서 더 감사하고 감격할 수 있게 하소서.
주님이 죽으심으로 나를 살리셨는데,
오늘 내가 살아갈 때 참으로 그 값어치를 하는 삶을 살기 원합니다.

나만 이기적으로 살라고 대신 죽으신 것이 아님을 믿습니다.
내가 죽은 이후 천국에 가서 주님을 뵈올 때 부끄러움이 없이
주님 앞에 나설 수 있도록 오늘 나의 삶이 더 주님을 닮아 있게 하소서.
오늘 십자가의 은혜가 가득한 하루 되게 하소서.
날 위해 피 흘리신 예수 그리스도의 이름으로 기도합니다.
아멘!

:: 그의 십자가의 피로 화평을 이루사 만물 곧 땅에 있는 것들이나 하늘에 있는 것들이 그로 말미암아 자기와 화목하게 되기를 기뻐하심이라 (골로새서 1:20).

모든 일과들 가운데 내 발의 등이 되어 주소서

나의 발을 견고케 하시는 아버지,
아침 뉴스를 보면 간밤에 알게 모르게 많은 사고가 일어납니다.
아버지, 참 피해 가고 싶은 일들이 얼마나 많은지….
그럼에도 불구하고 피할 수 없는 인간의 연약함을 주님 앞에 고백합니다.
나의 가는 길을 주님께서 지키시지 아니하시면
순간 무너져 버릴 수 있는 존재임을 고백합니다.

오늘 하루의 모든 일과들 가운데 내 발의 등이 되어 주소서.
나의 가는 길이 어제와 같다는 것 때문에 아무 생각 없이 달리지 말게 하소서.
어제와 오늘이 절대로 같지 않다는 것을 매일 깨닫게 하셔서
오늘을 마치 처음 가는 길을 걷는 마음으로 걷게 하소서.
나의 방심함이 다른 사람을 다치게 하지 않게 도우소서.
나의 삶을 잘 사는 것이 다른 사람을 돕는 일임을 깨닫게 하소서.

나의 약함은 징벌이 아니라 믿음으로 살아야 한다는 표지임을 기억하게 하소서.
약함 때문에 주님 앞에 설 수 있으니 축복임을 기억하게 하소서.
나의 약함 때문에 주님의 강함이 흘러넘치게 하시고,
나의 강함으로 주님을 밀어내는 일이 없게 하소서.
내 모든 육신의 연약함과 판단의 부족함과 영혼의 갈급함을
주님 앞에 올려드립니다.
내 발의 등이 되시는 예수 그리스도의 이름으로 기도합니다.
아멘!

∷ 주의 말씀은 내 발에 등이요 내 길에 빛이니이다 (시편 119:105).

MARCH 10

수많은 선택의 길들 가운데서

나의 희망이 되시는 하나님 아버지,
오늘도 새로운 아침을 주심을 감사합니다.
나의 잘못이 아닌 것으로 내가 피해를 보는 일이 점점 많아지는 세상이 되었으나,
그것으로 인해 불평하지 말게 하소서.
주신 분이 주님이셨으니 그것을 거두어 가신다 하더라도
불평할 수 없음을 고백합니다.

오늘도 나의 가는 발걸음을 인도하여 주소서.
잘못된 길로 가지 말게 하시고 나의 발이 늪에 빠지지 않게 하소서.
나의 반석이 되어 주시는 주님을 믿사오니
나의 발걸음이 주님의 반석 안에 언제나 머물게 하소서.
수많은 선택의 길들 가운데 내 발을 반석 위에 올려놓는 선택을 하시고
그것이 주님의 뜻 안에 있음을 반드시 기억하게 하소서.
오늘도 가장 선한 길을 찾게 하시고,
하나님께서 원하시는 것을 언제나 묻고 행하게 하소서.

언제나 매일 나의 부족함과 연약함을 주님께 고백합니다.
나의 육신의 연약함을 강건하게 하소서.
나의 정신과 영혼의 연약함을 주님의 것으로 채우소서.
나의 가는 길에 반석 되시는 예수 그리스도의 이름으로 기도합니다.
아멘!

:: 내가 확신하노니 사망이나 생명이나 천사들이나 권세자들이나 현재 일이나 장래 일이나 능력이나 높음이나 깊음이나 다른 어떤 피조물이라도 우리를 우리 주 그리스도 예수 안에 있는 하나님의 사랑에서 끊을 수 없으리라 (로마서 8:38-39).

MARCH 11

재밌고 흥미로운 모험과 같은 하루

날 새롭게 하시는 하나님 아버지,
어제의 피곤한 모든 것을 회복하게 하시고,
오늘 나의 몸과 마음, 나의 영혼이 새롭게 되는 은혜를 주소서.

오늘 나를 위해 준비하신 것들을 기대합니다.
주님께서 준비하신 좋은 것들로 오늘 하루를 채워 주시고,
오늘 내가 맞이해야 하는 어려움이 있다면
그것을 위해 마련하신 안전하고 건널만한 다리를 내게 허락하소서.
이 천지를 만드시며 가장 놀라운 창조력을 보여주셨던 하나님의 성품을 본받아서
가장 창조적이고 멋진 예술가처럼 오늘 하루를 창조하게 하소서.

늘 똑같은 하루를 맞이하지만, 지루하고 도망가고 싶은 하루가 아니라
재밌고 흥미로운 모험과 같은 하루가 되게 하소서.
혹여 지친 마음과 포기하고 싶은 마음이 도사리고 있다면 거뜬히 물리치게 하시고
나의 모든 과정을 지켜보시고 보호하시는 주님을 기억하고 견디게 하소서.

오늘은 새로운 하루입니다.
어제의 짐을 오늘까지 끌고 오지 말게 하소서.
어제와 다른 오늘이 될 수 있다는 기대감을 품게 하소서.
나의 가는 길을 지키시는 예수 그리스도의 이름으로 기도합니다.
아멘!

:: 그의 영광의 풍성함을 따라 그의 성령으로 말미암아 너희 속사람을 능력으로 강건하게 하시오며 (에베소서 3:16).

MARCH 12

어려움을 통해 성장하게 하소서

나의 힘이 되시는 하나님 아버지,
오늘도 새로운 공기와 하늘을 주신 아버지 감사합니다.
어제의 모든 묵은 짐들을 털어 버리고,
오늘 아침 새롭게 주님을 만나게 하시니 감사합니다.

오늘 내가 감당해야 하는 모든 일들과 하나님께서 원하시는 일들 속에서
나의 능력이 아니라 주님의 능력으로 감당하게 하소서.
때로는 나의 능력에 버겁고 넘치는 일들로 인해
시험에 들고 무너지고 싶은 그때에도 주님, 함께하여 주소서.
힘들고 어려운 광야의 길을 가는 것처럼 방향도 모르겠고,
얼마나 더 버틸 수 있을지 암담한 때도 있지만,
그때에 주님이 나의 소망이 되어 주소서.
광야에 물이 흐르고, 광야에 꽃이 피는 날이 꼭 온다는 것을 믿고 기대하게 하소서.

어려움을 통해 훈련되게 하시고, 성장하게 하소서.
평안함을 통해 감사하게 하시고, 주님과 동행하는 안식을 주소서.
순간순간 힘든 일이 있을 때마다 지난 과거 나의 길을 인도하셨던
그 고비를 넘게 하셨던 주님을 기억하게 하소서.
그것이 내 삶의 역사가 되어 거울이 되게 하시고 증거가 되게 하소서.
나의 과거가 곧 오늘을 견디게 하는 증거이오니
오늘까지 나를 지키신 하나님의 은혜를 더 깊이 묵상하고 감사하게 하소서.
나의 쉴만한 물가 되시는 예수 그리스도의 이름으로 기도합니다.
아멘!

:: 주께 합당하게 행하여 범사에 기쁘시게 하고 모든 선한 일에 열매를 맺게 하시며 하나님을 아는 것에 자라게 하시고 (골로새서 1:10).

MARCH 13

남을 위해 희생할 수 있는 믿음

나의 생명 되시는 아버지,
이 아침 비록 피곤한 몸을 이끌고 새로운 시작을 하지만
주님을 의지하여 새 힘을 얻습니다.

나의 마음과 영혼이 주님을 바라보며
모든 걱정과 근심을 털어 버리고 하루를 시작하기 원합니다.
이 기도를 통하여 나의 영혼이 세수하듯 깨끗하게 하시고
정결케 하셔서 주님 앞에서 시작하는 하루 되게 하소서.

주님은 나를 위해 고난 당하셨는데,
나는 나를 위해서도 고난 당하기 싫어하는 이기심을 회개합니다.
고난이 닥쳐올 때에 마치 주님이 나에게 일부러 주신 것처럼 여기며
원망과 불평을 두려워하지 않음을 회개합니다.
자격 없는 자에게 생명 주시기 위해 감당하신 주님의 고난을 기억하게 하소서.
그리고 나에게 영원한 생명이 주어짐에 감사하게 하소서.

거대한 입술의 고백과 깨달음보다 아주 작은 실천으로
주님께 영광 돌리는 하루 되게 하소서.
최소한 나를 위해 받는 고난으로 불평하지 말게 하시고,
남을 위해 작은 것이라도 희생할 수 있는 믿음을 허락 하소서.
나를 죽음에서 생명으로 건지신 예수 그리스도의 이름으로 기도합니다.
아멘!

:: 여호와의 눈은 온 땅을 두루 감찰하사 전심으로 자기에게 향하는 자들을 위하여 능력을 베푸시나니 (역대하 16:9).

MARCH 14

한없이 낮아질 때에도 평안하게 하소서

만물의 주인 되시는 아버지,
이 아침에 주님을 기억하며 기도하게 하심을 감사합니다.
언제나 나의 하루 중 주님께 기도하는 시간이 가장 행복한 시간이 되게 하소서.
주님과의 교제가 내 삶의 힘의 근원이 되게 하소서.

오늘도 새로운 아침을 맞이하며 새로운 호흡을 하게 하소서.
어제까지의 모든 묵은 짐들을 벗어 버리고,
성령님의 새로운 호흡으로 나의 복잡한 마음의 모든 것을 몰아내고
새 마음을 품게 하소서.
내가 한없이 높아질 때에도 평안하게 하시고,
내가 한없이 낮아질 때에도 평안하게 하소서.
인생의 풍랑이 쉼 없이 몰아치고 물러가나 그것으로 인하여
일희일비하지 말게 하소서.

나의 마음의 교만과 근심, 이기심과 불신, 두려움과 혼란들이
나의 평안을 뒤흔들어 놓을 때에 주님의 손에 나의 모든 것을 맡기게 하소서.
주님께서 나의 삶과 마음의 모든 것들을 말끔히 청소하시고
나로 주님과 함께 푸른 초장과 쉴만한 물가에 앉아 대화하듯
주님과 동행하는 하루 되게 하소서.
나의 주인 되시는 예수 그리스도의 이름으로 기도합니다.
아멘!

:: 여호와는 그를 경외하는 자 곧 그의 인자하심을 바라는 자를 살피사 그들의 영혼을 사망에서 건지시며 그들이 굶주릴 때에 그들을 살리시는도다 (시편 33:18-19).

MARCH 15

이 하루가 기적임을 기억하게 하소서

나를 정결케 하시는 하나님,
오늘도 새로운 아침을 주심을 감사합니다.
오늘 이 아침에 어제의 나의 치열했던 시간들로 인해 헝클어진 나의 모습을
다시 깨끗이 정돈하고 하루를 시작하게 하소서.

나의 영혼을 주님의 샘물에 나아가 깨끗이 씻기 원합니다.
차가운 성령의 물로 나를 씻게 하시고,
새로운 아침을 맞이할 준비가 되어 있지 않은 나의 영혼을 흔들어 깨워 주소서.
어제의 전쟁은 어제 끝났고, 오늘은 새로운 날이니
머리를 단장하고 거울을 바라보며 새로운 마음으로 새로운 무장을 하게 하소서.
오늘 새로운 시작을 할 수 있는 힘과 마음과 여건을 주심에 감사합니다.

오늘은 내가 만든 하루가 아니라, 주님이 내게 주신 하루입니다.
이 하루가 기적임을 기억하게 하소서.
어두움을 단번에 물리치시는 말씀의 기적이 존재하여 오늘의 태양을 맞이합니다.
내가 존재하는 모든 공간과 시간이 기적 자체임을 잊지 말게 하시고,
그 기적들 속에서 당연히 내 삶의 기적들이 일어날 것을 기대하게 하소서.
나의 한계가 문제될 것이 없음은 주님께서 함께하시며
내가 그 뜻 가운데 있을 때에 모든 것이 주님의 은혜로 가능함을 믿습니다.
내가 주님의 뜻 가운데 거하게 하시고, 나로 이기심을 버리고 내가 거하는 곳에
하나님의 나라가 임하는 꿈을 꾸며 하루를 살게 하소서.
나의 기적 되시는 예수 그리스도의 이름으로 기도합니다.
아멘!

:: 주의 법을 사랑하는 자에게는 큰 평안이 있으니 그들에게 장애물이 없으리이다 (시편 119:165).

MARCH 16

불평의 입술을 멈추게 하소서

사랑의 아버지 하나님,
오늘도 새로운 하루를 선물로 주심을 감사합니다.
주님의 은혜로 말미암아 상쾌함을 얻을 수 있게 하소서.

나를 위해 죽으신 예수 그리스도를 인하여 오늘도 매 순간 감사하기 원합니다.
주님은 나를 위해 죽기까지 사랑하셨는데,
나는 주님을 얼마나 사랑하는지 의심스러울 뿐입니다.
내게 잘 해 주실 때는 너무도 사랑스러운 주님이지만,
나에게 어려움이 닥치면 원망스러운 주님이라면
나는 주님을 사랑하는 것이 아니라 이용하고 있는 것이 분명합니다.

생명을 주셨다면 그것이 모든 것을 다 주신 것이며,
이미 최고의 사랑임을 증명하셨는데
나는 아직도 뭘 그리 묻고 싶고 증명받고 싶어 하는지 돌아보게 하소서.
주님께서 내게 생명주셨으니 주님의 사랑은 더 증명할 것이 없음을
기억하게 하소서.
나에게 어떤 일이 일어난다 하더라도
주님은 나를 최고로 사랑하시며 최선으로 인도하고 계심을 믿게 하소서.

불평의 입술을 멈추게 하시고, 감사와 찬양의 입술이 가득하게 하소서.
오늘 하루가 그 시작이오니 오늘도 매 순간 감사하게 하소서.
하나님 앞에서 정직하게 최선을 다해 주님이 기뻐하시는 것을 행하게 하소서.
나를 위해 십자가를 지신 예수 그리스도의 이름으로 기도합니다.
아멘!

:: 분을 그치고 노를 버리며 불평하지 말라 오히려 악을 만들 뿐이라 (시편 37:8).

주님의 시선이 머문 곳에 나의 시선이 머물기를

사랑하는 나의 아버지,
이렇게 맑고 아름다운 날을 주심에 감사합니다.
오늘도 주님의 축복이 가득한 날이 되게 하시고,
나로 하나님과 동행하는 하루 되게 하소서.
비록 충분히 자지 못하고, 피로가 회복되지 못한 채로 다시 일터에 나와 있으나
나의 힘의 근원이 되시는 주님으로 말미암아 새 힘을 얻게 하소서.

이 아침에 하나님을 향하여 나의 시선을 돌리게 하소서.
나의 고통이 제일 크고, 내가 제일 불쌍하고, 내가 제일 어렵다고 생각하여
늘 쳇바퀴 돌 듯 밝아지지 않는 나의 모습이 있다면
그 시선을 뜯어내어 주님께로 돌리게 하소서.
내 스스로가 우상이 되지 말게 하소서.

주님이 기뻐하시는 일을 위하여
나의 시선을 나보다 더 어려운 사람에게로 돌리게 하소서.
오늘 나의 주변에 나보다 더 힘든 자들이 있음을 알고 그들을 돕게 하소서.
나의 고난에 집중하여서는 절대로 스스로 고난을 이길 수 없음을 알게 하소서.
남의 고난에 집중할 때 나의 고난의 늪에서 나올 수 있음을 알게 하소서.
오늘도 주님의 시선이 머문 곳에 나의 시선이 머물게 하시고,
나의 마음을 바라보는 눈을 돌려
더 고난 당하는 자를 바라보게 하소서.
축복으로 허락하신 이 하루에 감사합니다.
언제나 나를 지키시는 예수 그리스도의 이름으로 기도합니다.
아멘!

:: 긍휼히 여기는 자는 복이 있나니 그들이 긍휼히 여김을 받을 것임이요 (마태복음 5:7).

MARCH 18

나의 옆자리에 주님이 계심을 잊지 말게 하소서

선하신 나의 아버지,
좋은 아침을 주신 하나님 아버지 감사합니다.
오늘도 나의 손가락과 발가락, 눈과 귀, 나의 모든 것들이
정상으로 움직임을 감사합니다.
변함없이 오늘도 주님의 은혜로 나의 모든 육체와 정신과 영혼이
주님 앞에 온전하게 하소서.

나의 삶의 모든 것이 하나님 앞에 거룩한 일임을 기억하게 하소서.
나의 눈에는 아무 것도 아닌 것처럼 보이지만,
모든 것이 이 세상이 돌아가기 위한 아주 작은 퍼즐 조각임을 기억하게 하소서.
나의 존재함이 이 세상의 일부분이고, 그 일부분이 온전함으로
이 세상이 잘 돌아갈 수 있음을
그래서 나의 오늘 하루가 하나님 앞에 거룩한 성직임을 잊지 말게 하소서.

오늘 내가 해야 할 모든 일들을 축복하소서.
내가 감당할 수 없는 일 가운데 하나님의 능력이 드러나게 하소서.
오늘도 나의 옆자리에 주님이 계심을 잊지 말게 하소서.
주님이 곁에 계셔서 힘이 되게 하시고, 주님이 곁에 계셔서 조심하게 하소서.
언제나 나를 바라보고 계시는 주님으로 인해
나의 하루가 든든하고 힘이 가득하게 하소서.
오늘도 나의 모든 삶을 주님께 의탁 드립니다.
나의 사랑 나의 모든 것 되시는 예수 그리스도의 이름으로 기도합니다.
아멘!

:: 내가 너를 세웠음은 나의 능력을 네게 보이고 내 이름이 온 천하에 전파되게 하려 하였음이니라 (출애굽기 9:16).

MARCH 19

자기 연민과 피해의식을 버리고 싶습니다

사랑의 아버지,
오늘도 하루라는 선물을 허락해 주심에 감사합니다.
새로운 포장을 뜯을 때마다 기쁘고 설레야 하는데,
때로는 너무 당연하게 주어진다 생각하여
전혀 설레지도, 감사하지도 못한 모습을 용서 하소서.

일을 하면서 내가 누구 때문에 어쩔 수 없이 일한다고 생각하지 말게 하소서.
나는 누구 때문에 사는 것이 아니라 나 때문에 사는 것임을 기억하게 하소서.
하나님께서 주신 생명으로, 주님께서 주신 은혜로 나를 위하여 일하는 것이고
나를 위하여 살아가는 것임에 감사하게 하소서.
주님과 나를 바라보며 마치 다른 사람을 위해 희생하는 삶을 살고 있다는 착각과
자기 연민을 버리고 이 모든 것이 나에게 유익함임을 고백하고 감사하게 하소서.

나에게 주신 생명을 인해 나의 삶을 멋지게 만들기 위해
오늘 하루를 주님과 동행합니다.
오늘도 선물 주신 분을 기쁘시게 하기 위해
환호하며 즐겁고 열정적인 하루를 살기 원합니다.
오늘도 담대하게, 오늘도 의미 있게, 오늘도 주님과 동행하며 하루를 살겠습니다.
이 모든 것 나를 위한 것이니 기쁨으로 살아가겠습니다.
오늘도 나와 함께하시는 주님 사랑합니다.
나의 손잡아 주시는 예수 그리스도의 이름으로 기도합니다.
아멘!

:: 상심한 자들을 고치시며 그들의 상처를 싸매시는도다 (시편 147:3).

MARCH 20

감사할 제목들이 많아지는 하루

나의 발을 지키시는 주님,
오늘도 은혜의 하루를 시작하게 하심을 감사합니다.
아침에 눈을 뜸이, 그리고 하루를 시작함이 모두 은혜임을 주님께 고백합니다.

주님께서 인도하신 곳들마다 머물며 최선을 다하게 하소서.
그리고 그것이 나의 가장 거룩한 예배임을 기억하게 하소서.
오늘도 사람을 사랑함으로 예배하기 원합니다.
나의 친절한 말과 위로로 사람을 세우고 격려함으로
하나님을 기쁘시게 하기 원합니다.
어려운 난관을 뚫고 나에게 주어진 일을 수행함으로
부르신 곳에서의 사명을 감당하기 원합니다.
이것이 기쁨이 되게 하시고,
하나님의 뜻을 이루는 일임을 인하여 감동이 되게 하소서.

오늘도 이제까지 기억하지 못한 것들을 기억하며
새삼스럽게 주님께 감사할 제목들이 많아지는 하루 되게 하소서.
오늘도 나의 발을 견고하게 하시며 지켜 주셔서 실족하지 말게 하시고,
모든 사고와 질병으로부터 보호하여 주소서.

나의 하루를 통째로 주님께 올려 드립니다.
나의 모든 능력 되시는 예수 그리스도의 이름으로 기도합니다.
아멘!

:: 우리는 주의 백성이요 주의 목장의 양이니 우리는 영원히 주께 감사하며 주의 영예를 대대에 전하리이다 (시편 79:13).

MARCH 21

누군가에게 비춰진 내 모습이 하나님의 자녀답기를

나의 아버지
아름다운 하루를 시작하게 하시고
오늘도 나에게 일할 터전을 주신 하나님 아버지 감사합니다.
때로는 이것이 너무도 당연한 것처럼 여겨지지만
이것이 얼마나 큰 특권이고 은혜인지 알게 하소서.

오늘을 살면서 내가 하나님의 자녀라는 사실을 잊지 말게 하소서.
하나님의 자녀로서의 축복도 누리지만,
하나님의 자녀로서의 품위를 상실하지 않도록 노력하는 하루가 되게 하소서.
누군가에게 비춰진 내 모습이 하나님의 자녀답게 하소서.
악한 영이 가득한 이 세상에 살면서 수많은 어려움을 겪을지라도
하나님의 자녀로서 믿음으로 의연할 수 있도록 담대함을 허락하소서.

때로는 나의 관심이 하나님께로부터 멀어진 것 같으나
그럼에도 불구하고 그것을 이겨, 다시 하나님 앞에 나오게 하소서.
오늘을 살면서 하루 종일 주님께 귀 기울이는 훈련을 하게 하시고,
수많은 소음들 속에서 주님의 음성을 구별하게 하소서.

주님을 사랑합니다.
오늘의 모든 일들 속에 역사하소서.
나의 주인 되시는 예수 그리스도의 이름으로 기도합니다.
아멘!

:: 너희는 이 세대를 본받지 말고 오직 마음을 새롭게 함으로 변화를 받아 하나님의 선하시고 기뻐하시고 온전하신 뜻이 무엇인지 분별하도록 하라 (로마서 12:2).

MARCH 22

주님의 영원하심에 안식하게 하소서

사랑하는 나의 아버지여,
오늘도 새로운 아침을 맑은 하늘에 포장해서 주심을 감사합니다.
과거와 어제라는 시간에 금을 긋고 새로운 시작을 할 수 있게 하심을 감사합니다.

이 세상은 무서운 속도로 변해가고
나도 그렇게 변해야 적응할 수 있는 시대에 살고 있습니다.
새로운 변화를 요구 받을 때마다 때로는 버겁고 힘겹지만
그래도 영원히 변하지 않으시는 하나님을 인하여
위로 받게 하시고 힘을 얻게 하소서.

생존을 위하여 변화를 추구하며 이 시대의 리더가 되려고 몸부림치지만
그럼에도 불구하고 우리의 영혼은 주님의 영원하심에 안식하게 하소서.

오늘 내가 누리는 자유는 그리스도의 희생에 의한 것이었음 기억하고,
오늘 누군가가 누리는 자유가 나의 희생에 의한 것이 되는 삶을 살게 하소서.
나의 삶의 곳곳에서 누리고 있는 크고 작은 자유들은
나의 부모님의 혹은 동료의 혹은 누군가의 희생 덕분임을 기억하게 하소서.
주님께 오늘 하루를 올려 드립니다.

나의 입술에서 감사와 찬양이 넘쳐나게 하시고,
나의 행동에 대가를 지불하는 성실이 있게 하소서.
나를 위해 죽으신 예수 그리스도의 이름으로 기도합니다.
아멘!

:: 내가 영원히 주의 장막에 머물며 내가 주의 날개 아래로 피하리이다 (시편 61:4).

MARCH 23

내 삶에 내가 감당할 수 있는 것은 아무 것도 없습니다

하나님 아버지,
오늘도 새로운 날을 허락해 주심에 감사드리며
이 하루가 무언가 작은 것 하나라도 변화될 수 있는 시간 되게 하소서.

언제나 미래가 불안하고, 언제나 내가 누릴 것이 아쉽고,
언제나 나는 더 편할 수 있는데
이것 때문에 불편해졌다고 생각하는 나의 교만함을 용서하소서.
가 보지 않은 미래에서 내가 누릴 수 있는 것이 무엇인지 어떻게 장담하며,
내 능력으로 얻은 것이 아닌데 내 것인 것처럼 아쉬워함은
도둑의 심정과 다르지 않음을 고백합니다.

더 편할 수 있을 것이라 착각하는 것은
하나님께서 모든 것을 막아주고 계심을 잊었기 때문입니다.
주님의 보호하심이 거둬지는 순간
내 삶에 내가 감당할 수 있는 것은 아무 것도 없음을 고백합니다.
내가 내어놓지 못하는 것들과 아까워하는 모든 것들이
다 주님의 것임을 고백합니다.
내가 움켜쥐고 있는 손을 펴지 못함을 용서하시고,
모든 것을 버리고 죽으신 주님의 모습을 닮아
내 삶의 모든 힘을 빼고 주님께 나아가게 하소서.
나의 신뢰를 받기에 부족함이 없으신 예수 그리스도의 이름으로 기도합니다.
아멘!

:: 이에 예수께서 제자들에게 이르시되 누구든지 나를 따라오려거든 자기를 부인하고 자기 십자가를 지고 나를 따를 것이니라 (마태복음 16:24).

MARCH 24

이기적인 마음이 있다면 모두 버리길 원합니다

나를 사랑하시는 아버지여,
오늘도 주님께서 은혜로 새로운 하루를 주심에 감사합니다.
나의 힘으로 일어날 수 없는 날에도
주님의 은혜로 새 힘을 주시니 감사합니다.

언제나 나의 마음을 이해해 달라고, 나를 위로해 달라고
우리는 주님께 울부짖으면서
단 한 번도 주님의 마음을 헤아리려 하지 못했던 것을 회개합니다.
십자가에서 모든 것을 포기하고 버리신, 그리고
누구에게도 위로받지 못하셨던 주님을 기억하면서
오늘 내가 모든 관심을 나에게로 끌어 모으지 못해 낙담하고 있는
이기적인 마음이 있다면 모두 버리게 하소서.

나의 시선을 육신만의 포기가 아니라 내가 받아야 하는 사랑과 관심까지
미련 없이 버리신 주님을 묵상하며
나의 삶의 보이지 않는 탐욕을 버리게 하소서.
오늘 주님의 고난을 묵상하며 조금 더 성숙해지기를 원합니다.
내가 물질이나 명예나 권력을 탐하지 않는다는 것 때문에
스스로 대단히 여길 것이 아니라,
내가 움켜쥐고 있는 사랑과 관심과 위로에 대한
끝없는 욕망을 버리고 자유로워지는 하루 되게 하소서.
나를 위해 모든 것을 버리신 예수 그리스도의 이름으로 기도합니다.
아멘!

:: 오직 성령의 열매는 사랑과 희락과 화평과 오래 참음과 자비와 양선과 충성과 온유와 절제 니 이 같은 것을 금지할 법이 없느니라 (갈라디아서 5:22-23).

MARCH 25

선한 영향을 미칠 수 있게 하소서

아름다우신 나의 주님,
오늘도 신선한 하루를 시작하게 하심을 감사합니다.
아무리 추운 날이 있을지라도 다시 꽃이 피고
그 자연을 통해 위로와 쉼을 주심에 감사합니다.

오늘도 이 아침을 주님께 드리며,
나도 주님께서 만드신 자연의 하나로 아름다움을 보이는 삶을 살게 하소서.
자연은 존재하는 그 자체만으로 치유가 되고 위로가 되는데,
인간은 때로 존재가 노여움이 되고 어려움이 되는 것을 봅니다.
나의 왜곡됨을 치유하시고,
내가 존재하는 자체로 누군가에게 힘이 될 수 있게 하소서.
나의 주변과 내가 존재하는 영역만이 아니라 그것을 넘어서
나와 상관없는 사람들에게도 무제한 선한 영향을 미칠 수 있게 하소서.

오늘 천지에 존재하는 수많은 자연의 일부를 바라보며
나의 자연 됨과 피조물의 본분을 기억합니다.
왜곡된 모든 것을 버리게 하시고,
주님께서 주신 것만을 잘 보존한다 하더라도
충분히 아름다운 향기를 전할 수 있음을 기억하게 하소서.
계절이 바뀔 때마다 나의 영적인 묵은 옷을 갈아입게 하소서.
오늘 하루가 그래서 더 상쾌한 하루 되길 원합니다.
나를 가장 아름다운 존재 되게 하시는 예수 그리스도의 이름으로 기도합니다.
아멘!

:: 지혜가 너를 선한 자의 길로 행하게 하며 또 의인의 길을 지키게 하리니 (잠언 2:20).

MARCH 26

나의 손에서 사랑이 묻어나는 하루를 위해

나와 함께계시는 하나님 아버지,
오늘 아침 눈을 뜸에 감사합니다.
비록 몸이 건강하지는 못하고 피곤한 몸을 이끌고 출근하였다 하더라도
이렇게 일할 수 있는 건강을 주심에 감사합니다.
오늘 이 아침에 마음 깊이 우러나는 감사로 하루를 시작하게 하소서.

하나님 앞에 선택 받은 자녀임에도 여전히 이기적이고,
나만을 바라보고 있음을 용서하소서.
오늘 내가 큰일을 해내는 것은 내 삶의 업적을 위해 하는 큰일이 아니라,
나와 상관없는 자들을 위해 내 것을 희생하는 것임을 기억하게 하소서.

나의 기대는 화창하게 갠 날 너무도 상쾌한 하루를 원하지만,
때로는 예상치 못한 비가 쏟아지고
예상치 못한 일을 만나 괴로워해야 하는 날일 수도 있습니다.
그때마다 내가 돌아보지 못했던 괴로운 날들의 많은 사람들을 기억하게 하소서.
그리고 기도하기 원합니다.
나의 삶의 자리에 어김없이 함께하시는 주님을 기억하기 원합니다.
이 나라의 부모가 되어 주시고, 이 땅의 아비가 되어 주소서.
나의 시선이 주님을 향하게 하시고, 그 시선으로 남을 바라보게 하소서.
나의 손에서 사랑이 묻어나는 하루를 위해 기도합니다.
나의 위로자 되시는 예수 그리스도의 이름으로 기도합니다.
아멘!

:: 나를 사랑하는 자들이 나의 사랑을 입으며 나를 간절히 찾는 자가 나를 만날 것이니라
(잠언 8:17).

MARCH 27

미움을 버려 자유하게 하소서

나의 사랑 되시는 아버지,
모든 어둠을 뚫고 아침이 왔습니다.
모든 두려움을 뚫고 새로운 날을 시작합니다.
빛이 어두움을 이겼고, 오늘이 어제를 이겼습니다.
하나님의 섭리가 늘 이러하듯, 오늘 나의 하루가 이러하게 하소서.

오늘 하루를 주님께 올려 드립니다.
주님께서 그러셨듯이 삶이 복음이 되게 하시고,
약한 자와 함께하게 하시고,
고통당하는 자와 함께 울게 하소서.
정녕 기쁨을 당한 자를 위해 비웃지 말고 함께 기뻐하게 하소서.
내 곁의 모든 사람들이 비교의 상대가 아니라 함께 마음을 나눠야 하는 상대임을
오늘도 기억하며 살게 하소서.

좁은 마음을 버리게 하시고,
넓은 마음으로 용납하며 사랑하는 하루 되게 하소서.
미움을 마음에 품어서 나에게 상처를 주지 말게 하시고,
미움을 버려 자유하게 하소서.
오늘도 나의 뜻대로 사람을 조종하려는 욕심을 버리게 하소서.
내가 주님의 뜻대로 조종 당하기 위해 내어 드리는 하루 되게 하소서.
주님께 모든 것을 내어 맡깁니다.
오늘도 나의 주인 되시는 예수 그리스도의 이름으로 기도합니다.
아멘!

∷ 미움은 다툼을 일으켜도 사랑은 모든 허물을 가리느니라 (잠언 10:12).

MARCH 28

겸손한 마음으로 섬기는 하루

자비하신 하나님 아버지,
오늘도 이 아침에 주님의 자비와 은혜가 나와 함께하심을 인하여 감사합니다.
나의 모든 부족함과 어리숙함에도 늘 그 부족함을 채우시고
나도 알지 못하는 때에 수많은 위기들이 지나가게 하심을 감사합니다.
오늘도 그런 하루가 될 것을 믿습니다.

주님의 자비와 은혜가 나를 붙잡을 것을 믿습니다.
내가 빠질 웅덩이를 피하게 하시고
나의 넘어지는 다리를 붙잡아 주심을 믿습니다.
때론 넘어질 때에 원망할 것이 없음은 이미도 여러 번 건짐을 받았기 때문입니다.
어려운 일을 당할 때에 이 믿음이 나에게 위로가 되게 하소서.
그리고 어려운 오늘도 주님의 자비가 아직 있음이 힘이 되게 하소서.
오늘 하루를 살면서 나에게 주어진 모든 일들을 인하여 감사합니다.
일 할 수 있는 건강 주심에 감사하고, 그 일을 감당할 힘을 주심에 감사합니다.

어떤 사람을 만나든 그 사람을 통해 배울 것이 있다는 것을 기억하게 하시고,
그 무엇보다 주님께서 나의 참된 선생이심을 매 순간 기억하게 하소서.
오늘도 겸손한 마음으로 섬기는 하루 되게 하소서.
오늘도 겸손의 스승이신 주님께 배웁니다.
나의 완전한 모범 되시는 예수 그리스도의 이름으로 기도합니다.
아멘!

:: 사람아 주께서 선한 것이 무엇임을 네게 보이셨나니 여호와께서 네게 구하시는 것은 오직 정의를 행하며 인자를 사랑하며 겸손하게 네 하나님과 함께 행하는 것이 아니냐 (미가 6:8).

MARCH 29

어떤 일을 만나도 좌절하지 말게 하소서

나의 힘이 되시는 주님,
오늘 아침 나의 마음과 육체의 건강과 상관없이 주님을 찬양합니다.
그리고 주님께서 힘 주셔서 오늘도 살아갈 수 있음을 고백합니다.
나의 모든 힘의 근원이 주님께로부터 나옴을 고백합니다.
내가 오늘 하루를 살면서 어떤 일을 만날 때에도
주님께서 나의 마음을 평강의 평강으로 인도하여 주소서.
나의 마음에 굳건히 자리하는 십자가 사랑으로 말미암아
내가 평안을 누리게 하소서.

어떤 일을 만나도 좌절하지 말게 하시고,
주님께서 나를 사랑하셔서 견뎌 주셨던 것처럼
나도 그 사랑을 힘입어 이길 수 없는 일이 없음을 기억하게 하소서.
내가 그 십자가 사랑을 바라봄으로 나의 모든 고민이 사라지게 하시고,
오늘도 주님의 길을 따라 심플하게 살아가는 하루 되게 하소서.

오늘도 내 인생의 꿈과 비전을 향해 달려가는 하루 되길 소망합니다.
나의 꿈이 아버지의 꿈과 동일하게 하소서.
나와 주님이 동상이몽하는 일이 없게 하시며,
나로 아버지의 눈이 어디로 향하고 있는지를 온전히 분별하게 하셔서
그 길로 한걸음 나아가게 하소서.
나의 모든 평안이 되시는 예수 그리스도의 이름으로 기도합니다.
아멘!

:: 그는 시냇가에 심은 나무가 철을 따라 열매를 맺으며 그 잎사귀가 마르지 아니함 같으니 그가 하는 모든 일이 다 형통하리로다 (시편 1:3).

MARCH 30

일용할 양식에 대한 믿음을 주소서

사랑하는 나의 아버지,
어제의 모든 짐을 버리고 오늘 새 아침을 열게 하심을 감사합니다.
아직도 마무리 되지 못한 일과 근심 때문에 무거운 아침을 맞이하는 사람이 있다면
어제의 근심을 내어 버리고, 오늘 새로운 마음으로 다시 그 일을 맞이하게 하소서.
나에게 불안이 있다면 그것은 주님의 임재를 잊은 것 때문일 것입니다.

엄마 품에 있는 아기는 전쟁 중에도 평안히 잠을 잘 수 있는 것처럼,
오늘 하루의 일상이 어떠하든지 주님의 품 안에 있다는 확신 때문에
평안을 누리는 하루가 되게 하소서.

까마귀조차도 심지도 아니하고 거두지도 아니하여도
하나님께서 기르시고 먹이시는데 나의 인생에 이렇게 많이 심고 거두면서도
감사하지 못한다면 이는 믿음이 없음입니다.
아버지여, 오늘 나에게 일용할 양식에 대한 믿음을 주소서.
그래서 오늘 먹을 것이 있으면서 내일 먹을 것, 모레 먹을 것,
10년 후에 먹을 것 때문에 걱정하면서 오늘의 시간을 낭비하는 일이 없게 하소서.
하나님의 역할을 하나님께 맡기고 오늘은 나에게 주어진 일에 집중하게 하소서.

내가 할 수 없는 일에 대한 근심을 내려놓고,
오늘 내가 해야 할 일들에 현명하고 지혜롭게 하소서.
오늘도 활기찬 하루를 살기 원합니다.
오늘을 주님께 맡겨 드립니다.
나의 모든 것을 채우시는 예수 그리스도의 이름으로 기도합니다.
아멘!

:: 까마귀를 생각하라 심지도 아니하고 거두지도 아니하며 골방도 없고 창고도 없으되 하나님이 기르시나니 너희는 새보다 얼마나 더 귀하냐 (누가복음 12:24).

MARCH 31

나의 뜻대로 살지 말게 하시고

나의 아버지,
오늘도 주님의 은혜로 이 하루를 시작합니다.
나의 안전함이 기적임을 알게 하소서.
오늘 나의 하루가 얼마나 빛나고 아름다운 하루인지를
깨닫고 감사함으로 시작하게 하소서.

나의 하는 일에 스스로 의미를 부여하느라 급급하지 말게 하시고,
나의 하는 일의 의미는 주님께서 부여하시는 것이니
변명하는 마음으로 살면서 나의 뜻대로 살지 말게 하소서.
내가 하고 싶은 대로 하면서 그것을 합리화하지 말게 하소서.
오늘 나의 삶을 하나님께서 원하시는 대로 살게 하시고,
나의 모든 일과 삶이
하나님 앞에서 아름답게 해석될 수 있는 삶이 되게 하소서.

주님께서 주시는 힘으로 오늘을 살게 하시고,
내가 주님께서 주시는 힘으로 살고 있다는 것을
다른 사람들도 알게 하셔서
그것이 주님께 돌리는 영광이 되게 하소서.
오늘도 나에게 생명을 주신 예수 그리스도의 이름으로 기도합니다.
아멘!

:: 사람이 하나님의 뜻을 행하려 하면 이 교훈이 하나님께로부터 왔는지 내가 스스로 말함인지 알리라 (요한복음 7:17).

직.장.인.을. 위.한. 묵.상.

억울함,
하나님께서 다 아십니다.

창세기 | 4장 3절-10절

3 세월이 지난 후에 가인은 땅의 소산으로 제물을 삼아 여호와께 드렸고
4 아벨은 자기도 양의 첫 새끼와 그 기름으로 드렸더니 여호와께서 아벨과 그의 제물은 받으셨으나
5 가인과 그의 제물은 받지 아니하신지라 가인이 몹시 분하여 안색이 변하니
6 여호와께서 가인에게 이르시되 네가 분하여 함은 어찌 됨이며 안색이 변함은 어찌 됨이냐
7 네가 선을 행하면 어찌 낯을 들지 못하겠느냐 선을 행하지 아니하면 죄가 문에 엎드려 있느니라 죄가 너를 원하나 너는 죄를 다스릴지니라
8 가인이 그의 아우 아벨에게 말하고 그들이 들에 있을 때에 가인이 그의 아우 아벨을 쳐죽이니라
9 여호와께서 가인에게 이르시되 네 아우 아벨이 어디 있느냐 그가 이르되 내가 알지 못하나이다 내가 내 아우를 지키는 자니이까
10 이르시되 네가 무엇을 하였느냐 네 아우의 핏소리가 땅에서부터 내게 호소하느니라

오늘 말씀은 인류의 첫 조상인 아담과 하와의 두 아들 이야기입니다. 인류의 첫 살인자, 가인!
약간 살벌하지만 얼마나 적용거리가 많은지 모릅니다. 뭐가 문제였을까요?

마음이 제일 중요합니다

잘 보세요~. '아벨과 그의 제물', '가인과 그의 제물'이라고 되어 있죠? 물론 제물에도 차이가 있었겠지만 중요한 건 마음이라는 거죠. 마음!!!
모든 일이 다 그렇습니다. 마음이 제일 중요합니다. 마음이 좋으면 그 제물도 좋게 되어 있습니다. 마음이 어그러지면 그 제물도 어그러지죠. 여러분은 오늘 어떤 마음이세요? 탈탈 털어 버리고 좋은 마음으로 시작하시기 바랍니다.

받겠다는 마음, 조금만 내려놓으십시오

완전 겁을 상실했습니다. 하나님께 분을 내다니요. 근데 왜 그랬을까요? 자신의 태도는 생각하지 않고, 당연히 받을 것이라 생각해서입니다. 나를 돌아보지 않고, 내가 준 것보다 받을 것을 더 기대했는데 뜻대로 안 되었거든요.
오늘 다른 사람에게 얼마나 주실 건가요? 열 받는 일이 있다면 왜일까요?
받으려고 해서입니다. 받겠다는 마음, 조금만 내려놓으십시오. 그럼 하루가 편안해지실 겁니다.

직장생활 하다 보면 많이 억울하시죠?

하지만 억울해 할 필요가 없습니다. 하나님께서 말하지 못하는 아벨의 사정을 들으셨기 때문입니다.
"그 핏소리가 땅에서부터 내게 호소하느니라."
직장생활 하다 보면 많이 억울하시죠? 내가 한 일이 아닌데 혼나는 경우가 많죠?
완전 확!!! 하고 싶은 때도 많으시죠?
하나님께서는 말한다고 듣고, 말하지 않는다고 듣지 못하시는 분이 아닙니다. 말하지 않아도 여러분의 사정을 다 아십니다.

너무 사람에게 연연하지 마세요. 오늘 하루 '받기를 기대하는 마음'을 내려놓고, 여러분 '자신의 하루'에, '좋은 마음'에 집중하십시오.
억울함, 하나님께서 다 아십니다. 그리고 아랫사람을 억울하게 하지 않기 위해 노력하십시오. 그러면 오늘 하루가 행복해지실 겁니다.

니월

APRIL / 04

하나님이 능히 모든 은혜를 너희에게 넘치게 하시나니
이는 너희로 모든 일에 항상 모든 것이 넉넉하여
모든 착한 일을 넘치게 하게 하려 하심이라
_고린도후서 9:8

이 달 의 기 도 제 목

-
-
-
-
-

APRIL 1

매 순간 갈급한 마음으로 주님을 찾게 하소서

우리 가운데 거하시는 하나님,
오늘도 어김없이 태양이 떠오르고 새로운 아침에 눈을 뜨게 하심을 감사합니다.
때로는 내가 아무 일 없는 듯이 일어나는 것이 미안할 만큼
많은 사람들이 어려움을 당할 때에 참으로 몸 둘 바를 알지 못하겠습니다.
아버지여, 나의 편안함을 감사하기에는 염치가 없고 무언가를 하기에는
너무 무기력한 인간임을 불쌍히 여겨 주소서.

용기가 없어서 때로는 비겁한 선택을 할 때도 있지만,
어느 때에는 비겁하지도 무관심하지도 않지만 아무 것도 할 수 없는 때가 있습니다.
고아를 버려두지 않으신다고 약속하셨지만 내가 고아가 된 것처럼
고독에 함몰될 때가 있습니다.
이럴 때에 하나님을 더 깊이 알지 못한다면
헤어 나올 수 없는 혼란에 빠지게 됨을 알게 하소서.
왜 하나님을 더 많이 알아야 하는지,
왜 하나님과 끝도 없이 가까워져야 하는지
매 순간 갈급한 마음으로 주님을 찾게 하소서.

오늘도 내가 누리는 모든 것을 송구한 마음으로 감사드립니다.
내가 이 자리에 있음은 내가 우월해서가 아니라
전적으로 하나님의 은혜임을 고백합니다.
어리석은 정죄나 판단, 우월감을 버리고
겸허한 마음으로 오늘 하루를 살게 하소서.
어느 순간에도 나의 주인 되시는 예수 그리스도의 이름으로 기도합니다.
아멘!

:: 내 영혼아 네가 어찌하여 낙심하며 어찌하여 내 속에서 불안해 하는가 너는 하나님께 소망을 두라 나는 그가 나타나 도우심으로 말미암아 내 하나님을 여전히 찬송하리로다
(시편 42:1).

APRIL 2

성화되지 않는 나를 용서하소서

은혜의 하나님 아버지,
새로운 아침을 선물로 허락하신 하나님 감사합니다.
벌써 한 해의 네 번째 달을 맞이했습니다.
세월이 어찌나 빠른지 잡을 수도 없는데 벌써 새롭지 않게 된
올해를 어떻게 보내야 할지 다시 생각해 보는 하루 되게 하소서.

길게 막혀 버린 출근길에서 나는 15분이나 기다려서 지나가는 길을
단 3초도 안 쓰고 새치기하는 차를 보며 얼마나 미운 마음이 들었는지
매일 경험하는 일이면서 매일 용서가 안 되는 한심함을 용서하소서.
2km의 길을 기다리며 수없이 끼어드는 차들을 향해
'누구는 운전을 못해서 기다리는 줄 아냐. 누구는 급하지 않아서 이러는 줄 아냐.
이 양심도 없는 한심한 인간들아.' 하면서 얼마나 그들을 비난했는지요.
오늘도 여지없이 미워했고 용서하자고 마음먹었다가
경찰에게 걸려 딱지를 끊고 있는 그 차를 향해 하마터면 손뼉 칠뻔한 나를 보며
그 유치함에 또 회개합니다.
도무지 성화되지 않는 나를 용서하소서.

오늘은 매 순간 똑같은 하나님의 윤리로 살게 하소서.
하나님 앞에서 나의 삶에 집중하게 하시고
다른 사람과 비교하여 섭섭해 하거나 미워하지 말게 하소서.
오늘도 나에게 주신 이 하루라는 선물이
얼마나 찬란한 것인지 깨닫고 감사하게 하소서.
나의 모든 죄를 사하시는 예수 그리스도의 이름으로 기도합니다.
아멘!

:: 이는 너희 믿음의 시련이 인내를 만들어 내는 줄 너희가 앎이라 (야고보서 1:3).

APRIL 3

내가 머무는 모든 곳에서 예배하는 마음으로

하나님 아버지,
오늘도 새로운 하루를 주심에 감사합니다.
주님은 언제나 나의 생명의 근원이시고, 나로 살게 하시는 힘이십니다.
내가 무슨 일을 할 때에도 언제나 나를 지켜보시며
내가 위험에 빠질 때에 나를 구하시는 분입니다.
오늘도 그렇게 인도하셨던 주님을 믿고 오늘 하루를 시작합니다.

나에게 주어진 이 일들이 얼마나 소중하고 아름다운 것인지 깨닫게 하시고
이 일로 인하여 매 순간 감사할 수 있게 하소서.
일할 수 있는 일터를 주심에 감사합니다.
고단하고 힘겨울 때마다 어떤 이들은 일하고 싶어도
할 수 없는 사람들이 많이 있음을 기억하게 하소서.

오늘 하루도 주님께서 주시는 힘으로 활력이 넘치게 하소서.
만나는 이들마다 격려하게 하시고, 웃음으로 그들을 북돋게 하소서.
주님을 사랑함으로 사람을 사랑하게 하시고,
오늘도 내가 머무는 모든 곳에서 예배하는 마음으로 성실히 살게 하소서.
주님을 사랑합니다.

내가 주님의 자녀임을 인하여 더욱 감사합니다.
오늘도 주님 앞에 살게 하소서.
나의 주인 되시는 예수 그리스도의 이름으로 기도합니다.
아멘!

:: 그러므로 형제들아 더욱 힘써 너희 부르심과 택하심을 굳게 하라 너희가 이것을 행한즉 언제든지 실족하지 아니하리라 (베드로후서 1:10).

APRIL 4

온전한 사랑은 두려움을 내쫓습니다

사랑의 하나님 아버지,
오늘도 좋은 아침을 주신 아버지 감사합니다.
늘 아침은 똑같이 좋은 아침인데 나의 몸과 마음,
영혼의 피폐함에 따라 때로는 좋고 때로는 나쁜 아침이 됨을 고백합니다.

오늘 이 아침에 하나님의 사랑으로 말미암아
모든 두려움을 물리치고 아버지께서 주신대로의 좋은 아침을 맞이하게 하소서.
온전한 사랑은 두려움을 내쫓는다고 하셨으니
주님의 온전한 사랑이 내 안의 온전하지 못한
모든 두려움과 근심과 걱정을 내어 쫓게 하소서.
환경에 따라 마음이 요동치지 말게 하시고,
주께서 주시는 평강의 마음으로 환경을 지배하게 하소서.

나의 마음속에 있는 모든 선한 것의 근원이 되시는 주님께
나의 하루를 맡겨 드립니다.
아버지의 선하고 아름다우신 그 뜻대로
오늘 하루가 주님 앞에 아름다운 하루가 되게 하소서.
오늘도 주어진 사명에 최선을 다하기 원합니다.
새 힘을 주시고, 지혜를 허락해 주소서.
오늘 하루 주님을 닮아가는 하루 되게 하소서.
주님을 사랑합니다.
나의 모든 것 되시는 예수 그리스도의 이름으로 기도합니다.
아멘!

:: 평강의 주께서 친히 때마다 일마다 너희에게 평강을 주시고 주께서 너희 모든 사람과 함께 하시기를 원하노라 (데살로니가후서 3:16).

APRIL 5

내 손이 주님과 연결되어 있음을 기억하게 하소서

나의 소망이 되시는 주님,
오늘도 곤한 잠을 자게 하시고 새로운 아침을 주신 아버지 감사합니다.
어제가 과거가 되게 하시고, 오늘 새로운 소망으로 눈을 뜨게 하셨으니
오늘이 어제와 다르게 하시고 오늘 필요한 변화와 힘을 주님께서 허락하여 주소서.

아직도 지친 몸과 마음이 남아 있거든 지금 회복시켜 주소서.
좌절과 포기가 물러가고 새로운 생명이 넘치듯 소망이 물결치게 하소서.
내 주변의 환경과 상관없이 나의 마음에서 넘치는 생수가 흐르게 하시고
알 수 없는 기쁨이 넘쳐나게 하소서.

인생은 주님과 함께 손을 잡고 가는 여행이오니
이 긴 여행길에서 주님의 손을 놓치는 일이 없게 하소서.
오늘 나에게 준비된 주님과 함께하는 여행에서 만나는 모든 일들이
주님으로 인해 안전할 줄 믿고 기대합니다.
주님으로 인해 내가 가진 것보다 더 많은 것을 할 수 있음을 믿습니다.
주님의 손을 붙잡고 절망하는 일이 없게 하시고
내 손이 주님과 연결되어 있음을 기억하게 하소서.

모든 것을 주님께 맡겨 드립니다.
나의 붙잡은 이 손을 통해 주님의 체온을 느끼며 사는 하루가 되게 하소서.
나의 모든 희망 되시는 예수 그리스도의 이름으로 기도합니다.
아멘!

:: 두려워하지 말라 내가 너와 함께함이라 놀라지 말라 나는 네 하나님이 됨이라 내가 너를 굳세게 하리라 참으로 너를 도와주리라 참으로 나의 의로운 오른손으로 너를 붙들리라 (이사야 41:10).

APRIL 6

아버지의 자녀 됨에 가장 감사하게 하소서

나의 구원이 되시는 주님,
오늘 나로 24시간의 선물을 받게 하시는 주님 감사합니다.
나의 손을 높이 들고 마음의 문을 활짝 열어
오늘이라는 선물을 기쁨으로 받아 둡니다.
내가 자고 있을 때에도 나의 하루를 미리 준비하시고,
나에게 선물을 주신 주님 감사합니다.

가는 길 가운데 때로 난관이 있다 하더라도
이 귀찮은 포장의 끝에는 하나님의 가장 아름다운
선하신 선물이 있음을 기대하게 하소서.
나의 구원으로 인하여 내가 아버지의 자녀 됨에 가장 감사하게 하소서.
나의 사는 날 동안에 나의 가는 길을 평생 준비하시는 주님께 감사하게 하소서.

오늘 나도 누군가를 위하여 아름다운 것을 준비하는 삶을 살기 원합니다.
나의 주변 사람들을 기쁘게 하기 위하여 무언가를 준비하는 하루가 되게 하소서.
주님을 인하여 기뻐하는 하루 되게 하소서.
오늘 내가 해야 하는 모든 일들을 인하여 주님께 감사드립니다.
그 일 가운데도 하나님의 손길이 있음을 믿습니다.
최선을 다하게 하시고, 매 순간 기뻐하게 하소서.
감사와 찬양이 넘치는 하루 되게 하소서.
주님을 갈망합니다.
나의 모든 기쁨 되시는 예수 그리스도의 이름으로 기도합니다.
아멘!

:: 야곱아 너를 창조하신 여호와께서 지금 말씀하시느니라 이스라엘아 너를 지으신 이가 말씀
하시느니라 너는 두려워하지 말라 내가 너를 구속하였고 내가 너를 지명하여 불렀나니 너
는 내 것이라 (이사야 43:1).

APRIL 7

오늘 지고 가야 하는 십자가를 감사함으로

하나님 아버지,
오늘도 주님과 함께 눈을 뜨게 하심을 감사합니다.
이 아침에 주님의 보혈로 나를 씻기시고 새롭게 하셔서
오늘 어제의 모든 죄의 짐과 근심들을
다 씻어 버리고 주님의 은혜로 새롭고 가벼운 하루를 시작하게 하소서.

오늘 주님께서 나에게 "오늘의 십자가를 네가 질 수 있겠냐?"라고 물으실 때
"내가 기쁨으로 그것을 지고 가겠습니다"라고 고백할 수 있는 내가 되게 하소서.
늘 나의 십자가를 주님께서 대신 지고 가 달라는 기도만 했지
어느 순간부터 주님의 십자가를 내가 지고 가겠다고 고백하지 않음을 회개합니다.
나의 신앙이 늘 주님을 의지한다는 것이
모든 것을 주님께 떠넘기며 사는 삶이 되었음을 회개합니다.
오늘 내가 주님의 물음에 응답하게 하소서.

내가 오늘 지고 가야 하는 십자가를 감사함으로 지고 가게 하소서.
나의 잘못으로 인한 십자가가 아니라, 주님의 뜻과 복음으로 인한 십자가를
작은 것이라도 감당하며 사는 하루가 되게 하소서.
십자가를 지고 가며 다른 사람을 향해
원망의 화살을 돌리며 불평하는 모습이 아니라 묵묵히 감사함으로
주님을 사랑해서 십자가를 지고 가는 성도의 모습을 닮게 하소서.
나로 살게 하시는 모든 은혜 되신 예수 그리스도의 이름으로 기도합니다.
아멘!

:: 이제 인내와 위로의 하나님이 너희로 그리스도 예수를 본받아 서로 뜻이 같게 하여 주사
(로마서 15:5).

APRIL 8

일 앞에서 담대함을 허락하소서

나의 길이 되시는 아버지,
오늘도 새로운 도화지를 받듯이 새날을 허락해 주심을 감사합니다.
오늘 하루를 주님께 드리며 하루를 시작합니다.
해야 하는 일이 많고 분주하다 하더라도, 바쁠수록 더 많은 기도를 하게 하소서.

바쁠수록 하나님의 은혜가 더 필요하고, 하나님의 도우심이 간절하므로
오늘 더 순간순간 기도하며 하루를 보내게 하소서.
그래서 내가 생각하지 못한 일들이 순조롭게 풀리게 하소서.
모든 일들이 내가 한만큼만 이루어졌다면 아마 지금의 나는 없을 것입니다.
보이지 않는 손으로 나를 지키시고
온전한 길로 인도하셨던 주님의 은혜가 오늘도 필요합니다.

오늘 내가 하는 일들의 결과가 좋아 보이지 않는다고 실망하지 말게 하소서.
오늘 내가 하는 일들은 오늘 내가 열매를 보기 위함이 아니요,
오늘 내가 씨를 심어 훗날 그 열매를 보기 위함임을 기억하게 하소서.
나에게 조급한 마음을 버리게 하시고, 빵을 물에 던지는 심정으로
내가 해야 하는 일 앞에서 소신껏 할 수 있는 담대함을 허락하소서.
어제의 일이 오늘 열매 맺지 않는다고 포기하지 말게 하시고,
오늘의 일이 열매 없다고 쓸데없는 짓을 했다 자책하지 말게 하소서.
좀 더 멀리 바라보며 하나님께서 오늘 내게 주신 일들에
사명감을 가지고 임하게 하소서.
오늘도 나를 업고 가시는 예수 그리스도의 이름으로 기도합니다.
아멘!

:: 우리가 그 안에서 그를 믿음으로 말미암아 담대함과 확신을 가지고 하나님께 나아감을 얻
느니라 (에베소서 3:12).

APRIL 9

온전하신 하나님의 성품을 닮은 시작

하나님 아버지,
어제도 나를 지키시고 인도하셔서 안전하게 거하게 하심을 감사합니다.
하는 일과 만나는 사람들을 통해 하나님의 은혜를 경험하게 하시고,
그 안에서 거하는 하루 되게 하심을 감사합니다.

오늘도 아직 나의 죄와 상한 마음으로 인해
찌그러진 풍선처럼 왜곡된 하나님의 형상이 있다면
성령의 바람으로 나를 다시 채우시고
온전하신 하나님의 성품을 닮은 시작이 되게 하소서.
하나님의 창조적 성품이 오늘도 나를 새로운 것에 도전하게 하시고,
창조적이고 멋진 아이디어로 나에게 주어진 하루를 만들어가게 하소서.

하나님의 선하심을 닮아 내가 만나는 사람들마다
그들을 품어 안을 수 있는 마음을 주소서.
주님의 크신 사랑을 회복하여 나의 좁고 인색한 마음이 아니라
하나님의 마음으로 모든 일을 품고 갈 수 있는 넓은 사랑을 허락하소서.
그래서 사람들이 나를 바라볼 때에 하나님을 닮았다는 칭찬을 듣게 하소서.
내가 하나님의 자녀임을 나의 삶을 통해 전달할 수 있는 하루가 되게 하소서.

오늘도 자아로 살게 하지 마시고, 주님이 내 안에 사시는 하루 되게 하소서.
오늘 해야 하는 모든 일들, 만남들, 상황들을 모두 주님께 올려 드립니다.
나의 가장 위대한 모델 되시는 예수 그리스도의 이름으로 기도합니다.
아멘!

:: 그리스도께서 너희를 사랑하신 것 같이 너희도 사랑 가운데서 행하라 그는 우리를 위하여
자신을 버리사 향기로운 제물과 희생제물로 하나님께 드리셨느니라 (에베소서 5:2).

APRIL 10

사람을 사랑하는 것이 습관이 되게 하소서

하나님 아버지,
봄날을 주심에 감사합니다.
오늘도 새날을 주셔서 저로 봄처럼 싱그럽게 하소서.
비록 연약하지만, 겨울을 이긴 새싹처럼
나의 연약함으로도 인생의 겨울을 이길 수 있게 하소서.

오늘도 내가 이겨야 할 수많은 일들이 있음을 고백합니다.
강해서 이기는 것이 아니라 약해도 이길 수 있다는 믿음을 갖게 하소서.
저로 사람을 이용하지 않게 하소서.
그들의 도움을 얻기 전에 그들의 마음을 먼저 얻게 하소서.
사람을 사랑하는 것이 습관이 되게 하소서.

나에게 사랑하는 가족들을 주심에 감사합니다.
그들을 주님께 부탁드립니다.
나의 돌봄보다 주님의 돌봄이 더 온전하다는 것을 믿습니다.

오늘 하루가 나의 인생의 소중한 날임을 고백합니다.
오늘 하루를 승리함으로 나의 인생을 승리하게 하소서.
나의 승리가 다른 사람의 슬픔이 되지 않게 하시고,
나의 승리가 언제나 다른 사람에게도 기쁨이 되게 하소서.
성령 하나님, 제 마음을 가득 채워주소서.
나의 주 나의 전부이신 예수 그리스도의 이름을 기도합니다.
아멘!

:: 사랑은 이웃에게 악을 행하지 아니하나니 그러므로 사랑은 율법의 완성이니라 (로마서 13:10).

주님의 지혜로 판단하게 하소서

위대하신 나의 아버지,
이 세상을 만드시고 주관하시는 하나님께서
나의 아버지라는 사실로 인해 이 아침에 감사합니다.

지금 내가 원하는 일을 하고 있건 원치 않는 일을 하고 있건
내 인생의 시간에서 해야 하는 일이라 믿고 순종하게 하소서.
그리고 그 일을 순종함에 기쁨으로 하게 하시고,
하나님 아버지의 선하심을 믿고 달려가게 하소서.
오늘도 아버지의 마음을 담기 원합니다.
나의 그릇이 작아서 많이 담지 못하지만
큰 그릇에 아주 조금 담는 것보다 작은 그릇이라 하더라도
가득 담을 수 있다면 그런 사람 되게 하소서.

나의 사랑으로 사랑하는 것이 아니라, 주님의 사랑으로 사랑하게 하소서.
오늘도 나의 지혜로 판단하지 말게 하시고 주님의 지혜로 판단하게 하소서.
오늘 수많은 선택들 앞에서 기도하게 하시고,
그 선택마다 주님의 형상이 드러나게 하소서.

사랑하는 나의 가족들과 내가 손을 뻗어 도와야 하는 많은 사람들,
참으로 가난하고 어려운 형편 중에 있는 이들을 돌아보아 주소서.
주님의 한결같은 사랑의 빛이 오늘도 그들에게 임하게 하소서.
언제나 나와 함께 이 길 가 주시는 예수 그리스도의 이름으로 기도합니다.
아멘!

:: 여호와의 율법은 완전하여 영혼을 소성시키며 여호와의 증거는 확실하여 우둔한 자를 지혜롭게 하며 (시편 19:7).

APRIL 12

나의 인생에 버릴 것이 하나도 없었던 것처럼

하나님 아버지,
오늘도 주님의 은혜로 하루를 맞이하게 하시니 감사합니다.
어제의 하루가 잘 마무리 될 수 있었던 것도 주님의 은혜임을 고백합니다.

내가 세운 계획들 속에 하나님의 뜻을 반영하지 않은 것이 있다면
이 아침에 깨닫게 하여 주소서.
내가 너무 꼼꼼히 계획을 세워서
하나님께서 역사하실 틈이 없는 것은 아닌지 다시 살펴보게 하소서.
혹은 너무 느슨하게 하루를 살아서 아무 것도 하지 않고
시간을 낭비하는 일은 없는지 다시 하루를 계획하게 하소서.
매일 똑같은 일을 하는 것 같지만, 생각해 보면 단 하루도 똑같은 날이 없으니
그 날마다 주시는 은혜로 오늘도 의미 있는 하루를 보내게 하소서.

주님과 함께 동행한다면 동일한 일의 반복이라 하더라도
무료하지 않을 줄 믿습니다.
나의 인생에 버릴 것이 하나도 없었던 것처럼
오늘 하루도 절대 버려지지 않는 소중한 하루가 될 것을 믿습니다.
오늘도 주님과 동행하며 새로운 일에 도전하게 하시고,
또 주님과 손을 잡고 똑같은 일상을 무료함 없이 살아가게 하소서.
오늘 나에게 주어진, 내가 할 수 있는 많은 일들 앞에 주저하지 말게 하시고
새 힘과 능력을 부어주소서.
언제나 나에게 최고의 계획을 선물하시는 예수 그리스도의 이름으로 기도합니다.
아멘!

:: 여호와께서 사람의 걸음을 정하시고 그의 길을 기뻐하시나니 (시편 37:23).

APRIL 13

쉽게 판단하거나 정죄하지 말게 하소서

사랑의 아버지,
아름다운 아침을 주신 아버지 감사합니다.
내가 눈을 뜰 때 주님을 기억하게 하시고,
오늘 하루를 주님께 온전히 맡겨드리게 하소서.

오늘도 내 존재의 중심을 하나님께 내어드리기 원합니다.
나를 몰아내고 주님을 앉혀 드리게 하소서.
내가 사는 하루지만 마치 주님이 사시는 것처럼 살게 하시고,
나의 이기심과 탐욕과 모든 온전하지 못한 생각들을 버리고
주님의 마음으로 살 수 있게 하소서.
아직은 연약하여 늘 넘어지고 부족하지만 실망하지 말게 하시고
다시 용기를 내어 오늘을 어제보다 나은 하루로 만들게 하소서.

오늘이라는 이 날짜가 내가 사는 동안
다시 돌아오지 않는 유일한 날이니 소중한 마음으로 살게 하소서.
오늘이 내가 살아있는 동안의 제일 젊은 날이니 이 날을 감사하며 살게 하소서.
어느 누구도 인생에서 각자의 짐을 지지 않은 사람이 없으니
쉽게 판단하거나 정죄하지 말게 하소서.

나의 짐이 네모나고, 그의 짐이 세모라고 우습게 여기지 말게 하시고
겸손한 마음으로 각 사람의 인생을 존중하며 배려할 수 있게 하소서.
오늘 하루도 주님의 마음으로 세상을 바라보기 원합니다.
나와 언제나 함께하시는 예수 그리스도의 이름으로 기도합니다.
아멘!

:: 비판하지 말라 그리하면 너희가 비판을 받지 않을 것이요 정죄하지 말라 그리하면 너희가 정죄를 받지 않을 것이요 용서하라 그리하면 너희가 용서를 받을 것이요 (누가복음 6:37).

APRIL 14

빚진 자의 마음으로 감사하며

나의 길이 되시는 아버지,
오늘도 상쾌한 아침을 주신 아버지 감사합니다.
나로 나의 자리에 있게 하시고
특별한 일 없이 살아가는 하루를 허락하심에 감사합니다.
여러 가지 사건 사고로부터 보호하시고 오늘도
일상을 살아갈 수 있게 하심이 축복임을 믿습니다.

나로 이 땅에 태어나게 하시고, 이 땅에서 사명을 주심에 감사합니다.
나면서부터 전쟁과 기근을 겪지 않고
지금도 그런 삶의 자리에서 고통당하지 않음을 감사합니다.
내가 잘해서 그런 속에 있지 않은 것이 아니라
그저 은혜로 이 자리에 있음을 감사합니다.
그러기에 빚진 자의 마음으로 감사하며
그것을 갚으며 살려는 태도를 갖게 하소서.

그리고 다음 세대들을 위해 오늘 나의 삶을 경성하게 하소서.
나의 하루가 나에게만 영향을 미치는 것이 아니라,
나의 하루가 다음 세대를 만들어가는 토대임을 기억하여
책임 있는 하루를 살게 하소서.
오늘도 나의 가는 길을 주께서 지키시며 인도하여 주소서.
오늘도 나를 지키시는 예수 그리스도의 이름으로 기도합니다.
아멘!

:: 오늘 네 하나님 여호와께서 이 규례와 법도를 행하라고 네게 명령하시나니 그런즉 너는 마음을 다하고 뜻을 다하여 지켜 행하라 (신명기 26:16).

APRIL 15

좌로나 우로나 치우치지 말게 하소서

나를 보호하시는 아버지여,
하나님 아버지, 오늘 아침에 주님을 기억하며 기도합니다.
오늘도 나에게 눈뜰 힘을 주시고,
새로운 날을 시작할 수 있는 능력을 주심에
감사합니다.
세상의 걱정과 근심이 만연하여 모든 사람들이 불안해 할 때에
주님께서 나의 마음을 평강으로 인도하여 주소서.

어느 자리에서나 하나님 앞에 정직한 말과 행동을 행하게 하소서.
그리하여 하나님의 해결책으로 모든 꼬여있는 것들이 하나씩 풀리게 해 주소서.
이제는 누구의 말도 믿지 않는 시대가 되었으나 나로부터 시작하여
신뢰를 회복하는 시대로 만들어가게 하소서.

오늘도 좌로나 우로나 치우치지 말게 하시고
적절한 균형을 지키며 가야 하는 길을 곧게 가게 하소서.
너무 감정적으로도, 너무 이성적으로도 행하지 말게 하시고,
너무 극에서 극으로 치우치지 말게 하소서.
언제나 객관적인 눈으로 전체를 바라보게 하시고
하나님의 눈으로 사람과 세상을 바라보게 하소서.

오늘 하루가 하나님 안에서 언제나 강건한 하루 되길 기도합니다.
이 땅에도 평안한 하루가 속히 오게 하소서.
내 삶의 방패 되시는 예수 그리스도의 이름으로 기도합니다.
아멘!

:: 그런즉 너희 하나님 여호와께서 너희에게 명령하신 대로 너희는 삼가 행하여 좌로나 우로나 치우치지 말고 (신명기 5:32).

APRIL 16

내가 모든 것을 다 할 수 있다는 자만심을 버리게 하소서

나의 주인 되시는 아버지 하나님,
오늘도 좋은 하루를 시작하게 하심을 감사합니다.
늘 하나님을 기억해야 하지만 내 하루의 첫 시간이라도
먼저 주님께 드리고 하루를 시작하기 원합니다.

나의 하루의 우선순위가 하나님이 되게 하시고,
하나님이 원하시는 뜻대로 내가 일하고 있는 곳에서
하나님의 방법으로 승리하는 하루가 되게 하소서.

바람과 풍랑을 잠잠케 하시는 주님의 은혜가 이 땅 가운데 임하시길 기도합니다.
일렁이는 풍랑처럼 뒤흔들리는 이 나라를 주님의 능력으로 잠잠케 하소서.
믿음의 무게 중심을 붙잡고 이 땅을 위해 더 기도하는 자 되게 하소서.
퍼즐처럼 내가 내 역할을 잘 감당할 때
모든 것이 순조롭게 굴러간다는 것을 기억하고,
오늘 내가 해야 하는 일들 앞에 최선을 다하는 하루 되게 하소서.

주님께서는 나의 주인이시니
내가 모든 것을 다 할 수 있다는 자만심을 버리게 하소서.
주님의 은혜 없이는 한 순간도 살 수 없는 존재임을 고백합니다.
오늘 하루를 선물로 허락하심에 감사하며 주님께서 주도하시는 하루에
민감하게 반응하며 순종하는 하루 되게 하소서.
이 세상의 주인 되시는 예수 그리스도의 이름으로 기도합니다.
아멘!

:: 그러나 더욱 큰 은혜를 주시나니 그러므로 일렀으되 하나님이 교만한 자를 물리치시고 겸손한 자에게 은혜를 주신다 하였느니라 (야고보서 4:6).

APRIL 17

모든 상황을 다스리시는 주님을 의지합니다

왕이신 나의 아버지,
오늘도 나의 아침을 열어주시고, 새날을 선물로 주신 아버지 감사합니다.
잠잠할 날이 없는 하루하루를 살면서도 언제나 한결같이
하나님 앞에 감사하는 마음으로 시작하기 원합니다.

오늘이 어제보다는 더 나아지기를 소원하는 마음으로 눈을 뜨지만
때로는 여건과 상황이 어제보다 더 못한 때도 많음을 고백합니다.
그래서 주님의 도우심이 더 간절히 필요합니다.

오늘도 나의 책임을 다른 사람에게 전가하지 말게 하시고,
다른 사람은 안중에 없고 나만 생각하는 이기심을 버리게 하소서.
어린아이의 것을 버리고
성숙한 하나님의 자녀로서의 모습을 더 갖추어 가는 하루 되게 하소서.
오늘도 나에게 주어진 환경과 책임 속에서 문제의 본질을 보고
정면돌파하는 정직한 태도를 갖게 하소서.
주님께서 피하지 않으신 십자가를 나만 매번 피하면서 살지 말게 하소서.

오늘 하루도 모든 상황 속에서 함께하시고 모든 것을 다스리시는
주님을 의지합니다.
언제나 화평케 하시는 예수 그리스도의 이름으로 기도합니다.
아멘!

:: 그러나 내게는 우리 주 예수 그리스도의 십자가 외에 결코 자랑할 것이 없으니 그리스도로 말미암아 세상이 나를 대하여 십자가에 못 박히고 내가 또한 세상을 대하여 그러하니라 (갈라디아서 6:14).

APRIL 18

겸손히 기도할 수 있는 아버지의 자녀 되게 하소서

하나님 아버지,
가장 낮은 곳에 임하셔서 우리와 함께하셨던 주님,
이 아침에 주님의 사랑을 다시 생각합니다.
오늘도 새로운 아침을 허락하시고 나로 하나님 앞에서
또 하루를 살며 주님을 찬양할 수 있는 시간과 은혜를 주심에 감사합니다.

고난을 당할 때마다 납득되지 않는 것을 납득시키기 위해 등장하는
죄의 논리에 너무 쉽게 빠지지 말게 하소서.
죄로 인해 고난을 당한다면 이 세상에 살아남을 이가 하나도 없으며,
그것이 오히려 더 많은 사람들을 하나님으로부터 멀어지게 만든다는 것을
기억하게 하소서.

이해할 수 없는 일들은 그저 이해할 수 없는 채로 두고
기도할 수 있는 믿음을 허락하소서.
죄로 인해 재난으로 이 세상을 쓸어버리신다면
예수님은 왜 그리 복잡하게 십자가를 지시러 이 땅에 오셨겠습니까.
언제나 가장 낮은 곳에서 가장 번거롭고 누추한 방법으로 함께하시며
인생의 고난의 삶에 동참하셨던 주님을 기억하며
그저 겸손히 기도할 수 있는 아버지의 자녀 되게 하소서.
오늘도 주님을 기억하며 나보다 더 나를 사랑하시는
아버지의 마음을 되새기는 하루 되게 하소서.
사랑때문에 번거로움을 택하신 예수 그리스도의 이름으로 기도합니다.
아멘!

:: 그러므로 너희는 하나님이 택하사 거룩하고 사랑 받는 자처럼 긍휼과 자비와 겸손과 온유
와 오래 참음을 옷 입고 (골로새서 3:12).

APRIL 19

흠 많은 환경에 핑계대지 않게 하소서

피난처 되시는 하나님 아버지,
오늘도 이 아침, 일을 시작하기 전에
가장 먼저 하나님을 기억하고 기도하기 원합니다.
피곤한 몸을 이끌고 출근하고 때로는 출근도 하기 전에 퇴근하고 싶은 마음으로
하루를 시작한다 하더라도 주님의 힘으로 활기찰 수 있는 은혜를 주소서.

내 눈에는 어렵고 답답한 일들이 더 많이 보여서
별로 감사할 일이 없다고 여기지만 그것이 나의 착각임을 고백합니다.
내가 모르게 존재했던 힘들고 어려운 일보다
더 많았던 하나님의 은혜와 좋은 일들로 인하여 무조건 감사합니다.

오늘도 가능한 한 가장 하나님의 자녀다운 모습으로
주님께서 하셨듯이 섬기는 하루를 살기 원합니다.
내가 할 수 있는 모든 힘을 다해 나를 위해 사는 것만큼
무료한 삶이 없음을 깨닫게 하시고,
내가 할 수 있는 모든 힘을 다해 남을 위해 사는 것이
나를 가장 즐겁게 할 수 있음을 알게 하소서.

오늘 아침 나의 하루와 나의 가족들,
이 나라와 주님을 맞아야 할 이 세상을 축복합니다.
오늘도 흠 많은 환경에 핑계대지 않고
하나님의 자녀다운 삶을 위해 매진하게 하소서.
나의 모든 힘이 되시는 예수 그리스도의 이름으로 기도합니다.
아멘!

:: 일의 끝이 시작보다 낫고 참는 마음이 교만한 마음보다 나으니 (전도서 7:8).

APRIL 20

열매를 기대하며 씨를 심는 하루

하나님 아버지,
오늘도 귀한 하루를 허락하심에 감사합니다.
하루가 편안하게 돌아가기 위해 얼마나 많은 것들이
적절하게 유지되고 공급되고 있는지를 기억하며 주님께 감사를 올립니다.

범사에 감사하는 마음을 습관으로 가질 수 있게 도와주소서.
그래서 굳이 지속적인 부족함이 오지 않아도 매 순간 모든 것에 하나하나 감사하며
주님께 영광을 올려 드리는 삶을 살게 하소서.

오늘도 주님께서 주신 이 하루 가운데 이기심의 열매를 거두지 말게 하시고
하나님의 뜻 가운데 의의 열매를 거두는 하루가 되게 하소서.
육체를 따르는 자는 육체의 열매를 거두고
성령을 따르는 자는 성령의 열매를 거둔다 하셨으니
오늘도 성령을 따라 사는 하루가 되게 하소서.
내가 오늘 거둘 수 있는 의의 열매가 없거든,
내일을 위하여 오늘 의의 씨앗을 심는 하루가 되게 하소서.
열매 없음에 불평하지 말고 열매를 기대하며
씨를 심는 의미 있는 하루가 되게 하소서.
오늘도 모든 것이 공급되는 하루 되게 하소서.
주님을 사랑합니다.
오늘도 주님의 은혜 안에서 감사하며 주님을 기억하는 하루 되게 하소서.
나의 모든 공급이 되시는 예수 그리스도의 이름으로 기도합니다.
아멘!

:: 그는 시냇가에 심은 나무가 철을 따라 열매를 맺으며 그 잎사귀가 마르지 아니함 같으니 그가 하는 모든 일이 다 형통하리로다 (시편 1:3).

APRIL 21

가장 완전한 승리, 가장 아름다운 승리

선하신 하나님 아버지,
어제의 어두움을 뚫고 오늘 아침의 빛이 승리하였습니다.
아무리 작은 빛도 어두움에 지는 법이 없음을
매일 경험하며 살게 하심을 감사합니다.

오늘도 이 세상의 어두움을 뚫고 이 땅에 오셔서 우리를 구원하신
주님의 능력을 믿습니다.
그 능력으로 우리를 살리셨듯이 오늘도 나의 하루의 삶이 주님을 닮아
승리하는 삶이 되게 하소서.

싸움 없이 승리가 존재할 수 없는 것처럼
오늘 하루를 살면서 악한 것과 싸우게 하시고 올바른 것을 선택하게 하소서.
가장 완전한 승리, 가장 아름다운 승리는
내가 스스로 빛이 될 때에 자연스럽게 오는 것이니
오늘도 나를 빛으로 부르신 주님 앞에 아버지의 자녀로 온전히 서게 하소서.

오늘도 주님으로 인해 소망을 버리지 않고 다시 일어섭니다.
언제나 영광스러운 자리보다 비천한 자리를 택하셨던 주님께서
내 삶의 가장 어려운 자리를 그냥 지나치지 않으실 것을 믿습니다.
이 땅의 비천한 자리에 함께하시고,
가장 어두운 자리에 임하셔서 그곳에 주님의 빛이 임하게 하소서.
나의 주 나의 참 빛이 되시는 예수 그리스도의 이름으로 기도합니다.
아멘!

:: 우리 주 예수 그리스도로 말미암아 우리에게 승리를 주시는 하나님께 감사하노니
   (고린도전서 15:57).

APRIL 22

가장 현실적인 것에서부터 나의 믿음을 견고하게 하소서

사랑의 하나님 아버지,
어제도 편안하게 누울 자리를 주심에 감사합니다.
오늘 새로운 태양이 떠오르게 하시고,
새로운 시작을 할 수 있는 기회를 주심에 감사합니다.

오늘도 나에게 일용할 양식을 주실 것을 믿습니다.
내가 오늘 먹고 마시는 모든 것을 주시는 분이 하나님이시며 그것을 확신할 때,
내일의 나의 미래를 걱정하지 않음을 믿습니다.
오늘 내가 나를 먹이시는 주님을 믿지 못하고 나의 삶에 대해 전전긍긍하면서
어찌 꿈을 품을 수 있겠습니까.
가장 작은 것에서부터 주님을 믿게 하소서.
나의 믿음이 구름 위에 떠 있는 추상적인 것이 되지 말게 하시고,
가장 현실적인 것에서부터 나의 믿음을 견고하게 하소서.
오늘의 하나님을 믿지 못하는 내가 내일의 하나님은 더더욱 믿을 수 없음을
기억하게 하소서.

다른 사람의 불의함을 바라보며 내가 의롭다고 착각하지 말게 하소서.
그들의 불의함과 나의 의로움이 별개의 것임을 잊지 말게 하소서.
오늘 내가 무너뜨릴 수 있는 수많은 것들 앞에 책임감 있는 모습으로 서게 하시고,
내가 다시 세울 수 있는 것이 있다면 최선을 다해 일으켜 세우는
성숙한 자 되게 하소서.
오늘의 믿음을 가지고 오늘을 주님께 맡겨드립니다.
나의 주 나의 모든 것 되시는 예수 그리스도의 이름으로 기도합니다.
아멘!

:: 무슨 일을 하든지 마음을 다하여 주께 하듯 하고 사람에게 하듯 하지 말라 (골로새서 3:23).

APRIL 23

오늘 나의 삶의 예배 가운데 함께하소서

하나님 아버지,
오늘도 주님의 은혜로 하루를 시작하게 하심을 감사합니다.
어제의 하루를 함께해 주셨음을 고백하고 감사를 드립니다.

오늘 나의 가족들, 특별히 자녀들을 위하여 기도합니다.
그들이 가는 곳마다 주님께서 함께하시고 지켜 주소서.
그 마음을 주님께서 지켜주셔서 주님 안에 거하게 하시고,
주님을 배워나가는 자들이 되게 하소서.

나에게 할 일을 주신 하나님 감사합니다.
내게 주어진 일들 앞에 부끄럼없이 성실하게 하시고,
오늘도 주님의 능력으로 하루를 살아가게 하소서.
오늘도 주님을 나의 자리에 초대합니다. 떠나지 마시고 함께하소서.

예배에 함께하시는 그 주님께서
오늘 나의 하루의 예배, 삶의 예배 가운데 함께하소서.
오늘 만나는 자들을 축복하시고, 은혜가 오고 가는 만남이 되게 하소서.
오늘 내가 이루어야 할 일들이 반드시 이루어지는 하루 되게 하소서.
오늘 나를 지키시고 함께하소서.
언제나 나와 동행하시는 예수 그리스도의 이름으로 기도합니다.
아멘!

:: 여호와께 그의 이름에 합당한 영광을 돌리며 거룩한 옷을 입고 여호와께 예배할지어다
(시편 29:2).

APRIL 24

오늘 내가 복의 통로가 되기 위하여

사랑의 하나님,
편안한 잠자리를 주시고, 일어나 일할 수 있는 힘을 주신 아버지 감사합니다.
내가 알지 못하고 지나간 위기들과 어려움들로 인하여 주님께 감사합니다.
평범하지만 주님을 알고 하나님의 자녀로 살아갈 수 있는 특권을 주신 하나님 감사합니다.

하나님께서 하셨다고 고백하며 기쁨의 찬양을 드릴 수 있는 하루가 되게 하소서.
우리는 한 치 앞도 알지 못하고 사는 작은 존재이나,
하나님께서는 모든 것을 보시고 우리의 미래를 아시니
나의 앞길을 인도하시고 보호하여 주소서.
오늘 주어진 시간들이 다른 어느 날보다 보람되게 하시고, 의미 있게 하소서.

다른 사람들을 섬기기에 부족함이 없는 하루가 되게 하시고,
내가 선물로 받은 날로 하나님께서 주신 복을 누리는 하루 되게 하소서.
나로 하나님의 복의 통로가 되게 하셔서
나를 만나는 이들마다 평안과 안식을 누리게 하시고,
내가 존재하는 곳이 나로 말미암아 복을 누릴 수 있는 곳이 되게 하소서.

오늘 내가 복의 통로가 되기 위하여 나의 죄를 깨끗케 하시며
나로 성령 충만한 하루를 보낼 수 있게 하소서.
오늘 주님께 영광 올려드리는 하루 되기 원합니다.
나의 주 나의 모든 것 되시는 예수 그리스도의 이름으로 기도합니다.
아멘!

:: 아브라함은 강대한 나라가 되고 천하 만민은 그로 말미암아 복을 받게 될 것이 아니냐
　(창세기 18:18).

APRIL 25

모든 기준이 주님이 되기를 원합니다

나의 등대가 되시는 하나님 아버지,
오늘도 사건 사고 없이 하루를 시작할 수 있는 은혜를 주심을 감사합니다.

때로 내가 가야 하는 길을 모를 때에,
혹은 풍랑이 너무 거세게 일어서 한 치 앞을 바라볼 수 없을 때에
나의 등대가 되어 주시는 주님을 인하여 감사합니다.
어떠한 바람에도 풍랑에도 움직이지 않으시고
항상 그 자리에 계셔서 나로 무엇을 바라봐야 하는지 알게 하시는 주님,
오늘도 나의 등대가 되어 주셔서 내가 주님을 바라볼 수 있게 하시고
그것으로 인해 나의 마음이 평안을 얻을 수 있게 하소서.

무엇을 하든지 모든 기준이 주님이 되기를 원합니다.
주님께서 원하시는 것을 알게 하시고 순종하게 하소서.
오늘 하루 가운데에는 사명과 순종만 있는 것이 아니라 은혜와 기쁨
그리고 축복도 가득함을 기억하게 하소서.
그래서 내가 하나님을 생각함이 무겁지 않게 하시고,
내 마음대로 하나님을 판단하여 하나님은 이런 분이라 단정짓지 말게 하소서.
내 머리의 하나님이 아니라 내 머리를 넘어 계시는 크신 하나님을 믿습니다.
오늘도 나의 길을 인도하시고 나로 새 힘을 얻고 달려가는 하루 되게 하소서.
주님을 사랑합니다.
나의 주 나의 길 되시는 예수 그리스도의 이름으로 기도합니다.
아멘!

:: 세계가 다 내게 속하였나니 너희가 내 말을 잘 듣고 내 언약을 지키면 너희는 모든 민족 중에서 내 소유가 되겠고 (출애굽기 19:5).

APRIL 26

내가 어디에 있든지 주님이 나의 노래입니다

나의 노래 되시는 주님,
오늘도 좋은 아침을 허락해 주심을 감사합니다.
하루 종일 주님의 은혜로 나를 붙잡아 주시고 함께하심을 인해 감사합니다.
오늘도 내가 가는 곳 어디에서나 주님이 나의 노래가 되시며
나의 소망이 되어 주소서.
내가 직장에 있다면 그곳에서 주님을 노래하게 하시고,
내가 학교에 있다면 그곳에서 노래하게 하소서.
내가 집에 있을 때에 집에서 노래하게 하시고,
내가 병원에 있다면 그곳에서도 노래하게 하소서.
내가 어디에 있든지 주님이 나의 노래가 될 수 있음은
예수님의 이름이 나의 모든 희망이 되시기 때문입니다.

주님의 법대로 사는 것이 나의 참된 힘이요, 내 영혼의 자유임을 믿습니다.
그 믿음 그대로 살게 하시고 오늘도 세상의 법을 뛰어넘는
하나님의 법으로 살게 하소서.
노래할 이유가 눈에 보이지 않는다 하더라도 내 영혼에 부어주시는
주님의 은혜로 인해 노래하게 하소서.
보이는 것보다 보이지 않는 것을 바라보는 하루 되게 하소서.
오늘도 나의 기쁨이 되시고 변치 않는 평안의 이유가 되소서.
나의 모든 소망 되시는 예수 그리스도의 이름으로 기도합니다.
아멘!

:: 그리스도의 말씀이 너희 속에 풍성히 거하여 모든 지혜로 피차 가르치며 권면하고 시와 찬송과 신령한 노래를 부르며 감사하는 마음으로 하나님을 찬양하고 (골로새서 3:16).

APRIL 27

언제나 나의 성벽이 되어 주시는 주님

나의 성벽이 되시는 하나님 아버지,
새로운 아침과 은혜를 오늘도 허락해 주심을 감사합니다.
주님의 변함없는 성실하신 은혜가 얼마나 감사한지 모릅니다.
비록 피곤한 몸과 마음을 이끌고 하루를 시작하는 사람이 있다 하더라도
하나님께서 공급하시는 힘과 능력이 가득하게 하시고
회복되는 은혜를 베풀어 주소서.

언제나 나의 성벽이 되어 주셔서 모든 적들의 공격으로부터
나를 보호해 주심을 감사합니다.
때로는 나의 분노가 혹은 나의 비관된 마음이
나의 성벽을 스스로 무너뜨리는 일이 없게 하소서.
때로는 질병이, 척박한 환경이, 관계의 비틀어짐이
나의 성벽에 틈을 만들지 말게 하소서.

내 스스로 주님이 보호하시는 성벽을 갉아 버리거나 구멍을 만드는 일이 없도록
우리 안에 있는 모든 부정적이고 상한 마음,
연약한 육체와 오해의 관계들을 떨쳐 버리게 하소서.
안팎으로 하나님의 은혜가 임하게 하셔서
날마다 아버지의 보호하심의 성벽이 더 강건해지게 하소서.
오늘도 믿음으로 벽돌을 쌓으며 주님을 향한 사랑의 고백으로
더 견고케 되기 원합니다.
그런 하루 되게 하시고 멋지게 승리하는 하루 되게 하소서.
나의 가장 강한 산성이 되시는 예수 그리스도의 이름으로 기도합니다.
아멘!

:: 하나님이 능히 모든 은혜를 너희에게 넘치게 하시나니 이는 너희로 모든 일에 항상 모든 것이 넉넉하여 모든 착한 일을 넘치게 하게 하려 하심이라 (고린도후서 9:8).

APRIL 28

나의 웃음이 주님을 기쁘시게 하는 날 되게 하소서

나의 기쁨이 되시는 주님, 새로운 아침과 또 다른 기회의 시간을 주신 아버지 감사합니다.
오늘도 이 아침을 기쁨으로 맞이합니다.
나에게 기뻐할 이유가 없을지라도 아버지께서 나의 하나님 되심을 인하여
모든 어려운 이유를 이기고 기뻐합니다.

오늘 하루는 어제보다 더 모든 것으로부터
자유롭게 웃어넘길 수 있는 여유로운 마음을 허락하여 주소서.
모든 일을 너무 심각하게 생각하여 스스로를 괴롭히고 걱정에 싸이지 말게 하시고,
주님께서 나를 지키심을 믿고 더 평안한 마음을 가질 수 있게 하소서.
주님께서 나와 함께하시니
더 편안해도 되고, 더 웃어도 되고, 더 가벼워도 됨을 기억하게 하소서.

오늘 내 앞에 주어진 일들 앞에 자유롭게 하소서.
작은 일에도 기뻐하고 유쾌하게 하소서.
아이의 웃음이 부모를 가장 기쁘게 하듯이
오늘 하루 나의 웃음이 주님을 기쁘시게 하는 날이 되게 하소서.
모든 걱정과 근심을 버리고 아버지의 보호하심 안에 거함으로
영혼의 안식을 누리기 원합니다.

오늘은 주님께서 주시는 위로와 기쁨으로 새 힘을 얻게 하소서.
나에게 자유 주시는 예수 그리스도의 이름으로 기도합니다.
아멘!

:: 겸손한 자에게 여호와로 말미암아 기쁨이 더하겠고 사람 중 가난한 자가 이스라엘의 거룩하신 이로 말미암아 즐거워하리니 (이사야 29:19).

APRIL 29

모든 지혜의 근본이 여호와께 있음을 고백합니다

나의 지혜가 되시는 하나님 아버지,
오늘 이 아침 하나님을 의지하여 하루를 시작합니다.
주님의 도우심이 없이는 숨을 쉴 수조차 없는 연약한 존재임을 주님께 고백합니다.
오늘 나의 의지할 피난처 되시고 나의 힘의 근원이 되어 주소서.

모든 지혜의 근본이 여호와께 있음을 고백합니다.
하나님을 참으로 아는 자가 온전한 지혜를 가진 자이며,
주님께서 주시는 지혜로만 온전한 판단을 할 수 있음을 믿습니다.
언제나 나의 지식의 저 너머에 계시며,
늘 내가 생각하지 못하는 높고 큰 지혜로 나를 인도하시는 아버지를 믿습니다.
그 놀라우신 지혜로 오늘 나의 하루의 길을 인도하여 주소서.
내 눈에 보이는 대로가 아니라 하나님의 눈에 보이는 대로 판단하게 하소서.

주님의 지혜를 얻기 위해 오늘도 주님 안에 머물기 원합니다.
주님의 영혼 안에 잠잠히 거하며 아버지의 지혜를 얻게 하시고
주님과 동행하게 하소서.
생각과 말과 행동이 따로 노는 것을 불쌍히 여기소서.
늘 마음은 그렇지 않고, 생각은 그렇지 않은데 실천이 잘 되지 않음을 회개합니다.
기도하는 것 따로, 나의 일상이 따로 분리되어 있음을 고백합니다.
오늘은 이 모든 것이 하나로 어우러져 주님을 의지하고 기억하며
하루를 살게 하소서.
나의 주 나의 모든 것 되시는 예수 그리스도의 이름으로 기도합니다.
아멘!

:: 하나님은 나의 견고한 요새시며 나를 안전한 곳으로 인도하시며 (사무엘하 22:33).

APRIL 30

내가 좋을 때나 어려울 때나 한결같이

사랑하는 나의 아버지,
오늘도 변함없이 나의 힘이 되어 주시는 아버지 감사합니다.
어제는 슬픔이 있었을지라도 오늘은 나로 새롭게 하시고,
어제는 내가 주님을 원망했을지라도 오늘은 나로 주님을 찬양하게 하소서.

내가 좋을 때나 어려울 때나 한결같이 주님을 사랑하게 하심을 감사합니다.
일평생 살면서 힘든 때도 있었고, 기쁠 때도 있었으며,
눈물과 환호를 반복하였으나
하나님은 언제나 동일하셔서 내가 사는 길을 변함없이 인도하셨음을 고백합니다.
그 하나님의 인도하심이 오늘도 변함없으며
나의 미래에도 여전히 그렇게 인도하실 줄을 믿습니다.
그래서 나의 감정과 상관없이 주님을 찬양하고 주님을 사랑합니다.

오늘의 모든 일들을 주님께 의탁드립니다.
주님 앞에 부족한 모든 것들을 새롭게 하소서.
항상 기도하라고 명령하신 그 명령에 순종하여
나의 영혼이 주님을 의지하며 하루를 지내기 원합니다.

나의 연약함이 드러날 때마다 그동안 얼마나 감사했는지 고백하게 하시고,
주님 안에서 회복될 수 있는 은혜를 허락하소서.
이 세상의 악한 영적인 공격들로부터 지켜주시고, 담대하게 하소서.
나의 주인 되시는 예수 그리스도의 이름으로 기도합니다.
아멘!

:: 여호와여 주의 이름을 아는 자는 주를 의지하오리니 이는 주를 찾는 자들을 버리지 아니하심이니이다 (시편 9:10).

직.장.인.을. 위.한. 묵.상.

나 때문에 동료가 삽니까?
동료 때문에 내가 삽니까?

창세기 | 18장 22-33절

22 그 사람들이 거기서 떠나 소돔으로 향하여 가고 아브라함은 여호와 앞에 그대로 섰더니
23 아브라함이 가까이 나아가 이르되 주께서 의인을 악인과 함께 멸하려 하시나이까
24 그 성 중에 의인 오십 명이 있을지라도 주께서 그 곳을 멸하시고 그 오십 의인을 위하여 용서하지 아니하시리이까
25 주께서 이같이 하사 의인을 악인과 함께 죽이심은 부당하오며 의인과 악인을 같이 하심도 부당하니이다 세상을 심판하시는 이가 정의를 행하실 것이 아니니이까
26 여호와께서 이르시되 내가 만일 소돔 성읍 가운데에서 의인 오십 명을 찾으면 그들을 위하여 온 지역을 용서하리라
27 아브라함이 대답하여 이르되 나는 티끌이나 재와 같사오나 감히 주께 아뢰나이다
28 오십 의인 중에 오 명이 부족하다면 그 오 명이 부족함으로 말미암아 온 성읍을 멸하시리이까 이르시되 내가 거기서 사십오 명을 찾으면 멸하지 아니하리라
29 아브라함이 또 아뢰어 이르되 거기서 사십 명을 찾으시면 어찌 하려 하시나이까 이르시되 사십 명으로 말미암아 멸하지 아니하리라
30 아브라함이 이르되 내 주여 노하지 마시옵고 말씀하게 하옵소서 거기서 삼십 명을 찾으시면 어찌 하려 하시나이까 이르시되 내가 거기서 삼십 명을 찾으면 그리하지 아니하리라
31 아브라함이 또 이르되 내가 감히 내 주께 아뢰나이다 거기서 이십 명을 찾으시면 어찌 하려 하시나이까 이르시되 내가 이십 명으로 말미암아 그리하지 아니하리라
32 아브라함이 또 이르되 주는 노하지 마옵소서 내가 이번만 더 아뢰리이다 거기서 십 명을 찾으시면 어찌 하려 하시나이까 이르시되 내가 십 명으로 말미암아 멸하지 아니하리라
42 여호와께서 아브라함과 말씀을 마치시고 가시니 아브라함도 자기 곳으로 돌아갔더라

오늘의 말씀은 그 유명한 소돔과 고모라의 멸망 직전, 하나님과 아브라함의 대화입니다. 참, 신기한 내용입니다. 아브라함은 감히 하나님께 끝도 없이 물고 늘어지고, 하나님은 한낱 인간에게 하나님의 플랜을 구체적으로 알려주십니다. 성경을 읽을 때마다 느끼는 거지만, 하나님은 인간을 굉장히 존중하신다는 것입니다.

한 사람에 대한 소중한 마음
아브라함은 하나님의 공의에 호소했습니다. 하나님의 성품에 빗대어 하나님을 설득합니다. 왜일까요? 소돔과 고모라에 대한 안타까움 때문입니다. 자신의 조카 롯이 거주하고 있기도 했지만, 한 명이라도 살리고 싶은 마음에서였겠죠.

여러분은 한 사람에 대한 소중한 마음을 가지고 있습니까? 혹, 한 사람을 수단이나 도구로 홀대하지는 않나요? 업무를 하다보면 곧잘 사람의 소중함을 그 사람의 보이는 실적만으로 평가하게 됩니다. 하지만 하나님은 모든 사람이 다 소중하다고 언제나 말씀하십니다. 사람을 평가하는 균형 잡힌 안목을 가지시기 바랍니다.

하나님은 왜 집요한 그 물음에 다 대답하셨을까?
하나님은 근본적으로 인간을 멸망시키고 싶지 않았습니다. 일말의 가능성이라도 있다면 회복을 원하신 것입니다. 아브라함의 집요한 질문에 일일이 답하시는 하나님. 하나님은 웬만해서 그들을 벌하기 원치 않았습니다.
우리는 때로 하나님을 많이 오해합니다. 분노와 심판의 하나님으로 말입니다. 그러나 하나님은 정말 웬만해서는 인간을 벌하기 원치 않으시는 분이십니다.

소돔과 고모라에는 정말 의인 단 열 명도 없었는가?
네. 없었습니다. 하나님은 롯의 가족만 건지시고 그 성을 모두 벌하셨습니다. 본문을 더 읽어보면, 그 사람들의 악이 얼마나 극에 달했는지를 알 수 있습니다.
지금 우리의 모습은 어떨까요? 나 한사람이 그 열 명 중 하나라면, 그런 열 명만 모이면 한 도시를 살릴 수도 있습니다. 여러분은 얹어 사는 존재입니까? 아니면 누군가를 살리는 존재입니까? 오늘 이 직장에서 여러분 때문에 회사가 삽니까? 회사 때문에 여러분이 삽니까? 나 때문에 동료가 삽니까? 동료 때문에 내가 간신히 삽니까?
우리 모두 다른 사람을 살리는 존재가 됩시다! 그게 더 멋진 인생이겠죠? ☺

5월

MAY / 05

아침에 주의 인자하심이
우리를 만족하게 하사
우리를 일생 동안 즐겁고 기쁘게 하소서
_ 시편 90:14

이 달 의 기 도 제 목

-
-
-
-
-

MAY 1

선한 영향력을 미치게 하소서

나를 붙드시는 아버지,
오늘도 나를 온전케 하시는 주님의 은혜로 인하여
감사와 찬양을 드립니다.

오늘도 나를 붙들어 주시는 주님의 은혜가 있음을 인하여 감사합니다.
내가 주님을 떠난 것 같고, 멀어진 것 같이 생각이 될 때에도
주님은 언제나 나의 손을 굳건히 붙들고 계심을 봅니다.
결국 나의 마음이 변한 것이지 주님이 변한 것이 아님을 기억하게 하소서.

주님께서 나에게 주신 작은 달란트들을 무시하지 말게 하소서.
내가 다른 사람보다 잘 하는 것이 있다면
그것을 통하여 하나님의 영광을 드러내게 하소서.

이 세상의 사람들과 사회를 향하여 할 것이 있음을 기억하게 하소서.
내가 할 수 있는 것으로 선한 영향력을 미치게 하소서.
영향력을 받기만 하는 것이 아니라
이 세상의 어떤 누구도 줄 것을 가지고 태어났음을 기억하게 하소서.
하나님께서 선물로 주신 그 재능들을 가지고
이 세상을 섬기고 사랑하는 일에 아낌없이 쓰게 하소서.
세상을 섬기기 위해 이 자리에 있음에 감사하게 하소서.
나의 믿음 되시는 예수 그리스도의 이름으로 기도합니다.
아멘!

:: 믿음의 선한 싸움을 싸우라 영생을 취하라 이를 위하여 네가 부르심을 받았고 많은 증인 앞에서 선한 증언을 하였도다 (디모데전서 6:12).

MAY 2

나의 작음이 오히려 희망이 됩니다

나를 만드신 하나님 아버지,
오늘도 나를 깨우시고 새롭게 하시는 그 은혜를 인하여 감사합니다.
아침마다 주님을 기억하고, 아침마다 나의 마음을 뒤흔들어
진심을 찾아내어 아버지 앞에 서게 하소서.

오늘도 바다가 생기기 전에,
하늘이 만들어지기 전에 계셨던 그 아버지께 나아갑니다.
모든 것을 만드시고 운행하시는 그 아버지께서 나도 만드시고
나의 하루도 만드셨으니 그 아버지의 뜻을 따라 오늘을 살게 하소서.

내가 주님 앞에 얼마나 작은 존재인지 기억하게 하소서.
그래서 좌절하는 것이 아니라 그래서 크신 아버지께
의존하는 하루가 되게 하시고 자만하지 말게 하소서.
그 하나님께서 나를 지키시니 내가 두려워할 것이 없습니다.
아버지께서 함께하시니 나의 작음이 오히려 희망이 됩니다.
무엇보다 모든 일에 두려움을 없애주시고,
담대하게 하시며 주님의 힘으로 한걸음 나아갈 수 있는 하루 되게 하소서.

오늘 하루는 주의 적이 되는 것이 아니라 주의 종이 되게 하소서.
기쁨의 하루 주심을 감사합니다.
오늘도 주님이 주시는 새 힘으로 가득하게 하소서.
내 존재의 시작과 마지막 되시는 예수 그리스도의 이름으로 기도합니다.
아멘!

:: 우리가 그 안에서 그를 믿음으로 말미암아 담대함과 확신을 가지고 하나님께 나아감을 얻
  느니라 (에베소서 3:12).

MAY 3

세상 것을 포기하고 하나님의 것을 얻게 하소서

언제나 나의 믿음이 되시는 하나님 아버지,
오늘도 주님 앞에서 나의 믿음을 고백합니다.

하나님 아버지께서 이 세상을 만드시고 나의 창조주 되심을 믿습니다.
하나님께서 나를 본인보다 더 사랑하심을 믿습니다.
예수 그리스도가 하나님 아버지의 아들이심을 믿습니다.
십자가에 달려 죽으심이 나의 죄로 인한 것임을 믿습니다.
그 예수 그리스도께서 부활하시고 나도 그와 같이 부활할 것을 믿습니다.
이 땅이 전부가 아니라 내가 가야 할 아름다운 천국이 있음을 믿습니다.

오늘이 끝이 아니라 나에게는 이 땅과
앞으로의 영원한 시간이 주어져 있음을 믿습니다.
내가 가진 것을 포기하고 얻을 수 있는 기쁨과 소망이 있다면
세상 것을 포기하고 하나님의 것을 얻게 하소서.
오늘 나의 마음과 몸을 조종하고 있는 하나님이 아닌
모든 것으로부터 자유롭게 하소서.
하나님만이 나를 움직이게 하시고, 나의 소망이 되어 주소서.

오늘 하루를 살면서 나의 믿음이 실행되게 하소서.
주님은 나의 생명이십니다.
나의 주 나의 부활되신 예수 그리스도의 이름으로 기도합니다.
아멘!

:: 먼저 그의 나라와 그의 의를 구하라 그리하면 이 모든 것을 너희에게 더하시리라
(마태복음 6:33).

MAY 4

나만의 길을 용감하게 가게 하소서

나의 성공이 되시는 하나님 아버지,
오늘도 새날을 주셔서 감사드립니다.

오늘도 나의 하루가 하나님 앞에서 성공적인 하루가 되기를 위해 기도합니다.
세상에서 바라보는 성공과 상관없이 하나님이 원하시는 하루가 된다면
그것이 참된 성공인 줄 믿습니다.

오늘 나의 자리에서 하나님께서 박수치며
기뻐하시는 성경적인 성공의 모습을 갖게 하소서.
그래서 세상의 시선과 사람의 시선을 의식하지 않고
나만의 길을 용감하게 가게 하소서.
하나님께 눈을 고정하고 다른 사람이 나를 앞질러 갈 때에도 의연하게 하시고,
하나님 앞에서 나만의 레이스를 하고 있다는 믿음을 굳건하게 하소서.
다른 사람과 비교하여 흔들리지 말게 하시고
다른 사람보다 세상의 눈으로 앞질렀다고 우쭐하지 말게 하소서.

세상은 세상의 기준으로 나를 평가하지만,
마지막 날에 그들의 평가로 나의 존재가 달라지지 않음을 매 순간 기억하게 하소서.
보여주기 위해 불행한 레이스에 동참하지 말게 하시고,
하나님 앞에서의 참된 성공의 삶을 위해 나만의 레이스에 성실하게 하소서.
나의 모든 목적이 되시는 예수 그리스도의 이름으로 기도합니다.
아멘!

:: 푯대를 향하여 그리스도 예수 안에서 하나님이 위에서 부르신 부름의 상을 위하여 달려가
노라 (빌립보서 3:14).

MAY 5

오늘 내가 딛고 있는 발의 기초

나의 반석이 되신 하나님 아버지,
어제 하루도 지켜주시고 인도해 주셔서 감사합니다.
어제의 계단을 지나 오늘의 새로운 계단을 맞이합니다.

하나님 아버지께서 오늘도 어제와 같이 함께하셔서 안전한 하루 되게 하시고,
오늘도 주님의 뜻을 거스르지 않고
주님께서 주신 기쁨을 누리며 살 수 있는 하루 되게 하소서.
오늘 주님의 뜻을 알기 원합니다.
오늘 나에게 주신 하나님 아버지와 가까이 할 수 있는
수많은 기회들을 놓치지 말게 하소서.

오늘 내가 딛고 있는 발의 기초가
사람의 인정이나 환경이나 나의 자만심이 아님을 알게 하시고,
내 모든 발의 기초와 반석되신 아버지를 늘 기억하게 하소서.
오늘 내가 설 자리가 마땅치 않고, 나의 환경이 불안정하고,
내 마음을 지지해 줄 사람들의 인정이 없다 하더라도
나를 지키시고 사랑하시는 하나님 아버지를 인하여 언제나 굳건히 서게 하소서.

하나님과 동행함으로 오늘 걷는 길이 소풍 길처럼 즐거운 길이 되기 원합니다.
주님의 뜻을 위해 함께하여 주소서.
나의 주 나의 동반자 되시는 예수 그리스도의 이름으로 기도합니다.
아멘!

:: 너희는 여호와를 영원히 신뢰하라 주 여호와는 영원한 반석이심이로다 (이사야 26:4).

MAY 6

스스로 더욱 깊이 삼가하며 겸손하게 하소서

나의 아버지 되시는 하나님,
오늘도 나의 아버지가 되어 주시는 하나님 아버지 감사합니다.
어제까지 함께해 주셨던 주님의 은혜를 감사합니다.
오늘도 새로운 마음을 주시고 새로운 의욕을 주소서.
이전 것은 이전 것으로 지나가게 하시고,
오늘은 새로운 피조물로 살아가는 희망을 허락하소서.

어제의 성공과 기쁨이 있었다면
오늘은 그 기쁨의 힘으로 더 활기찬 하루가 되게 하소서.
나에게 이익이 되는 것만 바라보지 말게 하시고 다른 사람에게 피해가 되는 점이 없는지 면밀히 살피게 하소서.
하나님께서 함께하시는 하나님의 자녀이기 때문에
자만하거나 방만하는 일이 없게 하시고
주님께서 복 주시고 힘 주실 때에 스스로 더욱 깊이 삼가하며 겸손하게 하소서.

내가 신앙을 가졌다는 것이 모든 것의 면죄부가 아님을 기억하게 하셔서
믿는 자나 믿지 않는 자 모두에게 공평한 것이 하나님의 뜻임을
잊지말게 하소서.
오늘 내가 하는 모든 일이 하나님의 복의 통로가 되게 하소서.
오늘도 어제처럼 함께하소서.
나의 모든 선택을 인도하시는 예수 그리스도의 이름으로 기도합니다.
아멘!

:: 너희는 유혹의 욕심을 따라 썩어져 가는 구습을 따르는 옛 사람을 벗어 버리고 오직 너희의 심령이 새롭게 되어 하나님을 따라 의와 진리의 거룩함으로 지으심을 받은 새사람을 입으라 (에베소서 4:22-24).

MAY 7

말씀이 매 순간 나의 참된 거울이 됩니다

나의 기쁨이 되시는 하나님 아버지,
오늘도 새로운 날을 허락하시고
하나님을 인하여 감사할 것이 많게 하심을 감사합니다.

충족하지 못할지라도 매일 매일의 삶의 열매를 주시고
그것을 만회할 수 있는 기회를 주심에 감사합니다.
포기하고 싶을 때마다 자극제를 주시고
다시 일어설 수 있는 힘을 주심에 감사합니다.

오늘도 때로는 어려운 일이 있을 수 있지만
그럼에도 불구하고 감사하는 법을 알게 하심을 감사합니다.
오늘 하루를 지내면서 다른 사람들을 바라보게 하시고,
그들을 통해 많은 것을 배우게 하소서.
선하고 아름다운 열정의 삶을 사는 이들을 통해서 닮아가게 하시고,
악하고 이기적인 사람들을 만나거든 그들을 위해
기도하고 나의 모습을 돌아보게 하소서.

이 세상 모든 것들이 나의 삶의 거울이 되게 하시고,
그 무엇보다 성경말씀이 매 순간 나의 참된 거울이 되게 하소서.
나의 주 나의 모든 것 되시는 예수 그리스도의 이름으로 기도합니다.
아멘!

:: 하나님의 말씀은 살아 있고 활력이 있어 좌우에 날선 어떤 검보다도 예리하여 혼과 영과 및 관절과 골수를 찔러 쪼개기까지 하며 또 마음의 생각과 뜻을 판단하나니 (히브리서 4:12).

MAY 8

부모가 되고 나서야 알게 되었습니다

어버이날 아침이 밝았습니다.
부모님의 은혜를 되새길 수 있는 날을 허락하심을 감사드립니다.
부모가 되고 나서야 부모가 무엇인지를 알게 되었습니다.
인간이 왜 이리 어리석은지,
내가 그 자리에 가보지 않고는 깨닫지 못하는 어리석음을 용서하소서.

마치 나 혼자 역경을 이기고 성장한 것처럼 착각하는 교만함을 용서하시고,
그래서 감사가 없으며 받은 것이 없다는 자만한 말을 할 수 있음을 용서하소서.
오늘의 나를 존재케 한 것이 얼마나 위대한 일임을 깨달아 알게 하소서.
나의 받은 모든 것을 나의 자녀와 다음 세대들을 향하여 베풀 수 있는
큰 사랑을 허락하소서.

그리고 부모님이 기뻐하시는 것을 몰라서 안하는 것이 아니라,
하기 싫어서 게을러서 교만해서 하지 않고 있는 나 자신을 돌아봅니다.
나의 죄악 된 마음을 용서하소서.

오늘 하루, 부모님을 더욱 기쁘게 해 드리기 위해 무엇을 해 드리면 좋을지
고민하고 행동하는 하루를 보내게 하소서.
부모님의 은혜는 나를 이 땅에 존재케 한 것으로
이미 온전한 것임을 기억하게 하소서.
나를 사랑하셔서 대신 죽기 위해 오셨던 예수 그리스도의 이름으로 기도합니다.
아멘!

:: 너는 네 하나님 여호와께서 명령한 대로 네 부모를 공경하라 그리하면 네 하나님 여호와가
  네게 준 땅에서 네 생명이 길고 복을 누리리라 (신명기 5:16).

MAY 9

은혜를 기억하며 포기하지 말게 하소서

나를 새롭게 하시는 하나님 아버지,
아침에 주님을 바라보며 이 날이 새로워지기를 기도합니다.
주님은 성실하셔서 매일 아침마다 저희를 향하여
변함없는 은혜를 주시는 분이심을 믿습니다.

오늘 하루를 살면서 때로는 실망할 일들이 벌어진다 하더라도
아침에 내려진 하나님의 은혜를 기억하며 포기하지 말게 하소서.
힘들고 어려운 일을 만난다 하더라도 하나님이 나와 함께하신다는 증표를 받고
이 아침을 시작했음을 기억하게 하소서.
오늘 하루 무엇을 하든지 주님께서 바라보심과
동행하심이 힘이 되고 소망이 되게 하소서.

오늘 해야 하는 모든 일들을 주님의 손에 올려드립니다.
오늘의 만나의 양이 부족하지 않음을 믿습니다.
오늘 주시는 하나님의 은혜로 그 모든 일들을
잘 해결해 나갈 수 있도록 축복하소서.
하나님의 자녀로 행복한 하루 되게 하소서.
주님을 여전히 사랑하고 갈망하는 하루 되게 하소서.
주님을 찬양합니다.
나의 주 나의 기쁨 되시는 예수 그리스도의 이름으로 기도합니다.
아멘!

:: 그러나 내가 나 된 것은 하나님의 은혜로 된 것이니 내게 주신 그의 은혜가 헛되지 아니하여 내가 모든 사도보다 더 많이 수고하였으나 내가 한 것이 아니요 오직 나와 함께하신 하나님의 은혜로라 (고린도전서 15:10).

MAY 10

모든 것을 아름답게 만드는 것

나의 평화가 되시는 하나님 아버지,
이 아침에 주님의 은혜로 눈을 뜨고 하루를 시작합니다.
성실하신 아버지의 사랑이 오늘도 나를 감싸고 함께하길 기도합니다.

현재 눈앞에 있는 상황만으로 나를 향한 아버지의 뜻이
나의 미래를 재앙으로 몰고 가려 한다고 오해하지 말게 하소서.
언제나 끝까지 인도하시는 아버지의 뜻을 믿고 신뢰하게 하소서.
순간순간 아버지를 의지하지만,
순간순간 모든 일들이 다 잘될 것이라고 착각하지 말게 하소서.
인생에 지나가는 모든 과정이 100% 아름다울 수 없음을 기억하게 하소서.
모든 것을 아름답게 만드는 것은 끝의 승리를 믿는 나의 믿음과
마지막 열매를 향하여 선한 길로 인도하시는 하나님을 믿고
평안히 가는 길임을 고백합니다.
오늘 그 믿음을 허락하소서.

오늘도 평화를 깨뜨리는 모든 것을 내어 버리고
다시 화목한 하루를 살기 원합니다.
하나님과 불화한 것과 고개 돌린 것이 있다면 다시 회복하게 하소서.
주님의 시선으로 오늘 하루를 바라봅니다.
은혜를 주시고, 평안케 하시고, 신뢰하게 하소서.
나의 주 나를 화목케 하시는 예수 그리스도의 이름으로 기도합니다.
아멘!

:: 여호와는 은혜로우시며 의로우시며 우리 하나님은 긍휼이 많으시도다 (시편 116:5).

하나님의 선하심을 닮은 선택

선하신 하나님 아버지,
아름다운 아침을 주셔서 감사합니다.
어제의 무거운 짐들과 피로를 씻어 주시고 내가 지었던 죄악들을 깨끗하게 하실 때
완전히 잊어 주시는 선하신 아버지 감사합니다.

오늘도 일할 수 있는 힘과 능력을 주시고, 일할 수 있는 곳을 주심에 감사합니다.
낙망할 수 있음에도 다시 소망을 주셔서 용기를 내게 하심을 감사합니다.
포기할 수 있음에도 다시 도전하게 하시고 새롭게 하심을 감사합니다.
게으를 수 있는데도 그것을 선택하지 않고
부지런함과 열심을 선택하게 하심을 감사합니다.

오늘도 수많은 선택 가운데서 하나님의 선하심을 닮은 선택을 하게 하소서.
무심함 대신 미소와 배려를 선택하게 하소서.
분노 대신에 온유함을 선택하게 하시고,
오해 대신에 이해와 사려 깊음을 선택하게 하소서.
무기력함 대신에 즐거움을 선택하게 하시고,
불만 대신에 더한 감사를 선택하게 하소서.
모든 선택 앞에서 나를 바라보시며 기대하고 계신 주님을 기억하게 하소서.

하나님을 따라 주님이 내게 하신 것처럼 사랑과 온유의 마음으로
내 마음의 줄기를 움직이게 하소서.
나의 모든 감사의 조건 되시는 예수 그리스도의 이름으로 기도합니다.
아멘!

:: 선한 사람은 그 쌓은 선에서 선한 것을 내고 악한 사람은 그 쌓은 악에서 악한 것을 내느니라 (마태복음 12:35).

MAY 12

오늘도 주님의 통치가 나의 삶 가운데 함께하시기를

나의 아버지 되시는 하나님,
오늘도 귀한 아침을 주심을 감사합니다.
새롭게 하시는 주님의 은혜가 지금 이 자리에 함께하여 주소서.

언제나 나를 다스리시는 주님,
오늘도 주님의 통치가 나의 삶 가운데 함께하시기를 간구합니다.
가장 먼저 주님께서 나를 다스려 주소서.
주님의 다스리심을 거스르고 나의 마음대로
모든 것을 이끌어 가려는 나의 욕심을 제거하여 주소서.
모든 영역에서 주님께서 통치하심을 인정하고 그 뜻을 구하게 하소서.
나의 인생이라고 나의 마음대로 하려는 생각을 버리게 하시고,
하나님 아버지의 온전하신 뜻을 구하는 하루를 살게 하소서.

나의 가족들의 주인이 되셔서 다스려 주소서.
하나님의 통치가 있는 그곳에 참된 샬롬이 있을 것을 믿습니다.
나의 회사의 주인이 되어 다스리셔서
하나님의 일하심이 가득한 곳이 되게 하시고,
일어나는 일마다 하나님을 거스르는 일이 없게 하시며
하나님의 다스리심이 실현되는 곳이 되게 하소서.
하나님의 계획하심 아래 이 세상에서 일어나는 모든 일들이
아름다운 열매를 거두게 하소서.
나의 주 나의 그리스도 되신 예수님의 이름으로 기도합니다.
아멘!

∷ 너희도 그 안에서 충만하여졌으니 그는 모든 통치자와 권세의 머리시라 (골로새서 2:10).

MAY 13

회사를 주님께 올려 드립니다

은혜의 하나님 아버지,
어제의 하루가 지나가고 새로운 날을 맞이하게 해 주셔서 감사합니다.
오늘도 하나님 아버지께 모든 것을 맡겨드리며 주님의 은혜를 구합니다.

오늘도 회사를 주님께 올려 드립니다.
어려운 경제 상황 속에서 회사를 지켜주심에 감사합니다.
회사가 강건해야 우리 가족 모두가 함께 강건할 수 있음을 고백합니다.
매 해마다 어려운 위기를 건너게 하시고 인도하셨으니
오늘도 하나님의 은혜 가운데 굳건하게 성장할 수 있도록 인도하셔서
경제적으로 보호 받고 있는 이 울타리가 든든하게 하소서.

하루를 보내는 이 공동체 속에서 비난과 질타보다는
사랑과 배려와 격려가 있게 하시고,
서로에게 힘을 부여할 수 있는 시간 되게 하소서.
공의를 지키게 하시고 도리와 예의를 벗어나는 일이 없게 하소서.
우리 모두는 가족만큼이나 중요한 한 공동체임을 기억하고
사랑할 수 있게 은혜 주소서.

오늘의 모든 일과를 주님께 올려드립니다.
나의 주 나의 모든 주권자 되시는 예수 그리스도의 이름으로 기도합니다.
아멘!

:: 미움은 다툼을 일으켜도 사랑은 모든 허물을 가리느니라 (잠언 10:12).

MAY 14

하루의 실패나 고난에 좌절하지 말게 하소서

나의 승리가 되시는 주님,
새로운 아침과 시간을 주신 아버지 감사합니다.
어제의 많은 일들과 후회되는 일들, 혹은 무거운 짐들이 있다면
그 모든 것을 주님 앞에 내려놓고
가벼운 몸과 마음으로 새로운 하루를 시작합니다.

매일 같은 날을 사는 것 같지만, 때로는 참 잘 살았다 싶은 날이 있고,
때로는 참 못 살았다 싶은 날이 있습니다.
누군들 못 살고 싶겠으며 누군들 어려운 날을 기대하겠습니까.
그러나 인간이 연약하여 믿음이 흔들리고 환경에 사로잡혀
나의 하루가 망가지는 날이 있다 하더라도 실망하지 말게 하소서.
나의 삶의 승리는 지금 있는 것이 아니라
마지막 날 최종적으로 주님께서 보장해 주신 승리이오니
하루의 실패나 고난에 좌절하지 말게 하소서.

오늘 하루 매 순간 주님께서 나와 함께계심을 기억하게 하소서.
잠깐의 실패와 넘어짐으로 내 인생을 모두 실패로 여기지 말게 하시고,
다시 일어나 주님의 손을 붙잡고 더 멋진 승리를 꿈꾸시는 주님과 함께
담대히 나아가게 하소서.
나와 함께하시고 지켜주소서.
나의 주 나의 승리되시는 예수 그리스도의 이름으로 기도합니다.
아멘!

:: 이것을 너희에게 이르는 것은 너희로 내 안에서 평안을 누리게 하려 함이라 세상에서는 너희가 환난을 당하나 담대하라 내가 세상을 이기었노라 (요한복음 16:33).

MAY 15

나를 존재하게 했던 스승들을 기억합니다

사랑의 하나님 아버지,
오늘 새로운 아침을 주심을 감사합니다.
이 아침을 선물로 받아 기쁨으로 누리게 하소서.

이 아침, 나를 존재하게 했던 스승들을 기억합니다.
스승의 이름으로 나의 인생 가운데 오셨던 분들도 나를 변화시켰지만,
비록 스승의 이름이 아닌 다른 이름으로 와서 나를 성숙하게 했던
사람들을 기억하며 감사하게 하소서.

나를 인정하고 격려하고 사랑했던 스승도 있었고,
나를 미워하고 이죽거리며, 괴롭혔던 스승도 있었습니다.
뒤돌아보면 인정하고 격려했던 스승보다 때로는 더 힘들게 했던 스승들로 인해
더 많이 성장했던 것 같습니다.

하나님께서 주신 모든 것은 버릴 것이 없음을 고백합니다.
그것이 달던 쓰던 감사하게 하시고, 인정하게 하시고, 받아들이게 하소서.
오늘도 내가 누군가의 인생을 괴롭게 하고 빈정거리는 스승이 아니라
사랑하고 격려하며 위로하는 올바른 스승의 모습을 갖게 하소서.
상사의 이름으로, 자녀의 이름으로, 부모의 이름으로, 친구와 가족의 이름으로
올바른 스승의 모습으로 변화되게 하소서.
내 삶의 완벽한 스승이셨던 예수 그리스도의 이름으로 기도합니다.
아멘!

:: 그리스도 안에서 일만 스승이 있으되 아버지는 많지 아니하니 그리스도 예수 안에서 내가 복음으로써 너희를 낳았음이라 (고린도전서 4:15).

MAY 16

하나님을 오해하고 있음을 알게 하소서

나를 사랑하시는 하나님 아버지
하늘보다 높으신 사랑으로, 바다보다도 더 깊으신 사랑으로
오늘 나를 깨우시고 하루를 시작하게 하심을 감사합니다.

내게 주어진 모든 것에 감사하게 하소서.
지금 나에게 어떤 종류의 결핍이 있든지 상관없이 이 모든 것들이
하나님께서 나를 사랑하지 않는 것을 증명하는 증거들이 아니라는 것을
확실히 알게 하소서.
하나님 아버지를 깊이 알지 못하여서 나를 사랑하지 않는다고
오해하고 있음을 깨닫게 하소서.
아들을 죽게 하시고 나를 천국에 갈 수 있게 하셨다면
이제 와서 새삼스레 나를 미워하고
아주 작은 것들을 빼앗아 고소해 하실 분이 아니라는 것을 매 순간 믿게 하소서.
십자가에 대한 참 믿음을 갖게 하소서.

주님은 나를 방치하지 않으시는 분이시며,
언제나 눈동자와 같이 돌보시고 인도하고 보호하고 계심을 믿습니다.
주님은 모든 것을 아시며 불의한 세상에서 최선의 것으로
나를 회복시키시는 분이심을 믿습니다.
오늘 나의 모든 감사와 기쁨과 찬양과 영광을 주님께 돌리며 하루를 시작합니다.
나의 주인 되신 예수 그리스도의 이름으로 기도합니다.
아멘!

:: 너희가 악한 자라도 좋은 것으로 자식에게 줄 줄 알거든 하물며 하늘에 계신 너희 아버지께서 구하는 자에게 좋은 것으로 주시지 않겠느냐 (마태복음 7:11).

MAY 17

나를 향한 선하고 아름다운 계획

하나님 아버지,
오늘도 귀한 하루 허락해 주심을 감사합니다.
오늘도 이 하루를 맑은 마음으로 맞이합니다.
새로운 하루를 시작할 수 있는 힘찬 마음을 허락해 주소서.

하나님께서 나에게 주신 분깃에 감사하게 하시고,
비교함으로 불행해지는 일이 없게 하소서.
하나님께서 나를 향하여 가지고 계신 선하고 아름다운 계획을 믿습니다.
그 계획안에서 나만의 시간과 나만의 계획을 믿고 신뢰하게 하소서.
다른 이들의 모습과 비교하여 부족하다 생각하지 말게 하시며
오늘 나에게 주어진 날을 최선을 다하여 살게 하소서.

오늘도 건강을 지켜 주시고,
하나님을 향한 갈망과 세상을 향한 열정을 허락해 주소서.
믿음 없음을 불쌍히 여기셔서 언제나 견고한 믿음을 갖게 하시고
나에게 허락하신 주님의 선물들이 얼마나 많은지 세어 보고
매 순간 감사하는 하루 되게 하소서.

주님께서 순탄한 길로 인도하소서.
열매를 맺게 하시는 이는 아버지이시니 열매 맺는 하루를
살 수 있도록 인도하소서.
언제나 나를 지키시고 인도하시는 예수 그리스도의 이름으로 기도합니다.
아멘!

:: 아침에 주의 인자하심이 우리를 만족하게 하사 우리를 일생 동안 즐겁고 기쁘게 하소서
(시편 90:14).

MAY 18

인정받기보다는 인정해 주는 하루

나를 사랑하시는 하나님 아버지,
일용할 양식과 오늘의 쓸 힘과 필요한 것들을 공급해 주시니 감사합니다.
오늘도 이른 아침 아버지의 힘을 입어 새로운 마음으로 시작합니다.
눈에 보이는 모든 것을 바라보며 축복할 수 있는 하루가 되게 하소서.

내게 주어진 모든 것이 과분한 것임을 주님께 고백합니다.
나에게 필요한 것보다 훨씬 더 많은 것을 가지고 있음을 고백합니다.
내가 가지고 있는 자격보다 더 많은 사랑을 받고 있음에 감사합니다.
내가 한 일보다 더 좋은 평가를 받고 있음에 감사합니다.
내가 생각하지도 못한 많은 것을 누리고 있음을 주님께 고백합니다.
모든 것이 주님께서 주신 것이고 누리게 하신 것임을 고백합니다.
그래서 오늘은 인정받기보다는 인정해 주는 하루가 되게 하소서.

수고하는 모든 손길을 인정해 주고 칭찬하게 하소서.
내 곁에 존재하는 모든 것들의 존재 자체를
인정해 주고 감사를 전하는 하루가 되게 하소서.
사랑 받기보다 더 많이 사랑해 주는 하루가 되게 하소서.
내가 받기보다 더 많이 줄 수 있는 날이 되게 하소서.
오늘 하루쯤은 조건 없이 받아주고 사랑해 주고 인정해 주는 하루가 되게 하소서.
나의 주 나의 모든 것을 아시는 예수 그리스도의 이름으로 기도합니다.
아멘!

:: 형제를 사랑하여 서로 우애하고 존경하기를 서로 먼저 하며 (로마서 12:10).

MAY 19

실수가 없으신 하나님

언제나 나와 함께하시는 하나님 아버지,
매일 아침 새로운 은혜로 하루를 시작하게 하시니 감사합니다.
하루를 살면서 순간의 결정을 해야 할 시간 가운데도
함께하셔서 오늘의 만족스러운 은혜를 가득 채워 주소서.

어제까지의 모든 짐스러운 근심들을 이 아침 털어버리게 하시고,
오늘은 마치 처음 맞이하는 날처럼,
마치 새로운 장소에 이사를 가서 기대감으로 맞이하는 아침처럼
그런 아침이 되게 하소서.

해야 하는 일들이 중압감으로 다가오는 것이 아니라 기대감으로 다가오게 하소서.
나에게 주어지는 책임들이 짐으로 느껴지는 것이 아니라
신뢰의 무게로 감사함으로 다가오게 하소서.
풀리지 않는 일들로 인해 하는 일마다 안 된다고 우울해하는 것이 아니라
나에게 아직은 시간이 더 필요하다는 마음으로 인내하게 하소서.

하나님이 하시는 일에는 실수가 없으심을 믿습니다.
내가 느끼는 하나님의 수많은 실수들은 결국 나의 실수였음을 알게 하시고
하나님께 실수를 떠넘기는 일이 없게 하소서.
오늘 수많은 결정을 하기 전에
실수가 없으신 하나님께 여쭙게 하시고 기도로 주님과 대화하게 하소서.
오늘을 주님께 올려드립니다.
나의 주 나의 완전한 신 되시는 예수 그리스도의 이름으로 기도합니다.
아멘!

∷ 여호와와 그의 능력을 구할지어다 항상 그의 얼굴을 찾을지어다 (역대상 16:11).

MAY 20

내 눈앞에 주님이 계신 것처럼

하나님 아버지,
오늘도 귀한 시간을 선물로 허락하신 주님의 은혜에 감사합니다.
즐거운 사람에게는 하루가 너무 빨리 지나가지만,
힘들고 어려운 사람에게는 하루가 너무 긴 시간임에도 불구하고
결국 그 하루는 지나가고 또 새로운 하루를 맞이하게 하심을 감사합니다.
즐겁고 기쁜 자에게 더 긴 하루가 되게 하시고,
오늘도 힘들고 어려워 자신의 힘으로 어쩔 수 없는 상황가운데 있는 자들에게
짧고 가벼운 하루가 되는 축복을 허락하소서.

오늘 하루 하나님 아버지를 내 앞에 모셔두고 사는 하루가 되길 원합니다.
내 눈앞에 주님이 계신 것처럼 이 하루를 살게 하소서.
내가 있는 장소와 내 앞에 있는 사람들과 내가 처한 상황들과 상관없이
나의 앞에 항상 주님이 계신 것을 느끼고 바라보며 사는
은혜의 하루가 되게 하소서.
그래서 내가 교만하고 싶을 때에 선하고 아름다운 주님의 눈을 바라보며
겸손하게 하시고 내가 낙망하고 싶을 때에 희망으로 가득한
주님의 눈을 바라보며 새로운 용기와 담대함을 얻게 하소서.

주님을 바라볼 때 새로운 용기와 힘을 얻을 것을 믿습니다.
만약 주님의 눈을 바라볼 수만 있다면 그 바라보시는 눈 안에
얼마나 큰 사랑과 소망이 가득할지 상상하며 오늘 하루 담대히 살게 하소서.
나의 모든 소망 되시는 예수 그리스도의 이름으로 기도합니다.
아멘!

:: 낮에는 구름 기둥으로 인도하시고 밤에는 불 기둥으로 그들이 행할 길을 그들에게 비추셨
사오며 (느헤미야 9:12).

도움을 구하는 손길을 거절하지 말게 하소서

여전히 사랑이 많으신 하나님 아버지,
어제까지의 모든 짐과 걱정 근심을 내려놓고 이 아침에 주님 앞에 섭니다.

나의 모든 연약함과 죄악된 생각과 행동들,
그리고 아버지 앞에 부끄러운 모든 것들을
십자가의 은혜 앞에 내려놓고 은혜를 구합니다.
일만 새로운 일을 하는 것이 아니라, 나의 마음과 정신도 새롭게 하소서.
부정적인 모든 생각을 버리게 하시고,
낙망되고 포기하고 싶은 마음들을 내려놓게 하소서.

이 땅 가운데 있는 수많은 슬픈 일들 가운데 주님의 긍휼을 구합니다.
우리 주변에 상처받는 많은 사람들이 있습니다.
그들을 불쌍히 여겨 주시고 주님께서 함께하소서.
오늘 나의 삶의 자리에서 하나님의 나라를 이루기 위해 최선을 다하는
우리의 작은 몸부림이 이 세상을 바꿔나가게 하소서.
오늘 나의 삶의 자리에서 도움을 구하는 손길을 거절하지 말게 하시고,
내가 가진 것이 무엇이든 함께 나눔으로 위로할 수 있는 하나님의 자녀 되게 하소서.

오늘 부족하고 여전히 죄 가운데 있는 연약한 하나님의 자녀이지만,
포기하지 않고 하나씩 하나님의 나라를 위해 애쓰는 모습으로 살게 하소서.
나의 주인 되시는 예수 그리스도의 이름으로 기도합니다.
아멘!

:: 온 율법은 네 이웃 사랑하기를 네 자신 같이 하라 하신 한 말씀에서 이루어졌나니
(갈라디아서 5:14).

MAY 22

주님이시라면 어떻게 하실지 기도합니다

신실하신 하나님 아버지,
언제나 동일한 사랑으로 함께하시는 아버지,
오늘 아침에도 주님을 만나 기도하게 하심을 감사합니다.
매일 아침 이 시간이 주님을 나의 자리에 모시고 오늘 나의 존재함에 감사하며,
오늘 내가 해야 할 일들을 주님께 상의 드리고
주님과 교제 나누는 귀한 시간 되게 하소서.

오늘 만나야 하는 사람들에게 어찌 하기 원하시는지,
오늘 해야 하는 일들에 주님은 동의하시는지,
주님이시라면 어떻게 하실지 매 순간 기도하게 하소서.
나의 힘이 아무리 강한 때라도 주님께 묻지 않고 하는 일이 없게 하시고,
나의 모든 기력이 쇠하여 할 수 없는 때에도
주님께 묻고 동의하신다면 반드시 힘주실 줄 믿고 행하게 하소서.

주님과 만나는 이 시간이 나의 힘의 원동력이 되게 하소서.
주님을 진심으로 나의 마음 가장 중심에 모시고
새롭게 달려가는 하루 되게 하소서.
주님을 모시지 않고 먼저 달리는 일 없게 하소서.

그 주님의 뜻을 따라 오늘도 내가 선 자리에서 주님의 빛이 되기 원합니다.
오늘 하루를 주님께 올려드립니다.
나의 모든 빛이 되시는 예수 그리스도의 이름으로 기도합니다.
아멘!

:: 중심에 진실함을 주께서 원하시오니 내 속에 지혜를 알게 하시리이다 (시편 51:6).

MAY 23

말씀 앞에 있는 그대로 살게 하소서

영광의 하나님 아버지,
귀하고 아름다운 하루를 주시고,
나로 주님의 보좌 앞에 나아갈 수 있는 은혜를 주심에 감사합니다.
오늘 이 아침에는 하나님의 영광이 얼마나 아름답고 찬란한 것이며,
주님의 보좌 앞에 나아가 주님의 영광을 바라볼 수 있는 은혜가
얼마나 귀한 것인지를 먼저 기억하게 하소서.

오늘도 내가 서있는 그 자리에 하나님의 분신으로서 서게 하시고,
내가 하는 모든 일들 가운데 하나님의 영광이 드러나는
거룩한 하나님의 자녀로서의 삶을 살게 하소서.
내가 땅에 있다고 땅의 것을 부러워하고 모으며 사는데
여념이 없게 하지 마소서.

오늘도 주님의 말씀 앞에 있는 그대로 살게 하셔서
내가 더하거나 빼거나 내 마음대로 바꾸면서
오늘 나의 욕심과 타협하는 일이 없게 하소서.
내가 돌아갈 곳이 주님 앞의 영광의 그 자리임을 기억하고,
오늘도 하나님을 사랑하고 내 이웃을 내 몸과 같이 사랑하며 사는 하루 되게 하소서.
주님의 보좌에서 흘러나오는 그 생수가
오늘도 나를 적시며 생명을 불어넣어 주실 줄을 믿습니다.
나의 주 나의 생수의 강이 되시는 예수 그리스도의 이름으로 기도합니다.
아멘!

:: 말씀이 육신이 되어 우리 가운데 거하시매 우리가 그 영광을 보니 아버지의 독생자의 영광이요 은혜와 진리가 충만하더라 (요한복음 1:14).

MAY 24

주님의 나라를 위해 쓰임 받는 하루

나의 꿈이 되시는 하나님 아버지,
찬란한 햇살이 비치는 아침을 주셔서 감사합니다.
언제나 좋은 것으로 나의 삶을 채우시는 아버지여,
오늘도 늘 동일한 은혜로 함께하셔서 나에게 주어지는 모든 것 안에
하나님의 향기로운 사랑이 담겨 있다는 것을 기억하게 하소서.

언제나 나의 꿈이 되어 주심을 감사합니다.
어느 순간에도 소망을 가질 수 있는 근거가 되시는 아버지,
주님으로 인하여 오늘도 꿈을 꾸게 하소서.
나의 앞에 있는 장애물을 치우시고, 나를 잡는 악의 무리에서 나를 보호하소서.
언제나 주님의 오른 팔로 나를 붙잡아 주셔서 쓰러지지 말게 하시고
좌절할 수밖에 없는 순간에도 꿈을 꾸게 하소서.

말씀으로 모든 것을 창조하신 하나님의 능력 안에서
불가능한 것은 없음을 믿습니다.
그 무엇보다 하나님의 나라가 이 세상 가운데 임할 때에
그 한 가운데 나도 주님을 찬양하며 설 수 있도록
오늘 하루가 주님의 나라를 위해 쓰임 받는 하루 되게 하소서.

오늘 나에게 주신 일이 나의 사명이며 하나님의 명령임을 믿습니다.
그 일 가운데 매 순간 꿈을 놓치지 않고 희망을 향해 달려가게 하소서.
나의 모든 소망이 되시는 예수 그리스도의 이름으로 기도합니다.
아멘!

:: 나로 주의 택하신 자의 형통함을 보고 주의 나라의 기쁨으로 즐거워하게 하시며 주의 기업과 함께 자랑하게 하소서 (시편 106:5).

MAY 25

주님의 모습이 오늘 나를 통하여 드러나게 하시고

나의 성벽이 되시는 주님,
오늘도 새로운 날을 주심에 감사합니다.
새로운 날에 새로운 은혜로 저희에게 갚으시고
언제나 신실하게 보호하심을 기대하고 감사드립니다.

오늘 내가 만나는 모든 이들을 향하여 주님의 사랑을 전하며
그것을 보일 수 있는 자녀 되게 하소서.
그들이 나를 사랑하든지 나를 사랑하지 않든지 상관없이
나는 나의 믿음의 길을 가며 믿음의 본을 보일 수 있게 하소서.

나의 믿음도, 나의 삶도 늘 상대적이고 가변적인 것이 아니라
언제나 절대적이며 한결같은 것이 되게 하소서.
내가 서 있는 그 자리에 주님께서 함께 서 계시고,
내가 앉아 있는 이 자리에 주님께서 함께 앉아 계심을 믿습니다.

오늘도 언제나처럼 주님께서 주신 선물의 하루임을 고백합니다.
저녁에 되었을 때에 주님을 더욱 찬양하며,
주님께서 하신 일을 높여 드릴 수 있는 날이 될 줄 믿습니다.
내 안에 살아계신 주님의 모습이 오늘 나를 통하여 드러나게 하시고
세상을 향하여 비춰질 수 있게 하소서.
어두운 곳에서 존재함으로 빛의 역할을 감당하게 하소서.
오늘도 함께하실 주님을 찬양합니다.
나의 힘이 되시는 예수 그리스도의 이름으로 기도합니다.
아멘!

:: 너희가 전에는 어두움이더니 이제는 주 안에서 빛이라 빛의 자녀들처럼 행하라 (에베소서 5:8).

MAY 26

현실은 영적인 전쟁터임을 고백합니다

만군의 여호와 하나님,
오늘도 이 아침에 해야 할 모든 일들과 걱정들,
풀어야 할 문제들에 대한 대책, 많은 생각들을 다 내려놓고,
오직 빈 마음으로 주님 앞에 나아갑니다.
이 시간만큼은 주님께 집중하게 하시고 나의 영혼이 주님 앞에 나아가
회복되는 시간이 되게 하소서.

오늘도 축복의 하루를 살아가지만 현실은 영적인 전쟁터임을 고백합니다.
주님께서 나의 장수가 되어 주시고,
먼저 나가 싸우시는 분이 되셔서 나로 주님의 구원을 경험하며
주님을 찬양하는 하루가 되게 하소서.
평안하다는 이유로 나태하지 말게 하시고,
내가 싸워야 하는 분량의 영적 전투를 잘 싸워나가게 하소서.
나의 적이 누구인지 잘 분별하게 하셔서
엉뚱한 사람에게 칼을 휘두르는 일이 없게 하시고
보이지 않는 영적인 적들을 잘 분별하여 하나님 앞에 만용의 죄를 짓지 않게 하소서.

나의 영적인 전투는 인상 쓰고 강한 말을 하는 전투가 아니라
원수를 사랑하고 온유하며 선으로 악을 이기는 싸움임을 기억하게 하소서.
오늘도 주님을 의지합니다.
나의 주 나의 모든 것 되시는 예수 그리스도의 이름으로 기도합니다.
아멘!

:: 예수께서 하나님의 아들이심을 믿는 자가 아니면 세상을 이기는 자가 누구냐 (요한1서 5:5).

MAY 27

도망가는 자녀 되지 말게 하소서

사랑의 하나님 아버지,
오늘 아침에도 주님을 기억하고 기도합니다.
오늘 나의 마음 가운데 주님을 향한 나의 믿음과 신앙을 온전히 지키게 하소서.

오늘 나를 선택하셔서 하나님의 자녀 되게 하심에 다시 감사드립니다.
그리고 그 하나님의 사랑이 동일하게 오늘도
차고 넘치게 나에게 부어지고 있음을 믿습니다.
오늘 그 사랑을 받아 힘있게 살게 하소서.

언제나 주님을 사랑한다고 고백하고,
주님의 마음을 나의 마음 가운데 품는다고 고백했지만
뒤돌아보면 나는 언제나 겟세마네 동산까지만 갔었습니다.
그곳에서 마치 주님의 마음을 이해하고 슬퍼하는 양 했지만,
주님께서 골고다로 방향을 트시는 순간
나는 숨어버리고 피해버렸던 것을 고백합니다.
주님, 오늘은 그리 살지 않게 하소서.

나의 일평생에 겟세마네 동산에서 눈물만 흘리다가
도망가는 자녀 되지 말게 하소서.
오늘 내가 주님께서 가시는 골고다까지 함께 갈 수 있는 진짜 신자가 되게 하소서.
그래서 오늘 내가 좀 손해 보게 하시고, 오늘 내가 좀 양보하게 하소서.
오늘도 겟세마네에서 한발 떼어 골고다로 가는 하루를 기대합니다.
용기 주시고 마음에 넘치는 기쁨 주소서.
나의 구원자 되시는 예수 그리스도의 이름으로 기도합니다.
아멘!

:: 악인은 쫓아오는 자가 없어도 도망하나 의인은 사자 같이 담대하니라 (잠언 28:1).

MAY 28

나의 꿈을 나보다 더 잘 아시는 주님

나의 꿈이 되시는 하나님 아버지,
새로운 아침과 일어날 은혜 주신 아버지 감사합니다.
평안한 아침을 맞이할 수 있는 은혜를 위해 수많은 위험과 사건과 사고들로부터
나를 건지시고 보호하여 주심을 감사합니다.

때로는 내가 무엇을 원했었는지 스스로도 잊어버리고 길을 잃고
하루하루를 살아갈 때에 주님께서는 우리의 기도와 소망을 잊지 않으시고
신실하게 그 길로 인도하심을 믿습니다.

오늘 살아가며 선택하는 매 순간 하나님의 인도하심을 기억하고
그 뜻대로 가려고 노력한다면
결국 주님 안에서 꿈꿔왔던 나의 소망들이 가까워지고 있음을 기억하게 하소서.
나의 꿈과 멀어질 때에는 주님께서 "그 길이 아니란다."하시며
나의 가는 길을 막아주소서.
그래서 오늘 하루 주님께 의지하며 기도함으로 살아가게 하소서.

잘못된 길을 갈 때는 그 길이 막히게 하시고,
주님의 뜻을 따라 가는 길이 열려 나의 선택이 쉬워지게 하소서.
나의 꿈을 나보다 더 잘 아시는 주님께서 인도하시고 그 길을 견고하게 하소서.
오늘 주어진 모든 일들이 내 삶의 굳건한 계단이 될 줄 믿습니다.
그 계단 앞에서 주저하지 말게 하시고, 오늘을 기쁨으로 살아가게 하소서.
나의 주인 되시는 예수 그리스도의 이름으로 기도합니다.
아멘!

:: 내 마음이 약해 질 때에 땅 끝에서부터 주께 부르짖으오리니 나보다 높은 바위에 나를 인도 하소서 (시편 61:2).

MAY 29

나를 달가워하지 않는 상사가 있다면

은혜로 함께하시는 하나님 아버지,
어제의 모든 일들이 밤으로 정리되고 새로운 아침을 허락하심을 감사합니다.
어제의 모든 묵은 감정과 지루하게 느껴지는 처리되지 않은 일들을
주님 앞에 내려놓습니다.
그리고 주님 앞에 나 자신을 놓고 앉습니다.
나의 영혼이 아버지의 영혼 앞에서 아무런 걱정과 근심 없이 앉아
영혼의 재충전을 할 수 있는 시간이 되게 하소서.

눈코 뜰 새 없이 바쁜 나의 일상은 아직도 나에게 맡겨진 일이 많은,
나의 유능함을 인정받는 하루임을 고백합니다.
때로 질책 받는 나의 일상은 아직도 나를 사랑하는 사람이 많아
나를 더 좋게 고쳐 보려는 애정있는 사람이 있는 것임에 감사합니다.
나로 피곤한 육체를 느끼게 하는 나의 일상은 여전히
내가 살아있음을 증명하는 감사한 표증임에 감사합니다.
여전히 나를 달가워하지 않는 상사가 있다면
내가 직장을 다니고 있는 사회인이라는,
그리고 나를 가르쳐 줄 사람이 있다는 감사한 일임을 고백합니다.
부모님의 잔소리는 그분들이 생존해 계시다는 놀라운 은혜임을 고백합니다.

이 세상의 모든 것들이 하나님의 존재를 증명하고 있고,
주님이 나와 함께하심을 알려주고 있으니 감사합니다.
오늘도 입술의 감사와 찬양이 넘쳐나는 하루 되게 하소서.
나에게 대체 불가능한 완전한 사랑을 주시는 예수 그리스도의 이름으로 기도합니다.
아멘!

:: 여호와의 영이 그들을 골짜기로 내려가는 가축 같이 편히 쉬게 하셨도다 주께서 이와 같이
주의 백성을 인도하사 이름을 영화롭게 하셨나이다 하였느니라 (이사야 63:14). .

MAY 30

어떤 여건과 상황 속에서도

하나님 아버지,
오늘도 주님의 은혜로 하루를 시작하게 하심을 감사합니다.
나 같은 죄인을 구원하시고 오늘을 살게 하시며 그 십자가의 은혜가
오늘도 동일하게 베풀어져서 살 수 있는 힘을 주신 아버지 감사합니다.
아버지의 그 크신 은혜를 입고 사는 오늘은 내가 덤으로 사는 하루임을 고백합니다.

그 은혜가 힘이 되어서 오늘 나의 하루가 어떠하든지 어떤 여건과 상황 속에서도
주님을 찬양할 수 있게 하소서.
내 평생 무엇을 하여도 주님께 갚을 수 없는 은혜의 빚을 지고 살면서
마치 내가 꾸어준 사람처럼 아버지를 향해 원망하고 불평하는
염치없는 삶을 살지 말게 하소서.
오늘 내가 행복할 수 있다면 넘치는 은혜 위에 더 넘치는 아버지의 사랑이요,
오늘 내가 힘겨운 하루를 보낸다면
넘치는 은혜 위에 견딜 힘 주신 아버지의 사랑임을 기억하게 하소서.
오늘도 보너스로 주어진 하루에 감사합니다.

당연한 것이 아니라 철저한 주님의 은혜임을 고백합니다.
그래서 더 주님의 은혜에 보답하는 마음으로 살기 원합니다.
판단하고 정죄하기보다 사랑하고 감싸 안는 하루가 되게 하소서.
게으르고 무기력하기보다 오늘이 나의 마지막 날인 것처럼 열정적으로 살게 하소서.
나를 위해 십자가에 달리신 예수 그리스도의 이름으로 기도합니다.
아멘!

:: 비록 무화과나무가 무성하지 못하며 포도나무에 열매가 없으며 감람나무에 소출이 없으며 밭에 먹을 것이 없으며 우리에 양이 없으며 외양간에 소가 없을지라도 나는 여호와로 말미암아 즐거워하며 나의 구원의 하나님으로 말미암아 기뻐하리로다 (하박국 3:17-18).

MAY 31

모든 지킬 만한 것들 중에 더욱 네 마음을 지키라

사랑의 하나님 아버지,
피곤한 하루를 지나가게 하시고,
오늘을 기대하는 마음으로 시작할 수 있는 은혜 주심에 감사합니다.

오늘 하루 무엇을 하든지 좌로나 우로나 치우치지 않게 하셔서
하나님의 중심에서 벗어나는 일이 없게 하소서.
어려움을 당하여 힘든 시간을 지나가고 있는 사람에게는
평안한 마음과 힘과 위로를 주시고
기쁜 일을 맞이하여 새 활력을 얻은 사람에게는
더 좋은 길을 열어 주셔서 힘차게 달려갈 수 있는 은혜를 주소서.

모든 지킬 만한 것들 중에 더욱 네 마음을 지키라 하셨으니
나의 생명의 근원이 마음에서 나오는 것임을 기억하게 하소서.
나의 생각하는 것이나 말하는 모든 것이 나의 마음에서 나오면
내가 어떻게 마음먹느냐에 따라 오늘 하루, 나의 인생이
달라질 수 있음을 기억하게 하소서.

오늘도 주님의 말씀을 마음에 새기고 살아가는 하루 되게 하소서.
매일 아침 새로운 힘과 은혜로 채우시고
오늘도 어제의 고단함과 무거움을 다 털어 버리고
새로운 에너지로 살아갈 수 있는 생수의 강을 허락하소서.
나의 주 나의 모든 것 되시는 예수 그리스도의 이름으로 기도합니다.
아멘!

:: 만군의 하나님이여 우리를 회복하여 주시고 주의 얼굴의 광채를 비추사 우리가 구원을 얻게 하소서 (시편 80:7).

직.장.인.을.위.한.묵.상.

편애하지 말고
항상 축복의 말을 하십시오

창세기 | 25장 27-34절

27 그 아이들이 장성하매 에서는 익숙한 사냥꾼이었으므로 들사람이 되고 야곱은 조용한 사람이었으므로 장막에 거주하니
28 이삭은 에서가 사냥한 고기를 좋아하므로 그를 사랑하고 리브가는 야곱을 사랑하였더라
29 야곱이 죽을 쑤었더니 에서가 들에서 돌아와서 심히 피곤하여
30 야곱에게 이르되 내가 피곤하니 그 붉은 것을 내가 먹게 하라 한지라 그러므로 에서의 별명은 에돔이더라
31 야곱이 이르되 형의 장자의 명분을 오늘 내게 팔라
32 에서가 이르되 내가 죽게 되었으니 이 장자의 명분이 내게 무엇이 유익하리요
33 야곱이 이르되 오늘 내게 맹세하라 에서가 맹세하고 장자의 명분을 야곱에게 판지라
34 야곱이 떡과 팥죽을 에서에게 주매 에서가 먹으며 마시고 일어나 갔으니 에서가 장자의 명분을 가볍게 여김이었더라

―

오늘 본문은 아브라함의 아들인 이삭이 늙었을 때에 일어난, 이삭의 두 아들인 에서와 야곱의 이야기입니다.
사냥에서 돌아온 에서가 배가 고프니까 팥죽을 끓이던 야곱에게 자신의 장자의 축복을 팔아 넘기고 팥죽 한 그릇을 얻어 먹는 내용입니다.

자기 입맛에 맞는 대로 편애하는 것은 잘못된 것입니다
이삭은 큰 아들이 잡아주는 고기가 맛있어서 에서를 사랑하고, 리브가는 작은 아들이 부엌에서 맨날 도와주니 야곱을 사랑합니다. 여기서 문제가 생깁니다. 여러분은 사람을 내 입맛에 맞는 대로 편애하지 않으십니까? 내 성향과 맞는, 내 생각과 맞는, 내가 좋아하는 것을 자주 공급해 주는….
편애는 불공평의 근원입니다. 편애는 다툼의 씨앗입니다. 가정에서도, 회사에서

도 이간질과 다툼이 나는 것은 모두 편애 때문입니다. 자녀든 직원이든 내 입맛에 맞지 않는다고 편애하셨다면 당장 멈추십시오. 그 일로 인해 다툼이 일어날 것입니다.

자신의 형편을 과장하지 마십시오
에서는 사냥하고 돌아와서 야곱의 제안에 답하며, 자기가 죽게 되었다고 말합니다. 세상에 한 끼 굶어서 죽는 사람은 없습니다. 그럼 에서는 뭐죠? 한없이 과장하는 것입니다. 즉, 경솔한 거죠. 왜 이것이 문제인지 아십니까?
상황을 과장하는 것은 잘못된 판단을 종용하기 때문입니다.
에서의 허기짐이 에서 자신과 그 모든 자손의 축복을 맞바꿀 만큼은 절대 아니었습니다.

여러분은 스스로의 상황을 과장해서 자기 연민에 빠지지는 않았습니까? 혹은 다른 사람에게 너무 과장해서 설명하지는 않으시나요? 그것이 자신이든, 남이든 과장된 피해의식은 너무 큰 대가를 치르는 오류를 만들어냅니다. 조금 더 냉정하게 자신을 돌아보시기 바랍니다.

말에는 힘이 있습니다
하나님의 결정적인 판단 한가지가 있습니다.
"에서가 장자의 명분을 가볍게 여김이었더라" 그는 말 한마디가 무슨 의미가 있을까 생각했습니다. 마치 장난처럼 "그래, 그래 장자의 축복 너 줄게." 하고 죽 한 그릇 먹었습니다. 근데 아십니까? 진짜 에서와 그 후손의 모든 장자가 받은 축복이 그 말 한마디에 모두 달아났다는 것을요.
가벼운 말은 가벼운 마음에서 나옵니다. 말에는 힘이 있습니다. 따라서 항상 말을 조심해서 사용해야 합니다. 그 힘이 다른 사람에게, 또 나에게 치명적 영향을 끼칠 수 있기 때문입니다.
여러분은 하나님이 없다고 생각되시나요? 그래도 항상 말은 조심하시기 바랍니다. 만의 하나 있으면 큰일 날 일 아닙니까. ☺

오늘도 내가 가진 작은 것들을 소중히 여기며 내 입맛에 맞건 맞지 않건, 편애하지 마시고 축복의 말을 하시는 여러분 되길 바랍니다.

JUNE / 06

너는 마음을 다하여 여호와를 신뢰하고
네 명철을 의지하지 말라
너는 범사에 그를 인정하라
그리하면 네 길을 지도하시리라
_ 잠언 3:5-6

이 달 의 기 도 제 목

-
-
-
-
-

JUNE 1

은혜와 감사의 증거

사랑의 하나님 아버지,
오늘도 은혜의 아침을 주심을 감사합니다.
눈을 뜨고 제일 먼저 주님을 생각하게 하시고,
주님을 기억하며 하루를 시작하게 하소서.
어제도 지켜주셔서 안전하게 하시고, 특별한 일이 없게 하심을 감사합니다.

어머니의 쭈글쭈글한 손을 바라보며 추하고 못났다고 눈살을 찌푸리지 않고
어머니의 사랑에 대한 감사와 은혜가 떠오르는 것처럼
주님의 십자가가 처참하고 피하고 싶고 부담스러운 것이 아니라
은혜와 감사의 증거라는 마음으로 언제나 감동받게 하소서.

오늘도 나의 하루가 때로는 쭈그러지고 지치고 힘들 수도 있으나
그럼에도 아름다울 수 있다는 것을 기억하게 하소서.
그래서 오늘도 남들 앞에 자랑할 것이 있을 때 감사하기보다는
비록 남들을 위해 낮아지고 고생하더라도 감사하게 하소서.
더 높은 가치의 아름다움을 추구할 수 있는 믿음과 헌신을 허락하소서.

오늘도 향방을 알 수 없는 이 나라와 몸살을 앓고 있는 사회,
아슬아슬한 것 같은 가정과 자녀들을 주님의 안전한 품에 품어주소서.
이 세상 어느 곳보다 주님의 품이 가장 안전하다는 것을 믿고
다시 힘을 내어 살아가게 하소서.
이 세상 무엇보다 아름다우신 예수 그리스도의 이름으로 기도합니다.
아멘!

:: 주의 권능의 날에 주의 백성이 거룩한 옷을 입고 즐거이 헌신하니 새벽 이슬 같은 주의 청년들이 주께 나오는도다 (시편 110:3).

JUNE 2

주님의 진리가 나의 길이 되어 주시고

나의 길 되시는 하나님 아버지,
내가 만들어 낼 수 없는 신선한 아침과 햇살을 선물로 허락해 주심에
오늘도 감사를 드립니다.
이 아침에 내가 다 알 수 없는 주님의 은혜를 기억하며 주님을 찬양합니다.

오늘도 새로운 하루를 시작하며 주님을 찬양하고
나의 입술이 찬양을 통하여 정화되게 하소서.
나의 고집과 편견, 나의 유익과 소득,
나를 위한 것들을 위해 사용되었던 나의 입술이
이 기도 시간 만큼은 멈추어지게 하소서.
이 시간 하나님을 기억하며 주님을 찬양하고 주님께 감사드리는 데에만
온전히 나의 입술이 사용되게 하소서.
지금까지 입술로 지었던 모든 이기적인 죄악들을 용서하시고
다시 새롭게 시작하는 마음으로 입술의 기도를 드리게 하소서.

오늘도 나의 가는 길을 주님께 맡겨 드립니다.
주님의 진리가 나의 길이 되어 주시고 내가 가는 발걸음의 빛이 되어 주소서.
어제까지 하나님의 뜻인 것을 알면서 가지 않았던 길을 오늘은 가기 원합니다.
오늘도 진리의 길 위에 서 있게 하시고 벗어나는 순간 깨닫게 하소서.
찬양 받으시기 합당하신 예수 그리스도의 이름으로 기도합니다.
아멘!

:: 그러므로 생명을 사랑하고 좋은 날 보기를 원하는 자는 혀를 금하여 악한 말을 그치며 그 입술로 거짓을 말하지 말고 (베드로전서 3:10).

JUNE 3

내게 능력 주시는 자 안에서

사랑이 많으신 나의 아버지,
이렇게 아름다운 아침을 주심에 감사합니다.
부서지는 햇살을 맞으며 어떤 인간도 만들어 낼 수 없는
자연의 아름다움이 모두 우리에게 주어진 선물이라는 것에 감사를 드립니다.
이 세상의 어떤 값비싼 보석으로도, 어떤 귀한 선물과도 비교할 수 없는 이 하루가
매일 나에게 주어지는 최고의 선물임을 깨닫게 하소서.

오늘도 새로운 힘을 입어 담대히 나아가는 하루가 되기 원합니다.
내게 능력 주시는 자 안에서
이 모든 것을 감당할 수 있다는 믿음으로 일어나게 하소서.
주님께서 지금 주신 것이 부라면 부를 다스리게 하시고,
주님께서 지금 주신 것이 가난이라면 가난을 감당하게 하소서.
주님께서 오늘 주신 것이 휴식이라면 그 휴식을 누리게 하시고
주님께서 오늘 내게 주신 것이 일이라면 그 일을 성취하게 하소서.
오늘 나에게 주신 모든 것을 감당할 능력이 하나님 안에 있음을 믿습니다.
등 떠밀어 나 혼자 가라시는 것이 아니라
그 길을 함께 가 주신다고 약속하신 동행의 길이니
두려워 말게 하시고 그 어느 때보다 힘찬 발걸음으로 하루를 시작하게 하소서.

오늘 세상을 향하여 내가 나의 힘으로 사는 것이 아니라
하나님의 힘으로 살고 있음을 증명하는 하루 되게 하소서.
나의 주 나의 모든 힘의 근원 되시는 예수 그리스도의 이름으로 기도합니다.
아멘!

:: 내게 능력 주시는 자 안에서 내가 모든 것을 할 수 있느니라 (빌 4:13).

JUNE 4

빛의 존재를 드러내는 삶

나의 빛이 되신 하나님 아버지,
오늘도 어두움을 뚫고 빛으로 임하는 아침을 맞게 하시니 감사합니다.
매일 아침마다 우리는 주님의 승리를 몸으로 맛보고 있음을 고백합니다.

나를 빛이라 말씀 하셨으니 내가 존재하는 그곳에 어떤 어두움이 머무르건 간에
모두 물러가게 하시고 빛이 노력해서 어두움이 물러가는 것이 아니라
빛은 존재함만으로도 어두움이 물러간다는 것을 기억하게 하소서.
그래서 내가 빛만 쫓아다니며 사는 삶이 아니라
좀 더 어두운 구석에 다가가 빛의 존재를 드러내는 삶이 될 수 있도록 하소서.

나의 삶이 편하고 좋은 곳, 좋은 사람들만 많은 곳에 머물려고 하는 게 아니라
비록 힘들고 어려워도 그곳에서 더 큰 역할을 할 수 있다면
조금 더 어두운 곳을 선택할 수 있는 용기를 주소서.

오늘도 승리로 시작하게 하신 하나님 감사합니다.
주님께서 하셨던 것처럼 나의 하루의 삶에도 악한 영들을 물리치고
어두운 세력을 무너뜨리는 승리의 하루를 허락하소서.
나의 힘으로 하는 것이 아니라 주님의 힘으로 하는 것이오니 도망가지 말게 하시고
담대하게 하셔서 이기는 하루를 살게 하소서.
나의 승리 되시는 예수 그리스도의 이름으로 기도합니다.
아멘!

:: 다시는 네 해가 지지 아니하며 네 달이 물러가지 아니할 것은 여호와가 네 영원한 빛이 되고
   네 슬픔의 날이 끝날 것임이라 (이사야 60:20).

JUNE 5

주님께서 나에게 주신 재능이 있다면

나의 주권자 되시는 하나님 아버지,
오늘도 소중한 하루를 허락해 주심을 감사드립니다.
매일 반복되는 하루이지만, 그 하루가 한 번도 같은 날이 없고
나의 계획과 뜻대로 모두 이루어진 날이 없으니
모든 날들이 주님께 속해 있음을 믿고 인정하며 감사드립니다.

주님께서 나에게 주신 재능이 있다면
그것이 무엇이든지 간에 하나님을 위해 사용할 수 있는 날이 되게 하소서.
오랫동안 내가 남들보다 잘하는 것이 있다면 그것이 나의 것이라고
착각하기 쉬우나 내가 가진 모든 것은 어느 것 하나 빠짐없이
주님께서 주신 것임을 인정하게 하소서.

너희가 먹든지 마시든지 다 주를 위해 하라고 하셨는데,
언제나 내가 먹고 싶은 것을 먹고 내가 마시고 싶은 것을 마시며
나를 위해 하는 것이라 생각하며 주저함이 없었음을 회개합니다.
오늘 비록 표면적으로는 나를 위해 하는 것들일지라도
가장 근본적으로는 하나님을 위해 하는 것임을 기억하고
내 삶의 목적을 분명히 하는 하루가 되게 하소서.

주님을 위하는 것이 가장 나를 사랑하는 최선의 방법임을 기억하게 하소서.
오늘도 어떤 상황에서든 하나님께 감사하게 하시고,
하나님의 뜻 안에 거하게 하소서.
나의 주 나의 모든 것의 주인 되시는 예수 그리스도의 이름으로 기도합니다.
아멘!

:: 너희가 모든 은사에 부족함이 없이 우리 주 예수 그리스도의 나타나심을 기다림이라
(고린도전서 1:7).

JUNE 6

기도를 통해 영혼의 결핍이 채워지게 하소서

만물을 창조하신 하나님 아버지,
오늘도 주님께서 만드신 모든 것을 누리며 하루를 시작하게 하심을 감사합니다.
이 아침에 태양이 떠오를 때마다 하나님의 사랑을 다시 확인하며
새 힘을 얻게 하소서.

오늘도 이 아침에 주님을 기억하고 주님을 생각합니다.
단 1분만이라도 아무런 생각이나 판단이나,
계획이나 조급한 마음 모두를 내려놓기를 원합니다.
그저 하나님의 존전에 나와 있다는 것만으로 나의 영혼이 만족을 누리게 하소서.

어느 순간부터 결재 받으려는 마음으로 하나님 앞에 서 있는 저희의 모습을 봅니다.
기도가 결재 받기 위한 수단이 되지 말게 하시고,
기도가 사랑하는 분과의 만남과 기대감이 될 수 있도록 변화시켜 주소서.
오늘 이 기도를 통하여 나의 영혼이 충족감으로 가득하기를 원합니다.
하나님과 교제하고 마주하는 이 기도의 시간이
나의 모든 결핍을 충족시키게 하소서.

내가 원하는 기도 제목이 이루어져서가 아니라
하나님의 존재만으로 나의 결핍이 해갈되게 하소서.
내가 원하는 뜻대로 이루어져서가 아니라
하나님의 존재만으로 기쁨과 감사가 넘치게 하소서.
나의 주인 되시는 예수 그리스도의 이름으로 기도합니다.
아멘!

:: 무엇이든지 구하는 바를 그에게서 받나니 이는 우리가 그의 계명을 지키고 그 앞에서 기뻐 하시는 것을 행함이라 (요한일서 3:22).

JUNE 7

주님의 능력이 드러나도록 일하는 자

사랑이 많으신 하나님 아버지,
주님의 위로가 어제의 하루를 마무리하게 하시고,
이 아침에도 주님의 은혜로 숨 쉬게 하심에 감사드립니다.
주님의 능력으로 이 아침 나를 채우셔서
오늘이 완전히 새로운 날이 될 수 있는 힘을 허락하여 주소서.

오늘은 행복한 날입니다.
여전히 주님이 나와 함께하셔서 행복한 날이고,
주님이 살아계시니 아직 모든 것에 소망이 있어서 행복한 날입니다.
주님이 오실 때까지 아직 할 일이 남아 있어서 행복한 날입니다.
아직은 나에게 주어진 시간이 남아 있어서 행복한 날이고,
마음먹기에 따라 더 기쁨을 누리고 감사할 수 있어서 행복한 날입니다.
환경과 상관없이 기쁨의 근원이 되시는 하나님으로 인해 행복한 날입니다.
날이 어두워도, 비가 와도, 해가 비쳐도, 바람이 불어도 오늘은 행복한 날입니다.

주님으로 인한 이 행복과 감사를 퍼뜨리는 사람 되게 하소서.
나의 겸손함으로 다른 사람을 높여 주는 사람이 되게 하소서.
나의 섬김으로 다른 사람을 편안하게 해 주는 사람이 되게 하소서.
오늘도 이 기도가 응답되게 하시고
세상을 변화시키되 주님의 능력이 드러나도록 일하는 자 되게 하소서.
오늘을 주님께 맡겨드립니다.
나의 기쁨의 근원 되시는 예수 그리스도의 이름으로 기도합니다.
아멘!

:: 우리가 알거니와 하나님을 사랑하는 자 곧 그의 뜻대로 부르심을 입은 자들에게는 모든 것이 합력하여 선을 이루느니라 (로마서 8:28).

JUNE 8

모든 걱정과 근심으로부터 자유하게 하소서

나의 성벽이 되시는 하나님 아버지,
오늘도 나의 성벽이 되어 주셔서 나를 안전하게 하시고
이제까지 지켜주심을 인하여 감사합니다.
주님께서 언제나 나의 곁에 계시니 나의 영혼이 평안을 누리게 하시고,
모든 걱정과 근심으로부터 자유하게 하소서.
나의 영혼을 흔들어 놓는 모든 상황에서 자유하게 하시고,
하나님을 인하여 감사하고 평안하며 기쁨으로 하루를 시작하게 하소서.

오늘도 하나님의 뜻이 이루어지는 자리 되게 하시고 그 일을 위해 쓰임 받게 하소서.
이 세상의 모든 악들은 너무 강하여서 마치 하나님의 나라가
임하지 못하게 할 충분한 힘이 있어 보이지만,
이 세상의 모든 악한 권세가 방해하여도 예수 그리스도는
완전한 승리로 인간을 구원하시고 하나님의 나라를 이 땅에 임하게 하셨습니다.
이미 경험한 그 구원이 우리에게 거울이 되어 오늘 내 삶의 자리에
하나님의 나라가 임하게 하는 데에 어떤 것도 방해할 수 없음을 선포하게 하소서.

이 담대함으로 하루를 시작합니다.
세상을 향하여 나의 영혼은 언제나 안전하고 평안하다 선포하게 하시고
오늘도 하나님의 일은 멈추어지지 않는다고
믿음의 고백을 드리는 하루 되게 하소서.
나의 주 나의 방패 되시는 예수 그리스도의 이름으로 기도합니다.
아멘!

:: 근심하는 자 같으나 항상 기뻐하고 가난한 자 같으나 많은 사람을 부요하게 하고 아무 것도 없는 자 같으나 모든 것을 가진 자로다 (고린도후서 6:10).

JUNE 9

담대하게 승리하는 하루

나를 이끄시는 하나님 아버지,
오늘도 귀한 아침을 허락하여 주심에 감사합니다.
매일이 하나님의 기적이며 하나님의 은혜임을 고백합니다.
오늘도 하나님을 가장 많이 닮은 하루가 될 수 있게 힘을 주소서.

오늘 만날 모든 장애물들 앞에 담대하게 선포합니다.
"큰 산아 네가 무엇이냐. 네가 스룹바벨 앞에서 평지가 되리라."
이 말씀처럼 오늘 나의 하루 가운데 이 선포가 이루어지게 하소서.
"큰 산아 네가 무엇이냐. 네가 나의 앞에서 평지가 되리라."
이 말씀처럼 담대하게 승리하는 하루가 되게 하소서.
언제나 나의 삶에 가장 선하고 아름다운 것을 예비하신 주님을 믿습니다.
그 믿음이 오늘을 담대하게 살게 하시고,
하나님 앞에서의 자존감과 하나님의 자녀로서의 존귀함이
여전히 아름답게 빛을 발하는 하루 되게 하소서.

오늘 해야 할 모든 일들 앞에 이 믿음으로 담대하게 하소서.
그리고 매 순간 주님께서 함께하심을 기억하게 하소서.
나의 담대함이 거칠고 사람을 막 다루는 것으로 오용되지 말게 하시고,
사람을 향하여는 사랑을 행하되 나의 일과 목표를 향하여는 담대하게 하소서.
주님께서 나의 지도자 되시고 나를 이끄시는 분이심을 믿고
오늘도 평안을 누리게 하소서.
나의 주 나의 지도자 되시는 예수 그리스도의 이름으로 기도합니다.
아멘!

:: 자녀들아 이제 그의 안에 거하라 이는 주께서 나타내신 바 되면 그가 강림하실 때에 우리로 담대함을 얻어 그 앞에서 부끄럽지 않게 하려 함이라 (요한1서 2:28).

JUNE 10

하나님의 기쁨을 따라 사는 하루

나의 곁에 계시는 아버지,
오늘도 나의 곁에서 나를 깨우시고, 나와 함께 출근하시며
나의 곁에 앉아 계시는 아버지께 감사를 드립니다.
보이지 않는 하나님이지만 언제나 곁에 계심을 믿습니다.
순간순간 잊을 때마다 다시 기억하며 주님과 동행하는 오늘이 되게 하소서.

나의 참된 안식과 휴식이 주님께로 온다는 것을 믿고 다시 힘을 내게 하소서.
온전히 주님 앞에 무릎 꿇고 순종하는 하루 되게 하소서.
좋은 일에도 감사하고, 좋지 않은 일에도 감사하며 웃을 수 있는 하루 되게 하소서.
안 좋은 일이 있다 하더라도 화를 품은 채 하루를 사는 일은 절대 없게 하소서.

주님께서는 분명히 큰 그릇보다는 깨끗한 그릇을 원하신다 하셨고,
그것을 분명히 알고 있음에도 불구하고 일평생 큰 그릇이 되기 위해
몸부림치며 사는 우리의 모습을 돌아보게 하소서.
큰 그릇이 되려고 노력하는 것의 반만이라도 깨끗한 그릇이 되기 위해
애쓰는 삶이 되게 하시고, 오늘도 나의 모습을 되돌아보는 하루가 되게 하소서.

결국 아는 것 따로, 행하는 것 따로 사는 내가 되지 말게 하시고,
성경의 말씀대로 하나님께서 귀히 여기시는 것을 좇아가는 내가 되게 하소서.
오늘도 불의와 타협하지 말게 하시고, 정도를 걷게 하시며, 사람을 의지하여
사람의 비위를 맞추는 삶이 아니라 하나님께 의탁하고
하나님의 기쁨을 따라 사는 하루 되게 하소서.
나의 주 나의 기준 되시는 예수 그리스도의 이름으로 기도합니다.
아멘!

:: 너희가 즐겨 순종하면 땅의 아름다운 소산을 먹을 것이요 (이사야 1:19).

JUNE 11

오늘은 오늘의 은혜가 기다리고 있음을 믿습니다

나의 집이 되시는 아버지,
오늘도 새로운 출발을 허락하시니 감사합니다.
힘찬 발걸음으로 다시 출근하여 새로운 하루를 시작합니다.
오늘도 주님께 모든 것을 의탁드리며 내가 해결할 수 있는 일과
내가 해결할 수 없는 모든 일들을 주님께 맡겨 드립니다.

집이 있기 때문에 오늘도 힘 있게 일하러 나갈 수 있으며,
피곤하고 지칠 때에 돌아갈 곳을 기억하며 소망을 갖게 됩니다.
아무리 좋은 곳에 여행을 다녀도 결국에 돌아갈 집을 생각하며
마음의 평안을 누립니다.
주님은 나의 돌아갈 곳이며 가장 힘들고 지쳤을 때 쉬고 싶은 안식처이십니다.
언제든 다시 안길 수 있는 품이 있어서 오늘도 박차고 나와
다시 열정의 하루를 살 수 있음을 고백합니다.

오늘은 오늘의 은혜가 기다리고 있음을 믿습니다.
오늘의 일용할 양식을 채워주시고 오늘의 영적 양식을 부어주소서.
만나는 자들마다 기쁨을 나눠주게 하시고, 축복의 언어를 표현하게 하소서.
언제나 똑같은 충성과 성실의 마음으로
오늘을 주신 주님을 향한 나의 믿음을 보이는 하루 되게 하소서.
나의 안식처 되시는 예수 그리스도의 이름으로 기도합니다.
아멘!

:: 그는 높은 곳에 거하리니 견고한 바위가 그의 요새가 되며 그의 양식은 공급되고 그의 물은 끊어지지 아니하리라 (이사야 33:16).

JUNE 12

최고의 행복을 누리는 하루

기적의 하나님,
오늘도 새로운 아침을 주신 아버지 감사합니다.
어제의 모든 무거운 마음을 내어 버리고 새로운 마음으로 시작하기 원합니다.
예수 그리스도의 십자가의 보혈로 나를 깨끗게 하시며
오늘 다시 새로운 피조물이 되어 마치 인생을 처음 사는 것처럼 시작하게 하소서.

오늘도 내가 믿는 것은 과학이나 물질이 아니라 하늘 아버지이며
아버지를 믿는 믿음임을 고백합니다.
세상은 우리로 하여금 더 많은 돈과 더 많은 지식과 발전하는 과학이
우리를 잘 살게 하고 윤택하게 할 것이라고 하지만,
우리를 살게 하는 것은 하나님의 사랑이요, 주님의 긍휼이요, 은혜임을
고백하고 확신하게 하소서.
그래서 하나님의 사랑을 받아들이고,
나도 하나님을 사랑하는 마음으로 최고의 행복을 누리는 하루가 되게 하소서.

하나님의 보호하심과 기묘한 인도하심과 놀라운 깨달음들이
모두 하나님께로부터 오는 기적임을 알고 기대하게 하소서.
오늘도 해야 하는 모든 일들 속에 하나님의 기적을 기대합니다.
주님의 손을 붙잡고 가는 이 하루의 길이 모험 가득한 소풍의 길과 같게 하소서.
나의 주 나의 모든 기쁨 되시는 예수 그리스도의 이름으로 기도합니다.
아멘!

:: 이스라엘이여 너는 행복한 사람이로다 여호와의 구원을 너 같이 얻은 백성이 누구냐 그는 너를 돕는 방패시요 네 영광의 칼이시로다 네 대적이 네게 복종하리니 네가 그들의 높은 곳을 밟으리로다 (신명기 33:29).

JUNE 13

하나님의 약속에 근거한 평안을 갖게 하소서

오늘도 은혜 주시는 아버지 하나님,
이 아침에도 성실하게 나와 함께하시고 은혜 주시는 아버지 감사합니다.
비록 몸은 피곤하지만 새로운 시간을 주신 아버지 감사합니다.
나의 영혼이 주님의 사랑으로 가득 채워짐으로
나의 마음과 육체를 지배하게 하소서.

주님께서 주시는 평안으로 가득한 아침 되기를 원합니다.
나의 모든 가는 길을 지키시며 인도하시는 주님께서
오늘도 "내가 너와 함께하리라" 약속하셨으니 그 약속을 믿고 평안하게 하소서.
긍정적인 마인드와 막연히 던져진 언어로 인한 평안이 아니라
하나님의 약속에 근거한 평안을 갖게 하소서.
작은 사건에 흐트러지는 연약한 평안이 아니라,
어떤 사건에도 흔들리지 않는 하나님의 말씀에 근거한 평안을 소유하게 하소서.

평안을 가진 자가 갖는 견고함과 침범할 수 없는 영적 권위가
임하게 하셔서 하나님의 사람으로서 품위를 지키게 하소서.
말만 하는 크리스천이 아니라 나의 모든 언행을 통해 하나님의 성품을 드러내는
참된 크리스천이 되게 하소서.
오늘도 담대한 마음으로 시작합니다.
주님의 손을 잡고 걸어갑니다.
나의 연약함을 담당하신 예수 그리스도의 이름으로 기도합니다.
아멘!

:: 평안을 너희에게 끼치노니 곧 나의 평안을 너희에게 주노라 내가 너희에게 주는 것은 세상이 주는 것과 같지 아니하니라 너희는 마음에 근심하지도 말고 두려워하지도 말라
(요한복음 14:27).

JUNE 14

"주님께서 하셨습니다!"라고 고백하는 하루

나의 희망이 되시는 주님,
오늘도 아침에 주님의 이름을 부릅니다.
나의 소망이 되시는 아버지여 내가 주님을 사랑합니다.
나의 주인이 되시고, 나의 피난처가 되시고,
나의 생명이 되시고 나의 삶의 이유가 되시는 주님을 찬양합니다.

나를 바라볼 때에는 소망이 없으나
주님께서 내 안에서 일하시니 모든 것이 희망적임을 고백합니다.
오늘도 온전히 나를 비우기만 한다면
오늘은 성공적으로 살 수 있는 하루가 될 것입니다.
오늘도 내 안의 모든 이기적인 자아와 나만의 플랜과
나의 자존심을 세우기 위해 계획했던 모든 것들과
하나님의 뜻에 합당치 못한 것들을 다 내려놓고 버립니다.

사랑과 소망과 믿음과 주님의 약속과
아버지의 능력을 가득 채워 오늘을 살게 하소서.
무엇이든지 옳은 길에 서게 하시고, 나의 입술을 열어 아름다운 말을 하게 하시고
나의 손을 펼쳐 사람들을 품어 안게 하소서.
그래서 오늘 잠자리에 들 때에 "주님께서 하셨습니다!"라고
고백하는 하루 되게 하소서.
그런 날을 기대하며 오늘도 새 힘을 냅니다.
나의 주 나를 채우시는 예수 그리스도의 이름으로 기도합니다.
아멘!

:: 만일 하나님이 그로 말미암아 영광을 받으셨으면 하나님도 자기로 말미암아 그에게 영광을 주시리니 곧 주시리라 (요한복음 13:32).

JUNE 15

오늘 내가 있는 자리에서

모든 것이 넘치시는 하나님,
하나님께서는 모든 것을 가지고 계시고 모든 것을 만드시는 분이십니다.
하나님 앞에 결핍은 없으며 언제나 차고 넘치는 분이심을 믿습니다.

오늘도 그 하나님을 의지하여 나의 모든 결핍을 내려놓고
풍성하신 하나님 앞에 무릎을 꿇습니다.
어제까지의 나의 모든 결핍을 주님께서 아시오니 이 모든 것을 채우소서.
하나님의 풍성하신 시간 앞에 오늘도 하루를 선물로 받습니다.
하나님은 풍요로우신데, 인간의 유한함과 불완전한 이 땅으로 인해
마치 하나님이 불완전한 것처럼 오해하지 말게 하소서.

인간의 악함과 불공평함으로 인해 하나님이 악하고 불공평하다 여기지 말게 하소서.
하나님께서 우리에게 선물로 주신 천국에 가는 날
이 모든 불의함에서 해방될 것을 믿습니다.
그 때까지 오늘 내가 있는 자리에서
하나님의 나라가 조금 더 온전해지기 위해 애쓰고 노력하는 하루 되게 하소서.

내가 가진 것이 내 손에 머물러 있는 것이 있다면 그것을 나누게 하소서.
그것이 물질이라면 물질을 이웃을 위해 흘려보내게 하시고,
내게 평안이 남아 있다면 나의 평안을 불안해 떠는 이웃과 함께 나누게 하소서.
내게 주어진 모든 환경 앞에 주님을 신뢰합니다.
나의 주인 되시는 예수 그리스도의 이름으로 기도합니다.
아멘!

:: 온전하게 행하는 자가 의인이라 그의 후손에게 복이 있느니라 (잠언 20:7).

JUNE 16

매 순간 숨겨놓으신 선물들을
무심하게 놓치지 말게 하소서

나의 노래가 되시는 아버지,
오늘도 새로운 아침을 주심에 감사합니다.
매일 아침을 맞이할 때마다 하나님은 늘 주시기만 하는데
나는 아버지께 드리는 것이 없음이 죄송합니다.

부족하지만 이 아침에 나의 마음과 나의 노래,
나의 고백들이 하나님을 기쁘시게 해 드리는 제물 되길 원합니다.
힘들 때에도 노래하고, 기쁠 때에도 노래하며,
사랑할 때에도 노래하고, 이별할 때도 노래하는 것처럼
나의 모든 삶의 순간에 나의 전심을 담아 주님을 노래하게 하소서.

꽉 찬 하나님의 사랑이 오늘도 나의 삶에 가득함을 인해 감사와 찬양을 드립니다.
하루라는 선물 안에 매 순간 숨겨놓으신 선물들을
무심하게 놓치지 말게 하소서.
지나갈 뻔했던 선물들을 끝까지 붙잡고 확인하고 감사하고 찬양하게 하소서.
나의 매 순간이 면밀하고 충만하신 하나님의 은혜 없이는
존재할 수 없음을 고백합니다.

오늘 하루 내 입술의 모든 노래가 주님을 향하게 하시고,
인간의 언어로 채울 수 없는 모든 공백 가운데
내 영혼의 모든 진심을 담아 주님께 드리오니 받아주소서.
나의 주인 되신 예수 그리스도의 이름으로 기도합니다.
아멘!

:: 천국은 마치 밭에 감추인 보화와 같으니 사람이 이를 발견한 후 숨겨 두고 기뻐하며 돌아가서 자기의 소유를 다 팔아 그 밭을 사느니라 (마태복음 13:44).

JUNE 17

하나님의 뜻이 내 삶에 이루어지는 그 날이 올 때까지

좋으신 아버지,
오늘도 신선한 아침을 주심을 감사합니다.
새 힘을 얻고 주님으로 재충전하여 오늘의 하루를 시작합니다.

오늘도 주님께서 예비하신 좋은 일들을 기대합니다.
오늘 내게 하나님께서 숨겨놓으신 기적들을 발견하며 사는 하루가 되게 하시고,
입술에서 찬양이 넘쳐나는 하루가 되게 하소서.
내게 주어진 모든 환경 가운데 감사하게 하소서.

내가 이해할 수 없는 것들이 너무 많지만, 분명 주님께서는 나를 바라보고 계시며
나의 형편을 아시며 나의 인내를 아시는 줄을 믿습니다.
주님과 함께 기도함으로 기다리게 하시고,
하나님의 뜻이 내 삶에 온전히 이루어지는 그 날이 올 때까지
기쁨으로 견디게 하소서.

하나님의 뜻 안에 모든 선함이 있음을 믿습니다.
나를 향한 그 선함도 오늘 내가 믿고 신뢰합니다.
어린아이가 하루를 걱정하지 않고, 부모님을 믿고 행복을 누리듯이
오늘의 나도 하나님을 믿는 믿음으로 걱정보다는 기쁨을 누리는 하루 되게 하소서.
오늘도 주님께 맡겨 드립니다.
나의 선물 되시는 예수 그리스도의 이름으로 기도합니다.
아멘!

:: 주께서 나의 슬픔이 변하여 내게 춤이 되게 하시며 나의 베옷을 벗기고 기쁨으로 띠 띠우셨
나이다 (시편 30:11).

JUNE 18

나의 존재가 얼마나 작은지 깨닫게 하소서

크신 아버지,
오늘도 무겁고 피곤한 몸이지만,
새로운 날을 주셔서 눈을 뜨게 하시고 하루를 시작하게 하심을 감사합니다.

이 우주를 만드시고 다스리시는 크신 아버지가 나의 아버지임에 감사합니다.
아버지의 크심이 아무리 크게 다가온다 할지라도
실제의 하나님 아버지보다 절대 클 수 없음을 고백합니다.
그 크신 하나님 아버지 앞에 나의 존재가 얼마나 작은지 깨닫게 하시고,
그래서 더욱 격에 맞지 않는 사랑에 감사하게 하소서.

오늘 그 크신 아버지께서 나에게 주신 사명의 자리를 지키게 하여 주소서.
나의 판단과 나의 생각을 내려놓고,
주님께서 주신 것에 대해 두려운 마음으로 아버지의 뜻을 살피게 하소서.
그리고 오늘도 주님께서 나에게 주신 모든 것들을 두려운 마음으로 지키게 하시고,
하나님 아버지의 사랑이 얼마나 감동적인 것인지를 다시 깨닫게 하소서.

아버지 앞에 내가 커질 때 행복한 것이 아니라,
아버지 앞에 내가 가장 작아질 때 행복한 것을 알게 하소서.
이 작은 나를 위해 죽으신 그 사랑이 얼마나 위대한 것이고 상상할 수 없는 것인지
마음 깊이 와 닿게 하소서.
온 우주의 주인 되신 예수 그리스도의 이름으로 기도합니다.
아멘!

:: 보라 그에게는 열방이 통의 한 방울 물과 같고 저울의 작은 티끌 같으며 섬들은 떠오르는 먼지 같으리니 (이사야 40:15).

JUNE 19

나의 좌절이 하나님의 좌절이 아니라는 것을 기억하게 하소서

포기하지 않으시는 하나님
오늘도 나를 새롭게 하시고 기회를 주시는 아버지께 감사를 드립니다.
이 아침의 은혜가 늘 부족함이 없으니 감사와 찬양으로 하루를 시작하게 하소서.

오늘도 나를 포기하지 않으시고 사랑하고 기대하며
기다리고 도우시는 아버지께 감사합니다.
이 세상의 모든 사람이 나를 포기해도
하나님만은 나를 절대로 버리지 않으시는 아버지이심에 감사합니다.
상한 갈대를 꺾지 않으시고, 꺼져가는 등불을 끄지 않으시는 아버지께서
우리 모두를 향한 사랑을 포기하지 않으시고
여전히 일하고 계심을 믿습니다.

오늘 하루를 맞이하는 누군가에겐 참으로 힘든 하루의 시작일 수 있고,
모든 것을 내려놓고 포기하고 싶은 사람이 있을 수 있지만
모든 사람들에게 하나님의 소망이 가슴에 가득할 수 있도록
은혜를 베풀어 주소서.
나의 좌절이 하나님의 좌절이 아니라는 것을 일평생 기억하게 하소서.

오늘도 주님으로 인해 기쁨을 허락하시고,
새로운 활력을 불어 넣어 주심에 감사합니다.
오늘 나의 사는 이 자리가 예배가 되게 하시고,
앉으나 서나 언제나 찬양이 넘치는 하루 되게 하소서.
나를 끝까지 붙들어 주시는 예수 그리스도의 이름으로 기도합니다.
아멘!

:: 그러므로 자기를 힘입어 하나님께 나아가는 자들을 온전히 구원하실 수 있으니 이는 그가 항상 살아 계셔서 그들을 위하여 간구하심이라 (히브리서 7:25).

JUNE 20

어떤 상황에도 상관없이 나를 일으켜 세우시고

나를 일으키시는 하나님 아버지,
오늘도 아침에 눈을 뜨게 하시고 일하게 하심을 감사합니다.
오늘의 말씀과 은혜를 주시고 내가 입으로 들어가는 것으로 사는 것이 아니라
하나님의 말씀과 은혜로 사는 것임을 다시 확인하게 하소서.

오늘은 모든 두려움을 떨치고 나를 일으키시는 주님의 손을 붙잡고
굳건히 다시 일어나는 하루 되게 하소서.
내가 누웠든지, 내가 앉았든지, 내가 그저 가만히 서 있든지 간에
어떤 상황에도 상관없이 나를 일으켜 세우시고 달리게 하시는 이가
나의 곁에 계심을 믿습니다.
주님으로 인해 다시 힘을 얻습니다.
주님으로 인해 모든 두려움을 떨쳐내고 기쁨으로 하루를 달려갑니다.
나의 눈이 하나님을 향하여 고정되게 하시고,
하나님을 바라보며 소망을 갖게 하소서.

오늘도 사랑하는 가족들을 지켜주시고, 그들이 어디 있든지 그들과 함께하시며
행하는 모든 일 가운데 하나님의 손길을 느끼는 하루되게 하소서.
악한 영이 나를 다스리지 말게 하시고,
매 순간 주님께서 나와 나의 환경과 모든 것을 다스려 주소서.
나의 일터를 축복하시고 만나는 자들에게 은혜 주소서.
오늘 저녁 찬양하며 잠드는 하루 되게 오늘 하루의 모든 순간을 축복하소서.
나의 주 나의 힘이 되시는 예수 그리스도의 이름으로 기도합니다.
아멘!

:: 새가 날개 치며 그 새끼를 보호함 같이 나 만군의 여호와가 예루살렘을 보호할 것이라 그것을 호위하며 건지며 뛰어넘어 구원하리라 하셨느니라 (이사야 31:5).

JUNE 21

나의 눈과 귀가 하나님께로 향하여

살아계신 하나님
오늘도 일터를 주셔서 활동할 수 있게 하신 아버지 감사합니다.
건강을 지켜주시고, 안전을 지켜주신 아버지 감사합니다.
오늘도 하나님의 음성을 듣게 하시고,
아버지께서 베풀어주신 많은 일들을 보게 하소서.
주님께서 말씀하시지 않는 것이 아니라,
내가 들을만한 귀가 없고 내가 다른 것에 마음을 빼앗겨 듣지 못함이니
주님 오늘도 나의 귀가 주님을 향해 열리게 하소서.

아버지께서 침묵하신다고 원망하지 말게 하시고,
아버지께서 일하지 않는다고 불평하지 말게 하소서.
나의 눈과 귀가 하나님께로 향하여 더 예민하게 하시고,
하나님의 시선으로 다시 세상을 바라보아서
하나님의 일하심을 발견하게 하소서.
오늘도 만나는 사람들에게서 예수님을 발견하게 하셔서
그들을 주님처럼 대하게 하소서.

오늘 내가 만나는 가장 작은 자에게 친절하게 하시고
그들을 붙들어 주는 일에 나의 에너지를 쏟게 하소서.
세상은 그것을 낭비라 하지만,
주님은 그것으로 나를 돌보았다 하시니 그 믿음으로 오늘 하루를 살게 하소서.
주님을 향해 나의 전심을 드리기를 원합니다.
나의 주, 나의 모든 것 되시는 예수 그리스도의 이름으로 기도합니다.
아멘!

:: 너는 마음을 다하여 여호와를 신뢰하고 네 명철을 의지하지 말라 너는 범사에 그를 인정하라 그리하면 네 길을 지도하시리라 (잠언 3:5-6).

JUNE 22

너무 작은 것에 연연하며 살지 않게 하소서

높으신 하나님 아버지,
오늘도 새로운 날을 주셔서 하루를 시작하게 하심을 감사합니다.
아침에 만나는 사람들에게 기쁨을 주는 하루의 시작이 되게 하시고,
오늘 아버지와의 이 기도 시간을 통해 기쁨의 힘을 얻을 수 있도록 은혜 주소서.

나의 눈은 너무 낮아서 이 세상의 것만 바라보고,
작은 것에 연연하며 아옹다옹하며 살고 있음을 고백합니다.
저 높은 곳에 계셔서 세상 모든 것을 바라보시는 하나님 앞에
나의 안목을 내어 드리게 하소서.

주님께서 바라보시는 안목으로 오늘 내가 사는 세상을 다시 바라보게 하시고,
너무 작은 것에 연연하며 살지 않게 하소서.
나와 다른 차원에 계신 하나님 아버지께
마땅히 드려야 할 영광과 찬송을 드리게 하소서.
내 수준에 하나님의 수준을 맞추어 생각하지 말게 하시고,
크고 높으신 하나님의 수준을 다 이해할 수는 없으나
그 높으심을 잊지 않고 오늘 하루를 보내게 하소서.

오늘도 내게 주어진 일들과 상황들을 주님께 올려드립니다.
아버지의 뜻은 나와 달라서 더 높고 위대하신 것을 믿습니다.
그 뜻을 믿게 하시고, 그 뜻을 이해하지 못하더라도
따르며 순종하는 하루 되게 하소서.
나의 주 나의 사랑 되시는 예수 그리스도의 이름으로 기도합니다.
아멘!

:: 너희가 온 마음으로 나를 구하면 나를 찾을 것이요 나를 만나리라 (예레미야 29:13).

JUNE 23

삶 속의 균형을 찾게 하소서

나의 도움이 되시는 아버지,
오늘 맑고 좋은 날을 주신 아버지 감사합니다.
나의 깜박이는 눈조차 아시는 주님, 나의 머리카락까지 세시는 아버지 감사합니다.
모든 것이 주님의 도우심 없이는 아무 것도 할 수 없는 존재임을 고백합니다.
오늘 나의 시작도 주님의 은혜임을 고백합니다.

언제나 나의 도움이 되시는 주님을 찬양합니다.
오늘 내게 주어진 모든 일들 가운데 하나님의 도우심을 발견하게 하시고,
함께하게 하소서.
그리고 누군가에게는 내가 하나님의 손길이 되어
그 사람에게 도움이 될 수 있는 하루가 되게 하소서.
하나님을 사랑하는 마음이 더욱 커지고
그로 인해 기쁨이 넘치는 하루가 되게 하소서.

급한 일도 많지만 그래도 중요한 일을 놓치지 않게 하셔서
내 삶 속에 있는 일들 속에서 속히 균형을 찾게 하소서.
하나님을 찾는 것과 하나님과 동행하는 것이 제일 중요한 일이니
그 일을 놓치는 일이 없게 하시고,
오늘 하루를 살면서 하나님의 셀 수 없을 만큼 많은 도우심이 어떤 것들이 있는지
매 순간 느끼며 감사하는 하루 되게 하소서.
주님을 사랑합니다.
나의 주 나의 힘의 근원이 되시는 예수 그리스도의 이름으로 기도합니다.
아멘!

:: 삼가 말씀에 주의하는 자는 좋은 것을 얻나니 여호와를 의지하는 자는 복이 있느니라
  (잠언 16:20).

JUNE 24

다른 사람을 용서하고 이해하는 하루

귀하신 나의 아버지여,
오늘도 주님 앞에 머리를 조아리며 기도합니다.
이 세상을 만드셨던 것처럼 오늘도 새로운 날을 창조하시고,
나로 그 안에서 오늘 하루를 살아갈 수 있는 기회를 주시니 아버지 감사합니다.
내가 존귀하신 아버지 앞에 이렇게 기도할 수 있다는 것이 얼마나 큰 영광이며
감당하지 못할 은혜인지를 먼저 알게 하소서.

오늘도 평강의 아버지께서 하루의 삶 속에 평안으로 인도하실 것을 믿습니다.
아버지의 사랑은 이루 헤아릴 수가 없어서 스스로 회개하고 돌이키는 자를 향하여
언제나 바다 같은 마음으로 받아주심을 감사드립니다.
그 사랑으로 인하여 오늘 내가 평안을 누립니다.

때로는 잘못 살 수도 있지만, 때로는 죄를 지을 수도 있지만
깨닫고 돌이키는 자에게 언제나 두 팔 벌려 받아주시는 아버지를 인하여
오늘도 부족하지만 담대히 나아갑니다.
오늘 하루도 열심히 살겠습니다.
그리고 나도 아버지의 평강을 누리기 위해 주님을 신뢰하며 살 뿐만 아니라,
내가 용서 받은 것처럼 내가 이해 받은 것처럼
다른 사람을 용서하고 이해하는 하루 되도록 노력하겠습니다.
도와주시고 함께하여 주소서.
나의 주님, 나의 평안이 되시는 예수 그리스도의 이름으로 기도합니다.
아멘!

:: 너희는 모든 악독과 노함과 분냄과 떠드는 것과 비방하는 것을 모든 악의와 함께 버리고 서로 친절하게 하며 불쌍히 여기며 서로 용서하기를 하나님이 그리스도 안에서 너희를 용서하심과 같이 하라 (에베소서 4:31-32).

JUNE 25

이 나라와 세계를 위하여 기도를 멈추지 말게 하소서

함께하시는 나의 아버지,
잊혀가는 역사 가운데 6·25의 아침을 맞이합니다.
특별할 것 없는 새날이지만 지난 전쟁의 고통을 생각한다면
아직도 그 전쟁의 결과가 현재로 남아 있는 많은 분들이 계심을 기억합니다.

누군가는 희생되었지만 시간이 지나 아무도 기억하지 못할 때
자신의 삶을 바쳐 전쟁을 치른 그분들의 아픔은 더할 것입니다.
이제 다시는 이 땅에 전쟁이 없기 위하여
오히려 지난 역사를 선명하게 기억하며 돌아보는 하루 되게 하소서.

우리가 세계의 움직임을 변화시킬 힘은 없으나
그 모든 것을 주관하시는 하나님께 기도할 수는 있으니
이 나라와 세계를 위하여 기도를 멈추지 말게 하소서.

오늘도 내 삶의 전쟁 앞에 승리하게 하시고,
피할 수 있는 전쟁은 피하여 화평할 수 있게 하소서.
전쟁에 능하신 여호와 하나님께서 나의 영적인 전쟁을 주도하여 주시고
승리로 이끌어 주소서.
나의 일하는 자리에서 오늘도 평화를 주소서.
그리고 그 평화를 내가 만들 수 있는 사람 되게 하소서.
나의 참된 평화 되시는 예수 그리스도의 이름으로 기도합니다.
아멘!

:: 좋은 소식을 전하며 평화를 공포하며 복된 좋은 소식을 가져오며 구원을 공포하며 시온을
향하여 이르기를 네 하나님이 통치하신다 하는 자의 산을 넘는 발이 어찌 그리 아름다운가
(이사야 52:7).

JUNE 26

주님이 나의 방패이시니

나의 방패 되시는 하나님 아버지,
오늘도 상쾌한 새날을 허락하신 주님 감사합니다.
즐거운 하루를 시작하는 사람에게는 더한 기대감을 허락하시고,
정말 회사 가기 싫은 마음으로 출근하는 사람에게는
주님께서 그 마음에 힘과 능력을 더하여 주소서.

오늘도 건강을 지켜주심을 감사합니다.
사랑하는 가족을 주셔서 힘들고 어려울 때 돌아갈 곳이 있게 하심을 감사합니다.
돕는 친구들과 지인들을 주셔서 그들과 함께 이 사회의 길을
외롭지 않게 걷게 하심을 감사합니다.
일할 수 있는 터전을 주셔서 어려운 때에
먹고 살 수 있는 양식과 미래를 계획할 수 있게 하심을 감사합니다.
쉴만한 집을 주셔서 고단한 몸을 누이게 하시고 안식하게 하심을 감사합니다.
그 모든 것들을 항상 존재하게 하시고,
이제 새로운 하루를 시작하게 하셨으니
나의 주님과 함께 힘찬 출발을 하게 하소서.

나의 가는 길마다 영적인 전쟁에서 승리하게 하시고,
적들이 놓은 올무에서 벗어나게 하시고,
나 스스로 만든 장애물을 안전히 넘게 하소서.
주님이 나의 방패이시니 내가 안전히 거할 것을 믿습니다.
나의 가는 길에 동반자 되시는 예수 그리스도의 이름으로 기도합니다.
아멘!

:: 하나님의 말씀은 다 순전하며 하나님은 그를 의지하는 자의 방패시니라 (잠언 30:5)

JUNE 27

오늘도 나를 부르신 이 자리에서

나를 부르시는 하나님,
오늘도 나를 이 하루로 부르신 아버지 감사합니다.
주님께서 주신 이 시간의 선물 안에서 아버지를 기억하며 하루를 시작합니다.
주님께서 나와 동행하심이 나의 가장 큰 위로이며 힘임을 고백합니다.

오늘도 아버지를 향한 사랑의 마음을 잊지 않게 하시고,
나의 모든 시선을 주님께 고정하며 지나가는 행복한 하루 되게 하소서.
오늘도 나를 부르신 이 자리에서 하나님의 뜻을 실천하는 하루 되길 소망합니다.
내가 어느 곳에 가야 하는지 내가 무엇을 해야 하는지
주님께서 알려주시고 그 길을 열어주소서.
나에게 생명주신 주님의 은혜가 내 안에 가득하게 하시고
그 은혜로 인하여 감격하는 하루 되게 하소서.

주님께서 이 나라를 지켜 주소서.
하나님의 공의가 드러나는 나라가 되게 하시고,
하나님을 두려워하는 자들이 넘쳐나서
그들로 인하여 새롭게 되는 나라가 되게 하소서.
나의 가정과 일터와 내가 속한 모든 공동체를 위해 기도합니다.
우리의 형편을 아시는 주님께서 가장 선하고 아름다운 길로 인도하소서.
오늘도 주님께서 부르신 곳에서 참된 예배자로 서기 원합니다.
삶이 예배 되게 하소서.
나의 길이 되시는 예수 그리스도의 이름으로 기도합니다.
아멘!

:: 우리가 아직 죄인 되었을 때에 그리스도께서 우리를 위하여 죽으심으로 하나님께서 우리에 대한 자기의 사랑을 확증하셨느니라 (로마서 5:8).

JUNE 28

사랑하는 사람을 늘 기억하듯이 하나님을 기억하며

나의 사랑이 되시는 아버지,
지난밤에도 나와 함께하시며 내가 자는 동안에도
주님께서는 졸지도 주무시지도 않으시고 지켜주시니 감사합니다.
주님의 은혜로 오늘 이 아침을 맞이할 수 있음에 감사합니다.

인간적인 모든 불안함과 걱정을 모두 주님께 올려드립니다.
모든 것의 주관자 되시는 아버지께서 가장 좋은 것으로 채워주심을 믿습니다.
오늘도 주님의 은혜로 가득한 하루가 되게 하셔서
잠자리에 드는 순간 오늘 하루를
"주님께서 온전히 인도하셨습니다."라고 고백하는 하루 되게 하소서.

사랑하는 사람을 늘 기억하듯이 하나님을 기억하며
아버지를 기쁘시게 하는 일이 무엇일까 생각하는 하루 되길 원합니다.
나를 기쁘게 하기보다 먼저 주님을 생각하게 하시고,
그 언젠가는 주님의 기쁨이 온전히 나의 기쁨이 되어 고민하지 않아도
주님을 기쁘게 하는 삶을 살게 하소서.

오늘 나의 마음과 건강과 말과 나의 표정과 나의 손과 발의 행하는 모든 것이
주님 보시기에 아름답기를 원합니다.
주님을 닮은 하루 되길 소망합니다.
나의 주 나의 모든 것 되시는 예수 그리스도의 이름으로 기도합니다.
아멘!

:: 주께 합당하게 행하여 범사에 기쁘시게 하고 모든 선한 일에 열매를 맺게 하시며 하나님을 아는 것에 자라게 하시고 (골로새서 1:10).

JUNE 29

나대신 싸우시는 아버지의 힘으로

강하고 능하신 하나님,
나의 눈이 뜨이고, 나의 입이 말을 하고,
나의 손과 발이 움직여 하루를 시작할 수 있게 하심을 감사합니다.

하루를 살면서 때로는 어려운 순간을 만나고 좌절된 순간을 만날 때에
언제나 나의 안에 계셔서 무너진 것을 회복시켜주옵소서.
흐트러진 것을 다시 정비하며 왜곡된 것을 고쳐
다시 선한 길로 나의 손을 붙잡고 가시는 아버지를 기억하게 하소서.
그래서 나대신 싸우시는 아버지의 힘으로
그 등 뒤에 숨어서 평안을 누리며 한 발 한 발 전진하게 하소서.

새로운 심령을 주셔서 새로운 피조물이 된 것처럼 오늘 하루를 살기 원합니다.
기쁘고 감사한 수많은 일들을 돌아보며 찬양으로 하루를 시작하게 하소서.
오늘 내게 주어진 일에 감사하게 하시고, 성실하게 그 일을 수행하게 하소서.
아버지께서 주시는 힘으로 그 모든 것을 감당할 줄 믿습니다.
지혜를 주시고, 건강을 주시고, 사랑의 마음을 주시고,
넘치는 생명력을 가득 채워 주소서.
오늘을 주님께 내어 드립니다.
주님을 사랑합니다.
나의 힘이 되시는 예수 그리스도의 이름으로 기도합니다.
아멘!

:: 네 모든 자녀는 여호와의 교훈을 받을 것이니 네 자녀에게는 큰 평안이 있을 것이며
(이사야 54:13).

JUNE 30

저는 단 1분 후의 일도 분별할 수 없는 연약한 사람입니다

나의 미래가 되시는 하나님,
오늘도 새날을 주심에 감사합니다.
선하신 하나님을 찬양합니다.
언제나 나의 길을 예비하시는 하나님 감사합니다.
오늘도 나의 그릇이 하나님의 선하심을 담아낼 수 있도록
주님의 은혜를 주시옵소서.

저는 단 1분 후의 일도 분별할 수 없는 연약한 사람임을 주님께 고백합니다.
나의 온전한 미래가 되시는 아버지께서 나의 앞길을 예비하소서.
주님께서 인도하시는 그 길로 오늘도 선택하며 가게 하시고,
기도의 자리로 나아가 어제 머물렀던 자리에서 좀 더 나아가는 하루 되게 하소서.
고민의 자리에서 기도의 자리로 나아가게 하셔서 고민이 해결되게 하시고,
해결되지 않는다면 견딜 힘을 주소서.

미움의 자리에서 나아가 원수를 사랑하게 하시고,
작은 경험에 매어있는 나 스스로의 주장에서 좀 더 나아가
하나님의 뜻 앞에 무릎 꿇는 자가 되게 하소서.
오늘도 주님 앞에서 진보가 있는 하루가 되길 소망합니다.
전진하고 나아가는 발전이 있는 미래로 오늘을 만들어 주소서.
주님께 오늘을 내어 드립니다.
나의 주인 되시는 예수 그리스도의 이름으로 기도합니다.
아멘!

:: 오라 우리가 굽혀 경배하며 우리를 지으신 여호와 앞에 무릎을 꿇자 (시편 95:6).

직.장.인.을. 위.한. 묵.상.

하나님의 순리대로
축복을 누리십시오

창세기 | 29장 21-30절

21 야곱이 라반에게 이르되 내 기한이 찼으니 내 아내를 내게 주소서 내가 그에게 들어가겠나이다
22 라반이 그 곳 사람을 다 모아 잔치하고
23 저녁에 그의 딸 레아를 야곱에게로 데려가매 야곱이 그에게로 들어가니라
24 라반이 또 그의 여종 실바를 그의 딸 레아에게 시녀로 주었더라
25 야곱이 아침에 보니 레아라 라반에게 이르되 외삼촌이 어찌하여 내게 이같이 행하셨나이까 내가 라헬을 위하여 외삼촌을 섬기지 아니하였나이까 외삼촌이 나를 속이심은 어찌됨이니이까
26 라반이 이르되 언니보다 아우를 먼저 주는 것은 우리 지방에서 하지 아니하는 바이라
27 이를 위하여 칠 일을 채우라 우리가 그도 네게 주리니 네가 또 나를 칠 년 동안 섬길지니라
28 야곱이 그대로 하여 그 칠 일을 채우매 라반이 딸 라헬도 그에게 아내로 주고
29 라반이 또 그의 여종 빌하를 그의 딸 라헬에게 주어 시녀가 되게 하매
30 야곱이 또한 라헬에게로 들어갔고 그가 레아보다 라헬을 더 사랑하여 다시 칠 년 동안 라반을 섬겼더라

―

오늘의 본문은 형 에서에게 팥죽을 팔아먹었던 야곱의 그 이후 이야기입니다. 배고픈 형에게서 장자 축복을 받아낸 야곱은 형처럼 몸을 꾸미고 눈이 어두운 아버지 이삭을 속입니다. 그리고는 이삭에게서 진짜 장자의 축복을 받아서 도망칩니다. 도망쳐 간 곳에서 외삼촌 라반을 만나고, 그의 딸 라헬과의 결혼을 조건으로 7년을 종처럼 섬깁니다. 근데 문제는 라반이 라헬이 아닌 그 언니 레아를 야곱에게 준 것이죠. 그리고는 다시 라헬을 얻기 위해 7년을 더 섬기게 됩니다. 그러니까 아내를 얻기 위해 14년을 종처럼 일한 게 되죠.

야곱같이 잔머리를 굴리는 사람은 라반같은 강적을 만나게 되어있습니다

모든 일을 자기 뜻대로 하려는 사람, 하나님을 그저 자신을 도와주는 분으로만 아는 그런 사람은 꼭 자신만큼 교활한 사람을 만나 괴로움을 겪는 법입니다. 야곱은 교활하게 에서의 장자권을 빼앗았습니다. 그 대가로 수십 년을 도망자로 살아야 했고, 라반같은 교활한 사람을 만나서 이용당하는 어려움을 겪습니다.

다른 사람을 속이고 자기에게만 유리하게 이용하려는 유혹이 있으십니까? 만수무강을 위해 포기하시기 바랍니다. 강적을 만나서 이용당할 수 있으니까요.

영적 '라반의 원칙'을 기억하십시오

나의 부족함을 다루고 만들어 가시는 하나님의 원칙입니다. 하나님의 다루심과 훈련의 회초리는 가족을 통해서나, 직장 동료를 통해서나, 친구를 통해서나 어디서든 나타날 수 있습니다. 양상은 다르나 목적은 같습니다. 영적 성숙이죠.

지금 나를 괴롭게 하는 무언가가 있으십니까? 그것은 영적 성숙을 원하시는 하나님의 회초리입니다. 힘들고 어려울 때 '라반의 원칙'을 기억하십시오. 그리고 내가 변해야 할 부분이 무엇인지를 생각하시기 바랍니다.

성급하게 조작하지 마십시오

야곱은 어쩌면 가만히 있었어도 장자의 축복을 받았을 것입니다. 왜냐하면 에서의 마음자세에 문제가 있었기 때문이죠. 근데 그것을 인위적으로 조작해서 자신의 것으로 성급하게 끌어당깁니다. 그건 소인배나 하는 행동입니다. 정말 자신 있는 사람은 기다릴 줄 압니다. 순리대로 이루어질 때까지 기다리셔야 합니다.

오늘 내가 누릴 권세를 위해 무엇을 만들어가고 싶으신가요? 그것이 순리에 맞습니까? 하나님이 순리대로 내게 그것을 주실 때까지 기다리십시오. 나의 인위적 조작을 모두 내려놓으십시오. 그것이 믿음입니다. 야곱은 하나님의 사랑을 얻어냈지만, 너무 인위적으로 자신의 인생을 조작해서 사서 고생하며 삽니다. 머리 굴려 사서 고생하지 말고, 양보하며 순리대로 하나님의 축복을 누리시기 바랍니다. 하나님의 인정, 사람의 인정은 시간이 필요합니다. 그 시간에 나를 내어 맡기고 오늘의 자유를 누리시기 바랍니다!

7월

JULY / 07

내가 여호와를 항상 내 앞에 모심이여
그가 나의 오른쪽에 계시므로
내가 흔들리지 아니하리로다
_ 시편 16:8

이 달 의 기 도 제 목

-
-
-
-
-

기쁨의 하루를 다시 시작하게 하소서

사랑의 하나님 아버지,
오늘 아침 새날을 주심에 감사합니다.
아침에 눈을 뜰 때마다 나의 마음이나 상황과 상관없이 제일 먼저
"하나님 신나는 아침, 감사합니다!"라고 기도하게 하소서.
꼭 신나는 일이 있어서가 아니라, 우리의 마음이 새로워져서 주님 앞에 기쁨으로
고백함으로 하루의 시작이 정말 신날 수 있게 하소서.

오늘 이 책상, 오늘 이 만남, 오늘 이 선 자리에서
마음으로 하나님을 느끼며 살게 하소서.
주님을 묵상하고 생각할 때마다 주님께서 베풀어 주신 사랑을 인하여
감격하게 하소서.
나에게 감격이 없다면 내 마음이 굳어진 것이오니
다시 주님의 행하심을 묵상하게 하셔서 나로 매 순간 주님의 이름이
가슴 벅찬 이름이 되게 하소서.

어제의 근심 걱정으로 내 머리 안에 남아 있는 모든 걱정과 근심들,
그리고 부정적이고 비관적인 마음들을 성령의 물로 다 씻어 주소서.
그래서 맑고 쾌청한 머리와 마음으로 오늘 기쁨의 하루를 다시 시작하게 하소서.
나를 믿는 것이 아니라, 나를 지키시는 예수 그리스도를 믿습니다.
그 힘으로 오늘을 시작합니다.
이 든든함으로 인해 감사드립니다. 사랑합니다.
예수 그리스도의 이름으로 기도합니다.
아멘!

∷ 기쁨으로 여호와를 섬기며 노래하면서 그의 앞에 나아갈지어다 (시편 100:2).

그 모든 약함을 강함으로 새롭게 하소서

하나님 아버지!
오늘도 분주하게 시작하는 하루 속에서 하나님을 기억합니다.
오늘 하루도 지혜를 주셔서 주어진 일을 효율적으로 잘 처리하게 하시고,
마음의 평화를 주셔서 사람으로 인해 시험 들어
모든 감정이 소진되지 않게 하소서.

인간을 만드신 하나님의 능력으로 저희의 건강을 회복시켜 주소서.
저희의 모든 피로와 고단함을 주님께 드립니다.
나의 모든 육체의 약함을 아시는 주님께서
그 모든 약함을 강함으로 새롭게 하소서.
오늘도 재물 얻을 능력을 허락하신 하나님께 감사드립니다.
직장을 주심에 감사드리고, 지킬 가정이 있게 하심에 감사합니다.
나에게 주어진 책임들은 내가 많은 것을 가지고 있기에
그것을 지켜야 하는 의무도 주어진 줄 압니다.
먼저 나의 책임이 무겁다고 하기 전에 내가 가진 것이 많음을 알게 하소서.

오늘도 저희의 입술을 지켜주셔서 선하고 아름다운 말을 하게 하시고,
나의 손을 들어 피곤하고 지친 자들의 어깨를 두드리며 위로하는 손이 되게 하소서.
그들을 평가하기 이전에 그들을 안아줄 수 있는 사랑의 품이 되게 하소서.
이 하루가 축복임을 믿습니다.
새 마음으로 가득 채워 주소서.
나의 주 나의 예수님의 이름을 기도드립니다.
아멘!

:: 우리 주 예수 그리스도로 말미암아 우리에게 승리를 주시는 하나님께 감사하노니
(고린도전서 15:57).

하나님의 품 안에서 순항할 수 있는 하루

하나님 아버지!
아침에 눈을 떠, 일어날 수 없을 것처럼 피곤함을 느낌에도 불구하고
이렇게 일어나 새로운 하루를 시작할 힘을 주심에 감사합니다.
언제 그랬냐는 듯 잊어버리고, 넘치는 열정으로 이 하루를 살게 하소서.
오늘 만나는 사람들마다 마음으로 축복하게 하소서.
그들은 나의 적이 아니라,
나의 동지이고 함께하는 동역자임을 언제나 기억하게 하소서.

아주 작은 것을 통해서도 기쁨을 느끼게 하시고,
아주 작은 결정이라도 지혜롭게 하소서.
집에 두고 온 가족들을 지켜주소서.
오늘 하루도 하나님의 품 안에서
평안을 누리며 순항할 수 있는 아름다운 하루 되게 하소서.

모든 걱정과 근심을 주님께 맡깁니다.
주께서 주시는 생명의 힘과 기쁨을 가슴에 채웁니다.
할렐루야! 주님을 찬양합니다.
감사드립니다.
예수님의 이름으로 기도합니다.
아멘!

:: 그가 나를 푸른 풀밭에 누이시며 쉴 만한 물 가로 인도하시는도다 (시편 23:2).

JULY 4

나의 손이 언제나 주님을 붙들게 하소서

사랑하는 하나님 아버지!
오늘도 화창한 날을 주셔서 감사합니다.
이 밝은 날만큼 오늘의 모든 일정이 밝고 유쾌할 수 있도록 도와주십시오.

오늘도 주님께서 나의 손을 붙잡고 동행하실 것을 믿습니다.
내가 어느 곳에 가든지 어디에서 무엇을 하든지
어떤 때에는 내가 세상에 시달려 잠깐 주님의 손을 놓치는 순간이라도
주님께서 나의 손을 언제나 붙들어
나로 주님과의 거리가 멀어지는 일이 없게 하소서.
그 마음으로 주님을 갈망하며 오늘을 주님께 맡깁니다.

오늘 모든 일정 가운데 만날 만한 사람을 만나게 하시고,
내가 만나서 시험에 들거나 힘들고 어려워질 것 같은
사람이 있다면 피하게 하소서.
주님의 사랑 안에서 오늘도 은혜의 하루가 되도록 지켜주소서.

나의 사랑하는 가족들을 지켜주시고,
어느 곳에 있든지 주님과 동행하는 하루, 안전한 하루 되도록
주님께서 그들과 함께해 주소서.
그들의 꿈과 비전 가운데 하나님의 뜻이 담기게 하시고 그들의 길을 인도하소서.
이 기도를 하는 동안 새 힘을 허락하시고 모든 피로가 물러가고
새로운 창조물처럼 주님의 힘으로 가득하게 하소서.
나의 힘의 근원 되시는 예수님의 이름으로 기도했습니다.
아멘!

:: 대저 여호와는 네가 의지할 이시니라 네 발을 지켜 걸리지 않게 하시리라 (잠언 3:26).

JULY 5

큰일을 작은 것으로 볼 수 있는 용기

사랑의 하나님,
오늘도 새로운 날을 주심을 감사합니다.
오늘 특별히 맑은 정신을 허락해 주소서.
맑고 시원한 생수가 부어지듯,
나의 정신과 몸과 마음에 맑고 깨끗함이 가득하게 하소서.

실타래처럼 얽혀있는 모든 것들이 사라지게 하시고,
깨끗한 정신으로 다시 시작하게 하소서.
모든 것이 새로이 시작되게 하소서.
작은 것에 크게 웃게 하시고,
큰일을 작은 것으로 볼 수 있는 용기를 주소서.

그리 할 수 있음을 믿습니다.
이유는 주님이 나와 함께하시기 때문입니다.
내가 일하는 것이 아니라, 주님이 일해 주심을 믿습니다.

나의 사랑하는 이들을 지켜주소서.
그리고 나를 지켜주소서.
나의 주 나의 전부이신 예수 그리스도의 이름으로 기도합니다.
아멘!

:: 주는 미쁘사 너희를 굳건하게 하시고 악한 자에게서 지키시리라 (데살로니가후서 3:3).

JULY 6

동료를 위로하고 세워주는 하루

나의 생명이 되시는 하나님 아버지,
오늘도 나의 모든 것을 주관하시는 아버지 감사합니다.
오늘 내가 살아있다는 것이 얼마나 큰 기적인지요.
나에게 하루를 살아갈 수 있는 기회를 더 허락하심에 감사합니다.
그래서 마치 오늘이 마지막 날인 것처럼
최선을 다하고 아름답게 살 수 있는 하루가 되게 하소서.

언제나 최선의 것을 예비하신 주님을 믿습니다.
하나님의 시간을 이해하게 하시고, 그 시간 앞에 순종하는 삶을 살게 하소서.
매일 주시는 일용할 양식을 인하여 감사합니다.
그것조차 공급받지 못하는 사람들이 많이 있음에도 불구하고
너무도 당연한 것으로 여기며 살았던 것을 용서하소서.

오늘도 새로운 꿈을 꾸게 하셔서 소망을 갖게 하소서.
어제와 같은 하루가 아니라 오늘은 새로운 하루라는 믿음을 가지고
담대히 시작하게 하소서.
어제의 근심을 털어버리고, 오늘의 희망을 붙잡고 감사함으로 살아가게 하소서.
나로 오늘도 상처받은 자를 위로하게 하시고, 낙심한 자를 일으키게 하시며,
격려가 필요한 자를 칭찬하고 세워주는 하루로 살게 하소서.
나와 동행하시며 인도하소서.
나의 주 나의 모든 것 되신 예수 그리스도의 이름으로 기도합니다.
아멘!

:: 마지막으로 말하노니 형제들아 기뻐하라 온전하게 되며 위로를 받으며 마음을 같이하며 평안할지어다 또 사랑과 평강의 하나님이 너희와 함께 계시리라 거룩하게 입맞춤으로 서로 문안하라 (고린도후서 13:11).

JULY 7

하나님 앞에 불만의 소리를 높이는 일이 없게 하소서

십자가로 나를 사랑하신 아버지,
아침 해가 밝으며 주님을 생각하게 하심을 감사합니다.
오늘도 하루 일과를 시작하기 전에 하나님을 찬양합니다.

오늘도 내일도 매일매일 기억하고 마음에 새기는 감사가 있게 하소서.
그래서 오늘 하루 아주 작은 것의 부족으로 인하여
하나님 앞에 불만의 소리를 높이는 일이 없게 하소서.
나의 미련하고 어리석은 짧은 기억력으로
아버지의 크신 사랑을 잊지 않게 하소서.

십자가의 사랑을 이미 넘치게 받았음에도
하루라는 선물을 또 주신 아버지의 사랑에 감사합니다.
그래서 기뻐하고 감격함으로 시작하는 하루 되게 하소서.
어제의 무거움과 남은 짐들, 피곤한 몸을 다 털어 버립니다.
성령으로 새롭게 하시고 나를 새로운 피조물로 만들어 주소서.

주님을 의지하여 하루를 시작합니다.
나의 꿈은 아버지께 있으나 나의 발은 이 땅에 있으니
이 땅에서 아버지의 뜻이 이루어지도록 애쓰는 하루 되게 하소서.
주님을 사랑합니다. 주님과 오늘도 동행합니다.
나의 생명 되시는 예수 그리스도의 이름으로 기도합니다.
아멘!

:: 그런즉 누구든지 그리스도 안에 있으면 새로운 피조물이라 이전 것은 지나갔으니 보라 새 것이 되었도다 (고린도후서 5:17).

JULY 8

주님의 등을 보고 따라 걷는 인생

완전하신 아버지,
아침에 태양이 뜨듯이 새로운 날이 다가오고 있습니다.
움츠러진 어깨를 펴고 다시 힘을 얻게 하셔서 감사합니다.
아버지께서 주신 따뜻함에 새로운 희망을 품게 하시니 감사합니다.

오늘도 내가 무언가를 어설프게 이기고자 더 강해지고, 더 날카로워지고,
더 싸우려고 하지 말게 하시고
완전한 승리를 위해 사랑하고 희생하게 하소서.
예수 그리스도의 모범이 그저 바라보는 액자의 그림이 되지 말게 하시고,
내가 걸어가는 길의 인도자가 되게 하소서.
그래서 주님의 앞모습을 보고 마주 앉아 있는 것이 아니라,
주님의 등을 보고 따라 걷는 인생이 되게 하소서.

오늘도 강할 수 있지만 약해지게 하시고, 이길 수 있지만 지게 하시고,
차가울 수 있지만 따뜻하게 하소서. 싸울 수 있지만 사랑하게 하소서.
오늘도 주님의 등을 바라보고 그 길을 성실히 걸어가게 하소서.
오늘을 올려드리며 하나님의 방식으로 살기를 결단합니다.
아버지의 방식으로 완전한 승리를 거두게 하소서.
나를 위해 죽으신 예수 그리스도의 이름으로 기도합니다.
아멘!

:: 한 사람이 순종하지 아니함으로 많은 사람이 죄인 된 것 같이 한 사람이 순종하심으로 많은 사람이 의인이 되리라 (로마서 5:19).

JULY 9

우리 모두는 누군가의 꿈을 이루고 사는 자들

나의 하나님 아버지,
오늘도 감사한 하루를 시작하게 하심을 감사합니다.
날이 흐려도 태양이 사라진 것이 아니듯이
언제나 나의 삶은 한결같이 지키시는 아버지를 기억하며 감사합니다.

오늘 내가 사는 것은 꿈을 이루고 사는 것임을 기억하게 하소서.
부모로 인해 근심하는 자는 부모가 없는 자가 볼 때, 그것은 꿈의 자리요,
자녀로 인해 걱정하는 자는 아이를 갖지 못하는 자가 볼 때,
그것은 꿈의 자리임을 알게 하소서.
물질적 손해로 근심하는 자는,
이미 손해를 볼만큼의 능력을 가졌던 자였음에 감사하게 하소서.
직장으로 고민하는 자는 실업자들의 꿈의 자리임을 기억하게 하시고,
오늘을 사는 우리는 어제 죽은 이들의 꿈의 자리에 있음을 감사하게 하소서.
우리 모두는 누군가의 꿈을 이루고 사는 자들임을 깨달아
오늘을 기쁨과 감사함으로 살게 하소서.

예수 그리스도께서 죽음을 이기셨다면,
오늘 우리가 이기지 못할 일이 없음을 알게 하소서.
포기하거나 좌절하지 말게 하시고, 주님 안에 거함으로 다시 힘을 내게 하소서.
오늘 살게 하신 아버지 감사합니다.
기쁨의 하루 되게 하소서.
부활하신 예수 그리스도의 이름으로 기도합니다.
아멘!

:: 우리가 너의 승리로 말미암아 개가를 부르며 우리 하나님의 이름으로 우리의 깃발을 세우리니 여호와께서 네 모든 기도를 이루어 주시기를 원하노라 (시편 20:5).

JULY 10

누구도, 무엇도 적이 되는 일이 없게 하소서

아름다우신 하나님 아버지,
하루의 눈을 뜨면 노란 꽃이 피고, 또 하루의 눈을 뜨면 분홍 꽃이 피어
매일매일 새로운 색깔을 입는 자연을 주신 아버지 감사합니다.
누군가가 색칠공부를 하는 것처럼 하루하루 다르게 아름다워지는
이 자연을 선물로 주신 아버지 감사합니다.

이 모든 것들을 다스리고 지키라 하셨으니 우리에게 선물로 주신
이 모든 만물들을 아버지의 법칙대로 지키고 경영하는 우리가 되게 하소서.
눈이 오면 눈이 적이 되어 버리고,
비가 오면 비가 적이 되어 버린 우리의 마음을 돌이켜,
눈도 비도 추위도 더위도 우리에게 모두 축복임을 기억하고
보존하고 다스리게 하소서.

오늘 나의 하루 가운데 누구도, 무엇도 적이 되는 일이 없게 하소서.
그들이 나를 괴롭히기 위해 존재하는 것처럼 여기는
모든 생각을 버리고 회개하게 하소서.
오늘의 시선이 아버지를 닮아 따뜻하고 아름답게 하시고,
하나님의 창조물다운 모습을 보이며 사는 하루 되게 하소서.

오늘도 아버지를 닮아 창조적이고 지혜로운 하루를 만들기 원합니다.
새로운 하루를 디자인하게 하시고,
오늘 저녁 그것이 참 마음에 드는 하루가 되게 하소서.
나의 생을 아름답게 하시는 예수 그리스도의 이름으로 기도합니다.
아멘!

:: 내게 줄로 재어 준 구역은 아름다운 곳에 있음이여 나의 기업이 실로 아름답도다 (시편 16:6).

JULY 11

아버지의 사랑을 선포하는 하루

신실하신 나의 아버지
어제처럼 오늘도 변함없이 새날을 주시고,
함께해 주셔서 감사합니다.
아버지의 그 성실하심이 우리를 변함없이 지켜주소서.

나는 때로 불성실하여 나의 기도조차 잊어버리고,
아버지와의 약속도 까맣게 잊은 채
나에게만 집중하여 사는 때가 많이 있음을 고백합니다.
그럼에도 불구하고 아버지께서는 단 한 순간도 나의 기도를 잊지 않으시고,
가장 적절한 때를 찾고 계심을 믿습니다.
나는 잊어버린 아버지의 약속을 아버지께서는 수십 년 동안 잊지 않으시고
그 약속을 지키시기 위해 기억하고 일하고 계심을 믿습니다.
그 아버지의 신실하심이 계셔서 내가 잊어버리는 순간에도
일하고 계신 아버지 때문에 오늘도 평안한 마음으로 살아갑니다.
오늘도 그리 일하여 주시옵소서.

나도 잊은 그 약속을 지키시며 가장 아름다운 열매를 위하여 일하여 주소서.
그 하나님께 오늘을 맡겨 드립니다.
하나님의 사랑을 인하여 오늘도 어떤 근심 없이 하루를 시작합니다.
내가 아버지 안에 거할 때에 아버지의 뜻이 온전히 이루어져
오늘 하루가 사탄 앞에 아버지의 사랑을 선포하는 하루 되게 하소서.
주님을 사랑하고, 주님의 약속을 기억합니다.
나의 모든 것 되시는 예수 그리스도의 이름으로 기도합니다.
아멘!

:: 사랑은 여기 있으니 우리가 하나님을 사랑한 것이 아니요 하나님이 우리를 사랑하사 우리 죄를 속하기 위하여 화목 제물로 그 아들을 보내셨음이라 (요한1서 4:10).

JULY 12

잠자고 있는 나의 영혼을 깨우소서

강하신 나의 아버지
오늘도 어두움을 뚫고 밝은 아침을 주신 아버지 감사합니다.
어제의 모든 무거운 짐과 어려움들을 깨트리고
새로운 아침을 허락하심을 감사합니다.

오늘은 새로운 날이 오니
이제까지의 실패의 기억들을 지우고 새로운 도전의 날이 되게 하소서.
나의 기억 속에 남아 있는 두려움이나 주저함이나 실망스러움을
다 예수님의 이름으로 쓰레기통에 던져 버리고
강하고 능력 있으신 아버지를 믿는 믿음으로 다시 일어나게 하소서.

아직도 잠자고 있는 나의 영혼을 깨우소서.
나는 약하나 나를 지키시는 이는 강하시니 그 아버지의 강하심을 힘입어,
예수 그리스도의 능력으로 오늘도 사탄을 향하여 소리치게 하소서.
나는 사탄에게 지지 않으며, 어떤 유혹에도 넘어가지 않으며
나는 아버지께서 주신 길을 벗어나지 않고 순종하리라고 선포합니다.

오늘도 나의 몸만 아침을 맞이하는 것이 아니라 나의 영혼이 깨끗하고
산뜻한 아침을 맞이하여 벌떡 일어나게 하시고 용감히 달려가는 하루 되게 하소서.
오늘 나에게 주어진 모든 일들을 주님의 뜻에 맡겨드리며 순종의 길을 가겠습니다.
나의 주 나의 능력 되시는 예수 그리스도의 이름으로 기도합니다.
아멘!

:: 우리가 하나님을 의지하고 용감히 행하리니 그는 우리의 대적들을 밟으실 자이심이로다
(시편 108:13).

JULY 13

그를 의지하면 그가 이루시고

나의 소망이 되시는 아버지,
이 아침 주님을 향하여 얼굴을 돌립니다.
나의 영혼이 주님을 만나 새 힘을 얻습니다.

연약한 나의 육체를 회복시키시고,
결핍된 나의 영혼에 하나님의 영을 풍성하게 부으시며
고단하여 판단력이 흐려진 나의 지혜를 다시 온전하게 하소서.
나의 모든 결핍을 채우시는 아버지로 인하여 오늘도 소망을 가지고 나아갑니다.
오늘 내가 해야 하는 모든 일 가운데 역사하여 주시고,
만나야 하는 사람들 가운데 함께하여 주소서.

내가 듣는 모든 일들 속에 아버지의 온전한 생각이 담긴 판단을 하게 하시고
나의 입술이 주를 닮아 회복시키는 언어가 충만하게 하소서.
'네 길을 여호와께 맡기라 그를 의지하면 그가 이루시고 네 의를 빛같이 나타내시며
네 공의를 정오의 빛같이 하시리로다' 하신 말씀처럼
나의 모든 길을 주님께 맡겨드립니다.
아버지를 의지함으로 주님의 의를 똑같이 닮는 하루 되길 기도합니다.

오늘 나의 선 자리와 앉은 자리에 함께하시고,
아버지의 사랑을 실천하는 하루 되게 하소서.
주님을 사랑합니다.
나의 모든 소망 되시는 예수 그리스도의 이름으로 기도합니다.
아멘!

:: 네 길을 여호와께 맡기라 그를 의지하면 그가 이루시고 네 의를 빛 같이 나타내시며 네 공의를 정오의 빛 같이 하시리로다 (시편 37:5-6).

JULY 14

아버지의 의로 다져지는 하루

위로의 하나님 아버지,
주님을 사랑합니다.
아침에 눈을 뜨며 제일 먼저 고백하는 것이 바로 이 고백이 되게 하소서.
나의 상황과 여건과 해야 하는 모든 일들과 밀린 과제들이 있다 하더라도
아침에 눈을 뜨고 제일 먼저 주님을 사랑한다는 고백을 하게 하소서.

어제의 모든 고민들과 갈리는 마음들, 모든 정치적인 이슈를 내려놓고
이 시간 주님만을 기억하게 하소서.
주님께서 우리의 길을 인도하셔야 이 나라가 온전하게 주님께 달려갈 수 있습니다.
아버지의 마음으로 기도하게 하시고, 수많은 각자의 기도들 속에서
아버지의 온전한 뜻을 이루어 주소서.

오늘도 주님 앞에 살아가는 나의 하루를 위해
새로운 출발을 주신 아버지 감사합니다.
어제까지의 상한 마음이 있다면 위로하여 주시고,
오늘도 내가 다른 사람을 위로하며 살게 하소서.
서로가 서로를 위로하는 하루 되게 하시고,
그런 하루를 살기 위해 나의 의지로만 채우는 것이 아니라
아버지의 마음으로 나의 영혼을 먼저 채우게 하소서.
인간의 의로만 다져지는 하루가 아니라, 아버지의 의로 다져지는 하루 되게 하소서.

오늘 하루도 주님 앞에 나아가 먼저 위로 받고 그 받은 사랑으로
다른 사람을 위로하는 하루 되게 하소서.
나의 주 나의 의가 되시는 예수 그리스도의 이름으로 기도합니다.
아멘!

:: 주의 의로 나를 건지시며 나를 풀어 주시며 주의 귀를 내게 기울이사 나를 구원하소서
(시편 71:2).

JULY 15

나의 모든 열등감과 실패감을 치유하소서

아버지 하나님,
맑은 날을 주시고 어제의 어두움을 잊어버리게 해 주심에 감사합니다.
새로운 날 새로운 기회를 시간이라는 보상으로 허락하셨으니
오늘도 새출발을 하는 마음으로 시작하게 하소서.

주님을 사랑함이 나의 힘의 근원이 되게 하소서.
주님이 나를 먼저 사랑하셨음이 내 삶의 가장 큰 자랑이 되게 하소서.
그 자부심이 나의 모든 열등감과 실패감을 치유하고
나를 이 땅에서 부족함이 없는 존재로 여기며 사는 근원이 되게 하소서.
신의 사랑을 받는 자로서 그 사랑을 받은 것처럼
나도 다른 사람을 사랑하고 긍휼히 여기는 하루가 되게 하소서.

너무도 불완전한 나의 선입견들이 사람에게 상처를 주지 말게 하시고,
내가 이해하지 못한 부분들을
더 많이 생각하고 배려하고 사랑하는 하루 되게 하소서.
우리의 입술에 파수꾼을 세워주셔서
오늘도 해야 할 말과 해서는 안 되는 말을 걸러 내게 하소서.
내가 하는 말들이 사람에게만 들리는 것이 아니라
아버지 하나님께도 들린다는 사실을 잊지 말게 하소서.
오늘도 아버지를 닮아 새로운 창조를 하는 하루가 되길 소망합니다.
나의 주인 나의 통치자 되시는 예수 그리스도의 이름으로 기도합니다.
아멘!

:: 그러나 주께 피하는 모든 사람은 다 기뻐하며 주의 보호로 말미암아 영원히 기뻐 외치고 주의 이름을 사랑하는 자들은 주를 즐거워하리이다 (시편 5:11).

JULY 16

하나님의 대사가 되게 하소서

나를 지키시는 아버지여,
지난밤도 자는 가운데 지켜주시고
아침에 눈을 떠 일어나게 하신 아버지 감사합니다.
우리는 자기도 하고 졸기도 하지만,
나의 아버지께서는 졸지도 않으시고 주무시지도 않으시며
나를 눈동자와 같이 지켜주심에 감사합니다.

내가 행하는 일들 속에서 나를 해할 수 있는 것들로부터 나를 지키시고,
나의 생각과 마음속에서 나를 주님께로부터 멀리 떨어지게 만드는
모든 의심과 두려움에서 나를 지키소서.

주님은 신실하신 분이신데 때로는 상황 속에서 믿음을 잃어버리는 때가 있습니다.
언제나 나에게 최선의 길로 인도하시는 아버지를 믿고 신뢰하게 하소서.
내가 잘 살아서가 아니라,
아버지께서 신실하셔서 언제나 나를 지키시는 것이 믿음이 되게 하소서.
믿음의 근원이 내가 아니라 아버지께 있음을 기억하게 하소서.

오늘도 만나는 모든 사람들 속에서 주님의 빛이 비춰지게 하시고,
나로 아버지를 보이게 하는 하나님의 대사가 되게 하소서.
오늘 하루의 모든 일정 가운데 하나님의 은혜가 가득하게 하소서.
주님을 사랑합니다.
나의 피난처 되시는 예수 그리스도의 이름으로 기도합니다.
아멘!

:: 너희는 여호와의 선하심을 맛보아 알지어다 그에게 피하는 자는 복이 있도다 (시편 34:8).

JULY 17

참으로 주님께서 나의 주관자 되십니다

나의 힘이 되시는 아버지,
밤을 주시고 낮을 주심에 감사합니다.
주님께서 주신 밤에 쉼을 얻게 하셔서 감사합니다.
오늘 새로운 낮을 주셨으니 밤에 얻었던 힘으로 다시 일하게 하소서.

어제 나의 뜻대로 행하였던 것이 있다면 용서하여 주소서.
오늘은 나의 뜻보다는 아버지의 뜻을 먼저 구하게 하소서.
하나님이 나의 모든 주관자라 매일 고백하면서
실제로는 내가 나를 주관하며 살았던 순간을 용서하소서.
오늘은 참으로 주님께서 나의 주관자 되시고
모든 것을 인도하시는 분이심을 인정하는 하루되길 원합니다.

나의 최선이 아버지의 은혜와 맞닿아
가장 아름다운 결과를 얻는 하루 되게 하소서.
내가 예측할 수 없는 일들이 벌어질 때마다
주님 함께하여 주시고 지혜와 능력을 더하여 주소서.
누군가를 비난하느라 해야 하는 일을 회피하거나 망가뜨리는 일이 없게 하시고,
일을 성취하기 위하여 하나 될 수 있는 마음을 허락하소서.
우리 모두에게 힘을 더하여 주시고 아버지의 뜻이
온전히 이루어지는 하루 되게 하소서.
주님을 사랑합니다.
나의 주인 되시는 예수 그리스도의 이름으로 기도합니다.
아멘!

:: 이는 그들로 마음에 위안을 받고 사랑 안에서 연합하여 확실한 이해의 모든 풍성함과 하나님의 비밀인 그리스도를 깨닫게 하려 함이니 (골로새서 2:2).

JULY 18

언제나 의연하게 하소서

나의 소망이 되시는 아버지,
어제도 지켜주셔서 무사히 하루를 마무리하게 하신 아버지 감사합니다.
오늘도 새로운 날을 주셔서 활동할 수 있는 은혜를 주심을 감사합니다.

오늘 나의 상황과 주어진 환경이
때로는 다른 사람에 비해 너무 불공평하다고 느껴질 때에도
하나님께서 나의 삶을 주도하고 계심을 믿게 하소서.
나의 시간과 하나님의 시간이 다르다는 것을 이해하게 하시고
믿음으로 이겨갈 힘을 주소서.
나를 둘러싸고 있는 상황이 나의 소망이 아니라
나를 붙들고 계신 주님이 나의 소망입니다.
그 주님이 변하지 않으셨다면 오늘의 나의 상황은 나를 좌절하게 할 수 없으니
언제나 의연하게 하시고, 좋을 때나 나쁠 때나 변함이 없게 하소서.

주변의 약한 자들을 돌아보게 하셔서
나에게 비교당하여 슬퍼할 사람이 없는지 살피게 하소서.
내가 좋다고 기뻐만 하는 것이 아니라 그것으로 인해
혹여 상심하는 누군가가 있다면 그들을 돌보게 하소서.

오늘도 흔들림 없는 나를 향한 주님의 사랑이 나의 모든 소망입니다.
그 소망을 가지고 오늘도 새로운 시작을 합니다.
오늘도 눈동자와 같이 지켜주소서.
나의 갈 길을 밝히시는 예수 그리스도의 이름으로 기도합니다.
아멘!

:: 내가 여호와를 항상 내 앞에 모심이여 그가 나의 오른쪽에 계시므로 내가 흔들리지 아니하리로다 (시편 16:8).

JULY 19

잠잠히 주님을 기대하게 하소서

나를 바라보시는 하나님
지난 밤에도 나를 지키시며 함께하신 아버지 감사합니다.
오늘 이 아침에 주님을 기억하고 기도합니다.
언제나 나를 바라보시는 주님의 눈길이 이 아침에도 동일하신 것을 믿습니다.

나에게 필요한 것을 아시는 주님께서 그 모든 것을 채우시며 이루어 주소서.
혹여 내가 잘못 간구하고 있는 것이 있다면
주님 보시기 가장 좋은 것으로 이루어 주소서.
오늘도 나를 바라보시는 그 눈길을 기억하며 나의 마음을 주님께 드리게 하소서.
기도하는 이 시간만큼은 부산스럽지 않고 시끄럽지 않고
안절부절하지 않고 잠잠히 주님을 기대하게 하소서.

나의 영혼이 주님과 만나서 충만함을 누리게 하소서.
그리고 그 충만함이 오늘 하루의 힘이 되어
평안한 심령으로 모든 것을 잘 이겨가게 하소서.
내가 주님을 느낄 수 있든 느끼지 못하든
주님은 언제나 나와 함께 동행하심을 믿습니다.

매 순간이 주님의 은혜임을 고백하며 감사하는 하루 되게 하소서.
오늘을 주님께 올려드립니다.
받으시고 인도하소서.
나를 사랑하시는 예수 그리스도의 이름으로 기도합니다.
아멘!

:: 여호와 앞에 잠잠하고 참고 기다리라 자기 길이 형통하며 악한 꾀를 이루는 자 때문에 불평하지 말지어다 (시편 37:7).

JULY 20

나의 기도 제목은 주님께서 아십니다

나의 승리가 되시는 아버지여,
오늘도 새로운 아침을 주심에 감사합니다.
이 아침에 나의 몸도 새롭고, 나의 마음도 새롭고,
무엇보다 나의 영혼이 더욱 새로워지게 하소서.

주님을 사랑하는 마음이 어느 때보다 더 커지게 하소서.
내가 이전에 가장 주님을 사랑하고 갈망했던 그 때보다
오늘 더 주님을 사랑하게 하시고,
주님을 생각만 해도 나의 마음에 기쁨이 넘치는 하루가 되게 하소서.

오늘 나의 해야 하는 일들 가운데 주님 역사하여 주소서.
무엇을 하든지 주님께서 하시는 것과 같게 하시고,
주님을 신뢰하는 마음으로 행하게 하소서.
일의 안 좋은 면만 생각하느라 주저하지 말게 하시고,
주님께서 열어 주신 또 다른 길을 생각하며 새 소망을 갖게 하소서.

오늘 내가 기도해야 할 기도 제목들을 주님께서 아십니다.
내가 돌보아야 하는 사람들, 내가 지켜야 하는 사람들,
나를 필요로 하는 사람들을 불쌍히 여겨 주시고
그들을 향해 하나님의 손이 될 수 있도록 나를 사용하여 주소서.
나를 위해 죽으심으로 승리하신 예수 그리스도의 이름으로 기도합니다.
아멘!

:: 그의 노염은 잠깐이요 그의 은총은 평생이로다 저녁에는 울음이 깃들일지라도 아침에는 기쁨이 오리로다 (시편 30:5).

JULY 21

나에게 주어진 사명을 다하는 한 주

크고 위대하신 하나님,
모든 우주를 다스리시는 주님, 그 주님께서 오늘도 다스리심을 믿습니다.
우주를 다스리시는 주님께서 그와 동일하게
나의 인생도 다스리고 계심을 믿습니다.
그래서 때로는 이해할 수 없는 일들이 내 삶에 일어날 때에도
주님의 뜻이 나의 뜻보다 높음을 믿고 나아갑니다.

오늘도 새로운 하루를 주심에 감사합니다.
누군가에게는 죽음의 하루이고 누군가에게는 탄생의 하루이지만,
나에게는 삶의 하루를 주셨으니
나에게 주신 사명을 다하도록 오늘도 성실히 살게 하소서.
나에게 주어진 시간이 얼마나 감사한 것인지 기억하게 하소서.

오늘도 소중한 시간을 선물로 받았으니
주님을 바라봄으로 의미 있는 하루 되게 하소서.
나의 입술을 지키셔서 파수꾼을 세우시며 주님의 뜻에 합당한 언어를 쓰게 하소서.
나의 손을 지키셔서 나의 행하는 일이 이 세상에 도움이 되는 일이 되게 하소서.

나만 생각하는 것이 아니라 다른 사람을 돌아보고
그들을 위해 애쓰는 하루가 되게 하소서.
내가 사랑하는 나의 아버지가 얼마나 위대한 분이신지를
감탄하며 감사하는 하루 되게 하소서.
나의 모든 주관자 되시는 예수 그리스도의 이름으로 기도합니다.
아멘!

:: 이 하나님은 영원히 우리 하나님이시니 그가 우리를 죽을 때까지 인도하시리로다
(시편 48:14).

JULY 22

승전가를 부르게 하소서

나의 앞서 싸우시는 아버지
이 세상의 그 무엇도 우리를 하나님의 사랑에서 끊을 수 없으며,
이 세상의 무엇도 사망을 이기신 예수 그리스도의 승리를 막을 수 없음을 믿습니다.

오늘 새로운 탄생을 맞이한 것처럼 우리도 이 하루를 살며
승리하신 주님의 등에 업혀 승전가를 부르게 하소서.
나의 귀에 실망감을 주려고 속이고 정죄하는 마귀의 소리를 물리쳐 주소서.
나의 마음에 자책감을 주고 포기하게 하려는 낙담을 물리쳐 주소서.
나의 가는 길 앞서 싸우시는 주님으로 인해
오늘도 내가 담대히 승리하는 삶을 살 수 있습니다.

전쟁터의 장수와 같이 나의 가는 길 앞에서 가장 먼저 싸워주시는 주님으로 인해
오늘도 기죽지 말게 하시고 나에게 기쁨을 주시려는 주님의 사랑을
믿고 누리게 하소서.

모든 것을 주님께 맡겨드립니다.
아름다운 것을 아름답게 느끼고 감사하게 하시고,
고마운 것을 고맙다 말하며 나누는 하루 되게 하소서.
오늘 살아있음에 감사하며, 이 하루가 아름다울 수 있는 것은
주님께서 나의 앞에 가시기 때문입니다.
감사합니다. 사랑합니다.
이 모든 은혜가 나와 나의 가족, 이 땅의 모든 사람들에게 임하게 하소서.
나의 승리 되시는 예수 그리스도의 이름으로 기도합니다.
아멘!

:: 우리가 선을 행하되 낙심하지 말지니 포기하지 아니하면 때가 이르매 거두리라
(갈라디아서 6:9).

JULY 23

기적을 만들며 걸어가는 하루 되게 하소서

나를 일으키시는 아버지,
밤이 지나고 새로운 아침을 주셔서 나로 새날을 맞게 하시니 감사합니다.
간밤에 쉬게 하시고, 오늘 새 길을 달려가게 하셨으니 나로 새 힘을 주셔서
아버지의 은혜로 가득한 하루 되게 하소서.

오늘의 일과를 주님께 맡겨 드립니다.
내가 예상한 일들도 있고, 때로는 내가 예상하지 못한 일들도 생기지만
그 가운데 주님 함께하셔서 잘 감당할 수 있는 힘을 주소서.
무엇을 하든지 주님을 위해 할 수 있게 하소서.
세상의 일을 하는 것 같지만
이것이 주님께서 이 땅에서 내게 주신 사명임을 알게 하소서.
두려움을 거둬주시고, 주님께서 힘주신다면 감당할 수 있다는 믿음을 허락하소서.

주님께서 잡아주신 이 손이 누구도 떼어 놓을 수 없는
강한 손이라는 것을 믿게 하소서.
그래서 오늘도 나에게 일어나는 모든 일 앞에 포기하지 않고 담대하게,
기쁨으로 일어나 굳건한 발을 내딛게 하소서.

내가 지켜야 할 모든 것들을 책임감 있게 지키게 하시고,
주님과 한 걸음 한 걸음 기적을 만들며 걸어가는 하루 되게 하소서.
나의 사랑이 되시는 예수 그리스도의 이름으로 기도합니다.
아멘!

:: 그를 향하여 우리가 가진 바 담대함이 이것이니 그의 뜻대로 무엇을 구하면 들으심이라
(요한일서 5:14).

JULY 24

다른 사람을 치유하고 회복시키는 사람이 되게 하소서

나를 치유하시는 아버지,
오늘도 아름다운 하루를 시작하게 하심을 감사합니다.
언제나 나의 치료자가 되시는 아버지여,
이 아침에 나의 모든 연약함을 고치시고,
나의 모든 질병을 치유하여 주셔서
새로운 육체로 새로운 하루를 시작하게 하소서.

세상 속에서 전쟁 같은 날들을 보내느라 때로는 마음도 병들고,
나의 영혼도 시들며 나의 육체도 질병으로 어려움을 당하곤 합니다.
이 아침에 치유하시는 하나님의 능력이 나의 안을 가득 채우셔서
이 세상의 어떤 의사도 고치지 못하는 것을 고치시는 아버지의 능력을
경험하게 하소서.

오늘 하루도 만나는 이들을 향하여
내가 그들을 치유할 수 있는 사람이 되게 하소서.
그들의 마음을 어루만지고, 그들을 위로하고 힘을 불어넣어 주게 하소서.
주님께 치유 받은 몸과 마음으로
다른 사람을 치유하고 회복시키는 사람이 되게 하소서.

오늘 해야 하는 모든 일들을 축복하시고,
만나는 사람들과 기쁨의 만남이 되게 하시며
행하는 모든 일들이 주님께서 기뻐하시는 일이 되게 하소서.
나의 주 나의 치유자 되시는 예수 그리스도의 이름으로 기도합니다.
아멘!

:: 내 이름을 경외하는 너희에게는 공의로운 해가 떠올라서 치료하는 광선을 비추리니 너희가
나가서 외양간에서 나온 송아지 같이 뛰리라 (말라기 4:2).

JULY 25

언제나 겸손의 자리에 서게 하소서

아바 아버지,
이 아침에 주님을 기억하며 기도합니다.
나의 의식이 있는 첫 시간에 주님을 향해 기도하게 하심을 감사합니다.
주님께서는 내가 의식이 없는 순간에도
나를 지켜보시고 돌보고 계셨음을 인하여 감사합니다.

오늘도 주님의 품 안에서 하루를 시작합니다.
나의 기댈 언덕이 되어 주시고 힘들고 어려울 때
피할 수 있는 안식처가 되어 주소서.
그래서 하루를 열심히 살다가 지칠 때에 주님으로 인해
새로운 충전을 하게 하소서.

이 맑은 날과 같이 아름답고, 힘을 주는 사람이 되게 하소서.
다른 사람을 더 많이 이해하고 그 사람도 최선을 다하고 있음을 기억하게 하소서.
나도 언제나 실수 할 수 있는 사람이라는 것을 잊지 말게 하셔서
언제나 겸손의 자리에 서게 하소서.
나의 기준으로만 사는 것이 아니라 사람들과 함께 공평과 정의를 행하는 것이
무엇인지를 기억하며 모두에게 행복한 결정을 하도록 노력하게 하소서.

오늘이 어제보다 더 나은 날이 되게 하시되,
하나님의 성품이 더 발현되는 날이 되게 하소서.
모든 일에 감사합니다.
나의 주 나의 피할 곳 되시는 예수 그리스도의 이름으로 기도합니다.
아멘!

:: 여호와여 주는 겸손한 자의 소원을 들으셨사오니 그들의 마음을 준비하시며 귀를 기울여
들으시고 (시편 10:17).

JULY 26

주신 은혜를 마음껏 발휘하는 하루

나의 산성이 되시는 아버지여,
오늘도 지난 나의 모든 죄를 사하시고,
새로운 영혼으로 새날을 맞게 하시니 감사합니다.

나의 산성이 되시어 적들의 공격으로부터 나를 보호하시고
나로 안전하게 거하게 하시니 감사합니다.
오늘도 오늘의 분량만큼 충분히 살아갈 힘을 주시는 주님을 믿습니다.
하루의 만나를 얻듯이 오늘도 주님의 은혜가 오늘 나에게 충분함을 믿게 하소서.

내일을 생각하며 욕심을 내지 말게 하시고,
내일에 초점을 맞추느라 오늘을 흐지부지 살지 말게 하소서.
나에게 주신 오늘을 최선을 다하게 하시고
오늘에 집중하여 주신 은혜를 마음껏 발휘하는 하루 되게 하소서.

세상이 나를 향하여 언제나 과장되게 위협할 때에 속지 말게 하소서.
그들의 힘을 자랑하고, 나의 무력함을 조롱하며 나는 할 수 없다고 속삭일 때에
그 속임에 넘어가지 말게 하소서.
주님의 손을 붙잡고 승전가를 부르는 하루 되게 하소서.
오늘도 주님을 갈망하고 사랑합니다.
나의 주, 나의 깃발 되시는 예수 그리스도의 이름으로 기도합니다.
아멘!

:: 내가 사자를 네 앞서 보내어 길에서 너를 보호하여 너를 내가 예비한 곳에 이르게 하리니
　(출애굽기 23:20).

JULY 27

나의 태어나는 순간부터 지금까지

나의 도움이 되시는 아버지,
오늘 아침에도 변함없이 나와 함께하시니 감사합니다.

나의 태어나는 순간부터 지금까지 사랑의 눈으로 지켜보시는 아버지를 향하여
언제나 같은 마음으로 주님을 바라보게 하소서.
하나님을 배신하거나 부정하는 일이 없게 하시고,
세상 것이 좋아 주님을 멀리하는 일이 없게 하소서.
세상 것이 좋아서는 아니라 하더라도 세상으로 인해 바빠, 혹은 세상이 두려워,
혹은 세상을 이기려고 노력하느라 아버지를 멀리하는 일이 없게 하소서.
무엇이든 주님을 멀리하는 것에 대하여 핑계가 없게 하시고,
내 삶의 모든 우선순위에 주님이 거하시게 하소서.

오늘이 그 사명을 가진 하루이오니,
오늘을 미루고 내일부터 주님을 사랑하겠다고 하지 말게 하소서.
성실한 오늘이 바로 미래의 나 자신임을 기억하고
오늘을 주님 앞에 부끄러움 없이 신실하게 하소서.
주님과 동행하며 세상 가운데 성실하게 하시고
이 일을 위해 주님의 도움을 구하게 하소서.
오늘이 내 인생 최고로 주님을 사랑하는 날이 되게 하시고,
내일이 되었을 때 그 내일의 오늘이 또 그런 날 되게 하소서.
오늘을 주님께 올려드립니다.
나의 주인 되시는 예수 그리스도의 이름으로 기도합니다.
아멘!

:: 주는 나의 반석과 산성이시니 그러므로 주의 이름을 생각하셔서 나를 인도하시고 지도하소서 (시편 31:3).

JULY 28

진정한 쉼과 기쁨을 누리게 하소서

나의 안식이 되시는 내 아버지여,
오늘도 귀한 아침을 선물로 주심을 감사합니다.
이 아침에 하나님 아버지의 은혜가 변함없이 내게 가득하며
오늘 이 하루라는 시간 속에 많은 축복이 있음을 기억하며 감사드립니다.

수많은 사람들이 휴가를 떠나고 길도 사무실도 한적한 모습을 보면서
평소에 얼마나 많은 사람들이 열심히 일을 했었는지를 깨닫습니다.
열심히 일하고 맞이하는 그 짧은 휴가가 얼마나 귀하고 아름다운 것인지요.
휴가를 떠난 자들에게 은혜를 주셔서 진정한 쉼과 기쁨을 누리게 하소서.
휴가를 기다리는 자들에게 기대와 소망을 주셔서
오늘 일터에서의 업무가 즐겁게 하시고
기대감에 피곤을 잊을 수 있는 하루 되게 하소서.
하나님께서 아담을 창조하시고 인간이 맞이한 첫날이 안식일이었음을
기억하게 하소서.
인간에게 가장 먼저 해야 하는 것이 하나님을 기억하고 쉼을 가지는 것임을,
그것이 하나님의 뜻이고 섭리임을 알게 하소서.

오늘도 내 아버지께서 나를 안으시고 보호하시며 인도하실 것을 믿습니다.
어느 자리에서든 나의 하루 중 기도로 안식을 먼저 하게 하시고,
나의 삶에서 주님과 동행하는 참된 안식을 먼저 이루고 힘을 내어 달려가는
영성을 허락하소서.
나의 주 나의 쉼이 되시는 예수 그리스도의 이름으로 기도합니다.
아멘!

:: 내가 평안히 눕고 자기도 하리니 나를 안전히 살게 하시는 이는 오직 여호와이시니이다
(시편 4:8).

JULY 29

어제보다 더 충만한 하루

나를 만족하게 하시는 하나님,
귀하고 아름다운 하루를 시작하게 해 주셔서 감사합니다.
매일의 시작을 주님과 함께할 수 있게 하심을 감사합니다.

새로운 오늘 하루를 새 술을 새 부대에 넣듯이 그릇을 새로 준비하게 하소서.
어제와 똑같은 마음에 새로운 하루를 담지 말게 하시고,
오늘은 더 새로운 기대를 가지고 하루를 시작하게 하소서.
오늘은 하나님의 은혜가 더 가득하고, 오늘은 주님의 기적이 더 많이 일어나고,
오늘은 나의 마음이 더 하나님을 향하여 활짝 열리게 하소서.
그래서 어제보다 더 충만한 하루를 경험하게 하소서.

때로 나의 뜻대로 채워지지 않는 갈급함을 인하여 감사하게 하소서.
나의 갈망이 오래될수록, 나의 갈급함이 더 간절할수록
그것을 채우시는 하나님의 은혜가 더 커지고 풍성함을 기억하게 하소서.
인생의 갈급함이 없다면 감사도 없을 것이라는 것을 기억하게 하소서.
갈급함 때문에 감사가 더 깊어지고 커지고
하나님의 은혜를 더욱 깨닫게 됨을 고백합니다.
오늘 나의 갈급함은 주님만이 만족케 하실 수 있음을 고백합니다.
나의 갈망으로 인해 나의 감사가 더 커질 수 있음을 고백합니다.
오늘도 역사하실 주님을 위해 새 그릇으로 주님께 나아갑니다.
채우시고 만족하게 하소서.
나의 기쁨이 되시는 예수 그리스도의 이름으로 기도합니다.
아멘!

:: 그가 사모하는 영혼에게 만족을 주시며 주린 영혼에게 좋은 것으로 채워주심이로다
(시편 107:9).

JULY 30

새 힘을 가지고 오늘을 달려갈 힘을 얻게 하소서

나를 깨끗게 하시는 아버지,
오늘도 눈을 뜨게 하시니 감사합니다.
이 아침에 새로운 하루를 시작하기 원합니다.
이제까지 지었던 나의 모든 죄를 용서하시는 아버지께 회개하며 나아갑니다.
주님 앞에 나아가는 자마다 모든 죄를 사하시고 품어 주시는 아버지 감사합니다.
나의 죄를 정결하게 하시고, 새롭게 하소서.

내가 아버지 앞에 용서 받기 위하여 먼저 나에게 죄 지은 자를 용서하게 하소서.
나에게 작은 죄를 지은 자를 용서하지 못하면서,
나의 큰 죄에 대해 무감각하게 용서를 구하지 말게 하소서.

오늘도 주님께서 은혜를 주셔서 나를 회복시키시고,
새 힘을 주셔서 오늘을 달려갈 힘을 얻게 하소서.

주님 앞에 길을 물을 때에 모든 무거운 짐을 내려놓고 묻게 하소서.
새 마음으로 새 길을 가는 아침이 되게 하소서.
오늘도 나의 모든 어두움을 빛으로 바꾸시고,
나의 더러움을 깨끗하게 하시는 하나님의 은혜로 시작합니다.
온종일 주님의 빛이 나를 가득 채워 주소서.
가볍고 상쾌한 몸과 마음으로 새로운 날을 살게 하소서.
나의 주 나의 빛 되신 예수 그리스도의 이름으로 기도합니다.
아멘!

:: 주께 힘을 얻고 그 마음에 시온의 대로가 있는 자는 복이 있나이다 (시편 84:5).

JULY 31

모든 것을 아버지께 내어 드릴 수 있는 믿음

높으신 하나님 아버지,
오늘도 아버지의 사랑으로 나를 일으키시고
하루를 시작할 힘을 주셔서 감사합니다.
모든 만물들이 그 존재만으로 하나님 아버지의 살아계심을 증명하고 있음에
감사합니다.

오늘도 나의 모든 욕심을 포장하지 말게 하셔서
아버지 앞에 내 존재 자체로서의 영광을 올려드리게 하소서.
그래서 나의 기쁨이면서 아버지께 돌리고 싶다고 착각하는 영광이 아니라,
진정 아버지께서 받고 싶어 하시는 영광을 올려드리는 하루 되게 하소서.
때로 작은 꿈, 소박한 소망이라는 타협 때문에
얼마나 많은 것들을 감사하지 못하고 사는지 알게 하소서.
결국 그것이 작은 조각의 욕심이라면
작다고 당위성을 가지는 것은 아님을 깨닫게 하소서.
아버지 앞에 모든 것을 감사하며,
모든 것을 심플하게 인정하고 아버지께 내어 드릴 수 있는 믿음을 허락하소서.

아버지 앞에 가장 단순한 삶으로 영광 돌리게 하소서.
주님께 나의 모든 기도 제목들을 올려드립니다.
그 안에 담긴 욕심을 제거하시고 아버지의 뜻을 이루소서.
오늘도 내 존재 자체로 하나님을 증명하는 하루 되게 하소서.
나의 주 나의 모든 것 되시는 예수 그리스도의 이름으로 기도합니다.
아멘!

:: 감사로 제사를 드리는 자가 나를 영화롭게 하나니 그의 행위를 옳게 하는 자에게 내가 하나님의 구원을 보이리라 (시편 50:23).

직.장.인.을. 위.한. 묵.상.

가장 먼저
하나님과 화해 하십시오

창세기 | 32장 24-31절

24 야곱은 홀로 남았더니 어떤 사람이 날이 새도록 야곱과 씨름하다가
25 자기가 야곱을 이기지 못함을 보고 그가 야곱의 허벅지 관절을 치매 야곱의 허벅지 관절이 그 사람과 씨름할 때에 어긋났더라
26 그가 이르되 날이 새려하니 나로 가게 하라 야곱이 이르되 당신이 내게 축복하지 아니하면 가게 하지 아니하겠나이다
27 그 사람이 그에게 이르되 네 이름이 무엇이냐 그가 이르되 야곱이니이다
28 그가 이르되 네 이름을 다시는 야곱이라 부를 것이 아니요 이스라엘이라 부를 것이니 이는 네가 하나님과 및 사람들과 겨루어 이겼음이니라
29 야곱이 청하여 이르되 당신의 이름을 알려주소서 그 사람이 이르되 어찌하여 내 이름을 묻느냐 하고 거기서 야곱에게 축복한지라
30 그러므로 야곱이 그 곳 이름을 브니엘이라 하였으니 그가 이르기를 내가 하나님과 대면하여 보았으나 내 생명이 보전되었다 함이더라
31 그가 브니엘을 지날 때에 해가 돋았고 그의 허벅다리로 말미암아 절었더라

―

오늘 내용은 이제 야곱이 큰 부자(목축업의 대가)가 되어서 삼촌 라반의 집을 떠나 고향으로 돌아오는 길의 내용입니다. 근데 야곱에게는 문제가 있죠? 속이고 도망쳤던 형, 바로 에서가 칼을 갈고 기다리고 있으니까요. 아니나 다를까, 형 에서는 무장한 400명의 자객을 이끌고 야곱을 맞으러 오고 있습니다.
야곱은 완전히 쫄았습니다. 죽게 생겼으니까요. 그래서 그 좋은 머리로 자신의 재산(소떼, 양떼)을 세 떼로 나누고, 일가족들도 나누어서 하나씩 하나씩 보냅니다. 뭔 일이 생기면 도망가려는 거죠.
에서에게 엄청난 선물을 반복해서 주면서 구슬리려고 종들을 보내고, 마지막으로 가족들까지 얍복강을 다 건너게 하고 본인은 차마 건너지 못하고 혼자 남았습니다. 그리고 하나님의 천사와 씨름을 하면서 매달리는 것이 오늘의 본문입니다.

근본적인 문제의 해결은 보이는 데 있지 않습니다

야곱은 에서와의 화해를 앞두고 선물만으로 안 된다는 것을 알았습니다. 하나님이 자신을 지켜주지 않으면 어떤 인간도 나를 지킬 수 없고, 어떤 방법으로도 지킬 수 없다는 것을 알았습니다. 그래서 하나님께 매달립니다.

여러분은 화해를 어떻게 하십니까? 마음의 문제를 해결하지 않고 보이는 것만으로 시늉을 하지 않으시나요? 그건 해결이 아닙니다. 먼저 홀로 남아 자신의 마음의 근본을 하나님 앞에서 돌이켜야 됩니다.

하나님과 먼저 화해해야 합니다

야곱은 자신의 삶의 방법에서 늘 자신의 방법대로만 고집합니다. 야곱은 변화의 기점에서 하나님과의 만남이 절실했습니다. 그리고 밤새도록 씨름하며 고통스럽게 매달려 하나님과의 화해를 이루어냅니다. 그 이후 그의 이름이 바뀌는 것은 그의 근본이 바뀌었다는 상징적 의미이기도 합니다.

혹, 하나님께 삐져 있지는 않습니까? 무언가 못마땅해서 고개를 돌리고 있나요? 야곱을 보십시오. 그가 자초했습니다. 스스로의 방법을 고집하다가 고생길로 들어섰습니다. 하나님과 화해하십시오. 이해할 수 없음은 우리의 미련함 때문이지 하나님의 잘못 때문이 아닙니다.

비겁하고 두려워하는 야곱이었지만, 하나님 앞에서는 용감했습니다

모든 약점을 커버하고도 남은 야곱의 가장 큰 장점은 하나님을 끈질기게 붙잡았다는 것입니다. 그것때문에 야곱은 그의 모든 약점을 이기고도 남는 믿음의 계보, 축복의 계보를 잇게 됩니다.

여러분은 무엇이 중요하다고 생각하십니까? 놓아야 할 것과 잡아야 할 것을 분명히 하십시오. 여러분이 확실하게 잡아야 할 것 하나는 바로 하나님입니다. 그 하나님과 씨름하십시오. 그것이 진정한 용기입니다.
가장 먼저 하나님과 화해하십시오. 그게 제일 급선무입니다.

8월

AUGUST / 08

예수께서 이르시되
나는 생명의 떡이니 내게 오는 자는
결코 주리지 아니할 터이요
나를 믿는 자는
영원히 목마르지 아니하리라
_ 요한복음 6:35

이 달 의 기 도 제 목

-
-
-
-
-

아버지의 모든 일이 선하심을 믿습니다

나를 보호하시는 하나님 아버지,
어제까지의 모든 길을 인도하시고, 함께해 주시니 감사합니다.
지난 모든 순간들을 기적과 같이 인도하셔서
어느새 여기까지 오게 하신 것을 감사드립니다.
주님이 도우셨던 수많은 위기와 어려움을 기억합니다.

때로는 앞이 보이지 않는 길로 인하여 불안하고 원망하였으나,
만약 모든 길이 다 보였다면 두려워서 포기해 버렸을지도 모르는 길을,
보이지 않았기 때문에 주님의 손을 잡고 지나올 수 있었음을 고백합니다.
때문에 나에게 행하시는 아버지의 모든 일이 선하심을 믿습니다.

내 발에 등이 되시는 주님께서
오늘도 나의 앞길을 보여주시고 인도하여 주소서.
먼 길이 보이지 않아도 믿음으로 순종하고 발을 내딛게 하소서.
무엇을 하든지 주님의 손을 놓는 일이 없게 하소서.

보이지 않는 것도, 돌아가는 것도,
모든 것이 주님께서 주시는 사랑의 발로임을 신뢰하고 따르게 하소서.
주님은 선하시며 언제나 나를 사랑하시는 분임을 믿습니다.
오늘도 주를 알지 못하는 자들에게 복음을 전할 수 있는 하루 되게 하소서.
나를 최선을 다해 사랑하시는 예수 그리스도의 이름으로 기도합니다.
아멘!

:: 믿음으로 모든 세계가 하나님의 말씀으로 지어진 줄을 우리가 아나니 보이는 것은 나타난
   것으로 말미암아 된 것이 아니니라 (히브리서 11:3).

AUGUST 2

나의 정답은 언제나 하나님

나의 정답이 되시는 하나님,
새로운 날의 은혜를 주시는 아버지 감사합니다.
늘 똑같은 일상이지만, 그 똑같은 일상이 얼마나 감사한지요.
특별한 사건 사고 없이 하루를 시작할 수 있다는 것,
언제나처럼 똑같은 인사말을 나누며 일과를 시작할 수 있다는 것에 감사합니다.

오늘도 만나는 일들과 결정해야 하는 일, 선택들 앞에서 혼동하지 말게 하소서.
시험지를 받을 때에 모르는 문제에는 망설임 없이 3번을 찍으며 살아왔는데,
하나님을 수없이 경험했으면서도 오늘 내가 받은 인생의 시험지 앞에서
하나님을 선택하지 않고 고민하는 일이 없게 하소서.
세상이 나를 흔들고 다른 답을 요구하는 소리가 높을 때에도
나의 정답은 언제나 하나님임을 기억하게 하소서.

내가 해결할 수 없는 문제일수록 그리고 그것이 답처럼 보이지 않는 순간일수록
언제나 정답은 하나님에게 있음을 확신하게 하소서.
일평생 사는 동안 언제나 본능적으로 하나님을 선택하는 삶이 되게 하소서.
오늘도 그런 하루 살기 원합니다.
이 땅과 이 나라의 많은 사람들로
하나님의 뜻이 임하는 것을 목도하는 날이 속히 오게 하소서.
주님을 사랑합니다. 오늘도 함께하소서.
나의 모든 것 되시는 예수 그리스도의 이름으로 기도합니다.
아멘!

:: 모든 지킬 만한 것 중에 더욱 네 마음을 지키라 생명의 근원이 이에서 남이니라 (잠언 4:23).

AUGUST 3

하나님께서 만드셨던 그 처음의 건강으로 회복시켜 주소서

사랑의 하나님 아버지,
이 아침 주님을 기억합니다.
우리의 몸과 마음을 새롭게 하여 주옵소서.

나의 머리를 깨끗케 하시고, 나의 눈을 맑게 하시며
나의 코가 온전한 호흡을 하게 하소서.
나의 입으로 건전하게 하시고 나의 폐가 활짝 펴지게 하시며
나의 심장이 활기차게 하소서.
나의 모든 소화기관이 강건하게 하시고
나의 간은 모든 피로를 씻기에 부족함이 없게 하소서.
나의 모든 근육의 긴장이 풀어지고
나의 피와 혈관이 힘차게 흐르게 하소서.
나의 모든 신경조직과 인대와 뼈들이 새 생명처럼 강건하게 하사
저의 모든 육신으로 주님의 생명력을 받게 하소서.

나의 육신이 연약하나 하나님께서 새롭게 하시기에 부족하지 않음을 믿습니다.
무에서 유를 만드시고, 말씀으로 모든 것을 창조하신 하나님.
지금 나는 연약한 육체를 가지고 있지만
주님께서 충분히 새롭게 해 주실 것을 믿습니다.
하나님께서 만드셨던 그 처음의 건강으로 회복시켜 주소서.
나의 온몸, 머리끝에서 손끝 발끝까지 성령으로 가득 채워주소서.
하나님의 창조의 능력이 오늘 하루 제 몸 가운데 가득하게 하소서.
사랑과 생명의 모든 근원 되시는 예수 그리스도의 이름으로 기도합니다.
아멘!

:: 하나님은 나를 돕는 이시며 주께서는 내 생명을 붙들어 주시는 이시니이다 (시편 54:4).

AUGUST 4

손해를 감수하는 믿음의 자녀 되게 하소서

사랑의 하나님 아버지,
오늘 귀하고 소중한 하루를 주셔서 감사합니다.
오늘도 모든 것을 새롭게 시작할 수 있는 깨끗한 마음 주셔서
어제의 모든 근심과 피로를 씻어주시고 새날 새 마음으로 임하게 하여 주소서.

모든 것을 있는 그대로 믿을 수 없는 시대 속에 신음하고 있습니다.
누군가 내 머리에 총구를 겨누며 예수를 믿지 말라고 하는 이는 없으나
오늘도 내 머리에 총구를 겨누며 정직하면 손해 볼 거라고,
진실하면 미련한 것이라고 협박하는 시대에 살고 있음을 기억하게 하소서.
그래서 차라리 정직하고 손해 보게 하시고
차라리 진실하고 미련하다는 평가를 받게 하소서.
부패한 세상에서 나쁜 평가가 어쩌면 하나님께 최고의 평가가 될 수 있음을 믿고
말씀대로 정직하고 진실한 입술과 삶을 살게 하소서.

오늘 나의 결단이 잘 살고, 잘 먹고, 잘 입기 위한 결단보다는
아버지를 기쁘게 해 드리고, 말씀대로 살기 위한 결단이 되게 하셔서
이를 위해 손해를 감수하는 믿음의 자녀 되게 하소서.
오늘도 타인을 위해 손해 보는 하루를 감당하게 하시고
오늘 하루를 축복하여 주시고 믿음으로 승리하게 하소서.
내 모든 희생의 모범이 되어 주신 예수 그리스도의 이름으로 기도합니다.
아멘!

:: 내가 내 음성으로 하나님께 부르짖으리니 내 음성으로 하나님께 부르짖으면 내게 귀를 기울이시리로다 (시편 77:1).

AUGUST 5

오늘 아버지를 더 닮고 싶습니다

사랑의 하나님 아버지
가뭄과 같은 메마른 나의 영혼에 주님이 주시는 은혜의 단비로
충분히 적셔지게 하셔서 감사드립니다.

나의 눈을 열어 날마다,
매 순간 아버지께서 지켜주시는 은혜가 어떤 것인지를 보게 하시고
나의 귀를 열어 나를 지키시며, 나를 강하게 하시고,
나와 함께하시는 주님의 음성을 듣게 하소서.

오늘도 아버지의 손을 잡고 기쁨의 길을 가게 하시고,
인생의 사는 길이 소풍 길과 같은 기대감과 즐거움이 되게 하소서.

오늘 나의 말이, 나의 눈빛이
외롭고 힘든 사람에게 단비가 되게 하소서.
그들의 목마름을 충족케 하는 선한 눈빛이 되게 하소서.
오늘 아버지를 더 닮고 싶습니다.
그런 하루 살게 하소서.
나의 주 나의 모든 것 되시는 예수 그리스도의 이름으로 기도합니다.
아멘!

:: 너희 아버지의 자비로우심 같이 너희도 자비로운 자가 되라 (누가복음 6:36).

AUGUST 6

너무 바쁜 척하지 말게 하소서

오늘도 함께하시는 아버지,
새로운 날을 허락하여 주심에 감사합니다.
새로운 시간이 주어지는 것이 얼마나 기적 같은 일인지 알게 하소서.

푸른 하늘을 주시고, 푸른 나무를 보게 하심에 감사드립니다.
어느새 이런 것들을 바라보는 것이 할 일 없는 루저들의 인생인 양
온종일 컴퓨터와 운전대와 기계들 속에서
하늘 한 번 바라보지 못하며 살고 있습니다.
하나님께서 주신 작은 창조물조차도 나에게 치유가 되고
휴식이 됨을 기억하게 하소서.

내가 살면서 하늘의 구름 한 번 바라보지 못하는 것이
내 삶의 자랑이 되지 말게 하소서.
하루 종일 일에 치여 지친다고 외치며
내 곁에 놓아주신 쉼의 수많은 자연들을 외면하며 살고 있음을 용서하소서.
오늘은 아무리 바빠도 하늘 한 번 보게 하시고,
흔들리는 나뭇잎 한 번 바라보게 하셔서
나도 생명으로서 살아있음을 느끼게 하소서.

오늘 하루 내 주변에 있는 수많은 기계들 속에서
작은 화분의 생명과 창밖의 하늘 한 조각이 힘이 되게 하소서.
너무 바쁜 척하지 말게 하시고, 나의 척박함이 자랑이 되지 말게 하소서.
주께서 주신 모든 것을 바라보고 누리며 살겠습니다.
나의 삶에 모든 위로 되시는 예수 그리스도의 이름으로 기도합니다.
아멘!

:: 주께서 생명의 길을 내게 보이시리니 주의 앞에는 충만한 기쁨이 있고 주의 오른쪽에는 영원한 즐거움이 있나이다 (시편 16:11).

AUGUST 7

나의 인생에서 일희일비하지 않게 하소서

나의 길에 동행하시는 하나님 아버지,
이유 없이 막히는 찻길에 서서 한숨을 쉬며 시간을 버렸다고 생각할 때도 있지만
이유 없이 잘 뚫리는 후반의 길도 열어주시니 감사를 드립니다.
나의 인생길도 어느 시절인가 한없이 막히고 답답하고 의아한 시절을 지나는데
또 어느 시절인가는 알 수 없이 잘 풀리고 신나는 시절을 지나겠지요.

결국에 도착하는 건 마찬가지라면 하나님 앞에 조급하지 말게 하시고,
주님께서 동행하시는 그 길을 믿고 가게 하소서.
나의 인생에서 일희일비하지 않게 하소서.
안전하게 종착역에 도착하는 것이 가장 소중한 것이니
나의 인생길도 주님께서 그리 만들어 주소서.

이 아침에 주님을 찬양합니다.
주님만이 나의 유일한 사랑이라고 수없이 찬양했는데,
곰곰이 생각해 보니 내가 사랑하는 것이
이 세상에 수만 가지가 있음을 깨닫습니다.
그럼에도 불구하고 여전히 그 찬양을 부를 것은 언젠가 참으로
내 마음에 참된 사랑이 주님밖에 없게 되기를 소망하기 때문입니다.
나의 모든 열정과 삶의 목적을 주님께 드리고 그것을 위해 살 수 있게 도와주소서.

언제나 부족한 고백이지만, 주님을 사랑합니다.
그리고 오늘도 나의 모든 길을 주님께 의지하고 부탁드립니다.
나의 모든 길이 되시는 예수 그리스도의 이름으로 기도합니다.
아멘!

:: 사람의 길은 여호와로 말미암나니 사람이 어찌 자기의 길을 알 수 있으랴 (잠언 20:24).

AUGUST 8

오래 가기 위해 쉬어 가는 법

하나님 아버지,
나에게 귀한 하루를 선물로 주심을 찬양합니다.
비록 아직 회복되지 않은 피로와 남아있는 질병들을 가지고 출근한다 할지라도
나에게 힘을 주시는 주님의 은혜와 보혈의 피를 의지하여 오늘을 살아가게 하소서.

천천히 가는 법을 배우게 하시고, 오래 가기 위해 쉬어 가는 법을 배우게 하소서.
빨리 가는 것만이 주님의 뜻이 아님을 알게 하소서.
누구를 원망할 것이 아니라 나의 미련함을 반성해야 함을 알게 하소서.

오늘도 내가 하는 일들 속에 이런 미련함이 없게 하소서.
약점을 외면하지 말게 하시고, 통증을 무시하지 말게 하소서.
그것이야말로 나를 살리는 하나님의 사인임을 기억하고 선물로 받게 하소서.
그리고 멈추어 해결하려는 용기를 주소서.
나에게 브레이크를 걸어 주시는 주님께 감사합니다.
이것은 나를 살리고자 하신 것임을 믿습니다.
우리에게 더 선하고 아름다운 열매를 주시기 위함임을 믿습니다.

주님을 믿기에 오늘도 나의 해야 하는 일들 앞에,
나의 건강 앞에, 나의 인생 앞에 잠깐 멈추어 돌아보고 생각하는 하루 되게 하소서.
오늘도 주님을 기억하고 묵상하는 하루 되게 하소서.
오늘도 나의 안에서 싸우시는 예수 그리스도의 이름으로 기도합니다.
아멘!

:: 그 주인이 이르되 잘 하였도다 착하고 충성된 종아 네가 적은 일에 충성하였으매 내가 많은 것을 네게 맡기리니 네 주인의 즐거움에 참여할지어다 하고 (마태복음 25:21).

우리의 사정과 형편을 아시는 주님

우리의 형편을 아시는 주님,
오늘도 주님께서 주시는 하루가 시작됨을 감사드립니다.
입술의 기도가 있게 하시고, 마음에서 넘치는 찬양과 감사로 시작하게 하소서.
어제의 피로를 씻어 주시고
일할 수 있는 힘과 능력을 주신 아버지 감사합니다.
오늘을 살아가는 힘이 주님께로부터 나옴을 기억하게 하시고,
오늘도 주님을 의지하는 하루가 되게 하소서.

무엇보다 하나님을 믿는 자들이 깨어 기도하게 하시고,
하나님의 공의가 이 땅 가운데 실현되도록
주님께서 이 나라와 이 세상을 지켜주소서.
이 나라가 하나님 앞에 진보가 있는 나라가 되게 하시고,
그 일을 위하여 우리가 쓰임 받을 수 있게 하소서.
고통 가운데 신음하는 자들을 위로하시고, 도우시고, 함께하여 주소서.
우리의 사정과 형편을 아시는 주님께서 우리와 함께하여 주소서.

오늘도 각자의 자리에서 하나님의 도움을 필요로 합니다.
나에게 주어진 일들 앞에 담대하게 하셔서 오늘의 사명을 온전히 이루게 하소서.
오늘을 살면서 하나님께서 허락하신 모든 것에 감사하게 하소서.
모든 인간을 사랑하시는 예수 그리스도의 이름으로 기도합니다.
아멘!

:: 마음을 살피시는 이가 성령의 생각을 아시나니 이는 성령이 하나님의 뜻대로 성도를 위하여 간구하심이니라 (로마서 8:27).

AUGUST 10

주님과 함께 일하는 하루

선하신 하나님 아버지,
이 아침에 나의 영혼이 엎드려 주님의 임재를 구합니다.
주님께서 함께하시지 않는 하루에는
사막과 같이 갈라진 마음과 다툼이 있을 뿐입니다.
주님의 생명으로 가득하여 생수가 넘치는 하루가 되게 하소서.

매일 아침 새로운 생명을 나에게 주시듯이 매일 아침 주님의 임재로
새로운 피조물의 기쁨을 누리게 하소서.
어제를 바라보며 사는 것이 아니라 내일을 바라보며 사는
희망찬 하루가 되게 하소서.
주님 뜻 안에서 무엇이든지 가능하다는 믿음을 가지고
새로운 출발선에 서게 하소서.
내가 가지지 못한 새로운 대안이 언제나 주님의 품 안에
풍성하게 있다는 믿음을 가지고
주님과 함께 일하는 하루 되게 하소서.

주님께서 주신 생명과 사랑이 넘쳐나서
나의 주변에 있는 사람들이 더불어 생명력이 넘치게 하소서.
나로 인하여 활기차게 하시고, 사랑하게 하시고 따뜻해지는 하루가 되게 하소서.
오늘 나의 선 자리에서 조금이라도
그런 삶을 흉내 내고 닮아가려고 노력하기 원합니다.
오늘도 주님을 찬양합니다. 주님께 영광 올려드리는 하루 되게 하소서.
나의 주 나의 목자 되시는 예수 그리스도의 이름으로 기도합니다.
아멘!

:: 그가 너를 그의 깃으로 덮으시리니 네가 그의 날개 아래에 피하리로다 그의 진실함은 방패
와 손 방패가 되시나니 (시편 91:4).

AUGUST 11

주님을 따라가는 길 앞에 신뢰함으로

나의 목자 되시는 하나님 아버지,
오늘도 주님 안에서 아름다운 날을 허락하시니 감사합니다.
날씨가 좋아야 아름다운 날이 아니라,
하나님과 더 친밀하게 동행하는 날이 진정 아름다운 날이라 믿습니다.

언제나 나의 가는 길을 선하게 인도하시는 주님, 오늘도 나의 길을 인도하소서.
주님께서 나를 이끌어 주신다 하면서도 매 순간 힐끔힐끔 다른 길을 바라보며
저 길이 맞는 것이 아닌지 의심하며 살았던 것을 회개합니다.
주님을 따라가는 길 앞에 전적인 신뢰를 드리지 못함을 용서하소서.
주님은 나를 부족함 없이 이끄시는데도 나는 뭐가 그렇게 부족한 것이 많은지
감사보다는 간구할 것이 산더미였던 것을 용서하소서.

무엇보다 감사가 산처럼 많아지게 하시고
그리 아니하실지라도 언제나 기뻐할 수 있는 믿음을 허락하소서.
오늘도 주님께서 나의 선하신 목자이심을 인정합니다.
때문에 다른 길을 향하여 두리번거리지 말게 하시고,
아버지의 손을 잡고 가는 이 길에 자족하며
집중하여 전적으로 신뢰하며 걸어가게 하소서.
오늘을 주님께 올려드립니다.
나의 인도자 되시는 예수 그리스도의 이름으로 기도합니다.
아멘!

:: 주께서 심지가 견고한 자를 평강하고 평강하도록 지키시리니 이는 그가 주를 신뢰함이니이다 너희는 여호와를 영원히 신뢰하라 주 여호와는 영원한 반석이심이로다 (이사야 26:3-4)

AUGUST 12

기쁘고 감사한 일들에 집중하게 하소서

오늘도 나를 지키시는 하나님,
새벽같이 일어나 하루를 시작하며 주님을 바라봅니다.
비록 나의 몸이 가뿐하고 활기차지 못하지만,
오늘도 주님을 기대하며 다시 새 힘을 구합니다.
오늘도 오늘의 기쁨을 주셔서 나에게 주어진 일들을 감당하게 하소서.

결국 내가 해내는 것이 아니라 주님께서 힘 주셔서 가능한 일임을 고백합니다.
내게 주어진 일 앞에 힘들다 생각하지 말게 하시고,
기쁘고 감사한 일들에 집중하게 하소서.

오늘 일어날 예기치 못한 일들 앞에 담대하게 하시고
언제나 믿음으로 견고한 자 되게 하소서.
예기치 못하게 마주했던 어려운 일들만 있는 것이 아니라
그보다 더 많은 예기치 못한 기쁜 일들을 주목하게 하소서.
내 앞에 있는 불의한 상사들을 만날 때에도 주님께 하듯 섬기게 하소서.
그의 의와 나의 의가 충돌할 때 나만이 의롭다는 생각을 버리게 하소서.
그에게는 내가 불의한 부하직원일 수 있다는 것을 돌아보게 하소서.

오늘 하루 그 무엇보다 하나님을 사랑하는 일에 게으르지 말게 하시고
내 마음의 중심이 언제나 흔들림이 없게 하소서.
나의 모든 희망이 되시는 예수 그리스도의 이름으로 기도합니다.
아멘!

:: 그 날에 너희가 또 말하기를 여호와께 감사하라 그의 이름을 부르며 그의 행하심을 만국 중에 선포하며 그의 이름이 높다 하라 (이사야 12:4).

AUGUST 13

내 영혼의 가뭄을 돌보아 주소서

은혜로우신 하나님 아버지,
오늘도 이렇게 기도로 내 영혼에 아름다운 단비를 허락하심에 감사합니다.
저희에게 필요한 은혜의 단비를 풍족히 허락하소서.
가뭄이 되고서야 비를 구하는 어리석은 우리를 용서하소서.
내 영혼의 가뭄을 눈치채지 못하고
매일매일 구해야 할 은혜를 구하지 못하는 부족한 자입니다.
오늘도 나의 영혼의 가뭄을 돌보아 주소서.

일용할 양식만을 구하느라 영혼의 양식을 등한시하였습니다.
오늘 밥을 먹을 때마다 나의 영혼의 양식을 먹었는지 돌아보게 하소서.
오늘도 칭찬에 목마르고, 사랑에 목마르고,
격려에 목마른 자들을 돌아보게 하소서.
나의 목마름만 채우느라 불평하였던 죄악을 용서하시고
오늘 내가 누군가의 목마름을 채울 수 있는 소중한 존재 되게 하소서.

나의 입술이 칭찬과 사랑의 말과 격려의 말로 가득하게 하소서.
오늘 나의 하루를 주님께 의탁드립니다.
오늘 나의 가족과 나의 직장, 나의 가는 길과 나의 비전,
이 모든 것을 주님께 다시 맡겨드립니다.
오늘 나의 하루가 누군가에게 흡족한 단비가 되게 하소서.
나의 삶의 모든 것을 만족케 하시는 예수 그리스도의 이름으로 기도합니다.
아멘!

:: 예수께서 이르시되 나는 생명의 떡이니 내게 오는 자는 결코 주리지 아니할 터이요 나를 믿는 자는 영원히 목마르지 아니하리라 (요한복음 6:35).

AUGUST 14

아버지의 긍휼로 세상을 바라보게 하소서

오늘도 함께하시는 아버지,
아침에 눈을 뜨며 오늘 나의 하루를 주님께 맡겨드립니다.

나의 기준이 아버지의 말씀이기보다는
세상 다수의 사람들의 삶과 상식으로 변해 버린 것을 용서하시고
오늘도 내가 다시 아버지의 긍휼로 세상을 바라보게 하소서.

오늘을 밝고 힘차게 살기 위해
힘들고 가난하고 고통 당하는 자를 외면해야만 한다는 논리에서 벗어나게 하시고
진정한 기쁨이 힘들고 버거워도 그들을 외면하지 않는 삶이 되게 하소서.
입만 살아 공의로운 자처럼 아는 흉내를 내며 살고 있는 저를 용서하소서.
오늘 최소한 내가 사는 자리에서 공의로운 삶을 살게 하소서.
죄를 죄라 하고, 악을 악이라 하며, 선을 선이라 하고 믿고 행하는 자 되게 하소서.

오늘 내가 행복하기 위해 남의 불행을 잊어버리지 말게 하시고
참된 나의 행복은 함께 고난에 동참하는 것임을 기억하게 하소서.
아버지를 닮기 간절히 원합니다.
오늘도 한 발짝 다가가게 하소서.
언제나 고통당하는 나를 한 번도 외면하지 않으셨던
예수 그리스도의 이름으로 기도합니다.
아멘!

:: 내가 무엇을 가지고 여호와 앞에 나아가며 높으신 하나님께 경배할까 내가 번제물로 일 년 된 송아지를 가지고 그 앞에 나아갈까 여호와께서 천천의 숫양이나 만만의 강물 같은 기름을 기뻐하실까 내 허물을 위하여 내 맏아들을, 내 영혼의 죄로 말미암아 내 몸의 열매를 드릴까 사람아 주께서 선한 것이 무엇임을 네게 보이셨나니 여호와께서 네게 구하시는 것은 오직 정의를 행하며 인자를 사랑하며 겸손하게 네 하나님과 함께 행하는 것이 아니냐
(미가 6:6-8)

삶 속에서 하나님 나라를 이루며

자유를 주시는 하나님 아버지,
오늘도 눈을 떠서 주님을 찬양하고, 입술을 열어 주님께 기도합니다.

나라의 해방이 온 국민에게 얼마나 큰 기쁨과 자유를 부여하는지
누군가는 그 기쁨을 누리지도 못하고 죽은 사람이 있을텐데
그들에 비하면 아무런 대가도 치르지 않고
이 기쁨을 누리고 사는 지금은 얼마나 행복하고 감사한 것인지요.

이 나라는 해방을 누렸으나
영적인 올무에 걸려 아직도 참 자유를 누리지 못하는 많은 영혼들을 향하여
내가 하나님의 자녀로서 그들에게 자유를 전할 수 있는 사람이 되게 하소서.
오늘 내가 지옥을 물리치고 천국을 주신 그 믿음을 누리고 있는지 돌아보게 하시고,
나의 삶 속에서 하나님의 나라를 이루면서 살 수 있는 영적 자유자 되게 하소서.

무엇보다 나의 영혼을 죽이는 악한 영들에게 패배하지 말게 하시고
다시 그들의 지배를 받지 않고
주님께서 주신 온전한 영적인 해방을 누리는 자 되게 하소서.
오늘도 나의 자리에서 해방을 전하고 영적 자유를 전파하는 자 되길 원합니다.
하나님께서 부여하신 참된 자유와
하나님의 나라를 전하는 복음의 전파자가 되게 하소서.
나의 모든 것 되시는 예수 그리스도의 이름으로 기도합니다.
아멘!

:: 주의 성령이 내게 임하셨으니 이는 가난한 자에게 복음을 전하게 하시려고 내게 기름을 부으시고 나를 보내사 포로 된 자에게 자유를, 눈 먼 자에게 다시 보게 함을 전파하며 눌린 자를 자유롭게 하고 (누가복음 4:18).

AUGUST 16

오늘 내 삶의 묵은 땅을 발견하게 하소서

사랑의 하나님
오늘도 소중한 아침을 주셔서 감사합니다.
얼마나 아름답고 화창한 날들이었는지요.

수많은 사건과 사고를 접하면서 하나님의 보호하심이 어떤 것인지를 알게 됩니다.
사고가 없는 것이 기적이며, 사건이 없는 것이 특별한 보호하심이었음을 압니다.
오늘도 그 기적을 저희에게 주소서.
오늘을 살아가면서 얼마나 많은 위험 속에서 나와 가족들이 살아가는지
매일매일 느끼며 살고 있습니다.
그래서 오늘도 하나님의 도우심이 필요합니다.

이 나라를 불쌍히 여겨 주시고,
사건과 사고의 한가운데 있는 사람들에게 특별한 은혜로 함께하소서.
나로 너무 쉽게 잊지 말게 하셔서 무엇을 고칠지,
무엇을 바꿀지를 기억하게 하소서.
그리하여 묵은 땅을 갈아엎는 역사가 이 나라에 있게 하소서.

오늘 나의 삶의 묵은 땅은 무엇입니까?
나의 일터의 묵은 땅은 무엇입니까?
발견하게 하시고, 고치게 하시고, 포기하지 말게 하소서.
새로워지는 것이 아버지의 뜻임을 믿습니다.
그 일을 나도 하게 하소서.
나의 주 나의 전부이신 예수 그리스도의 이름으로 기도합니다.
아멘!

:: 그러므로 너희가 회개하고 돌이켜 너희 죄 없이 함을 받으라 이같이 하면 새롭게 되는 날이 주 앞으로부터 이를 것이요 (사도행전 3:19).

AUGUST 17

능력과 열정을 다해 열매를 거두는 하루

사랑의 하나님,
이 아침에 제일 먼저 하나님을 기억합니다.

오늘 하루가 하나님 보시기에 기쁨이 되는 하루가 될 수 있도록 은혜를 주소서.
나의 하는 일이 나의 역량을 훨씬 뛰어넘는 일들임을 주님께 고백합니다.
이 모든 일을 주님의 도우심으로
기적과 같이 잘 감당할 수 있도록 힘을 주시옵소서.
나의 힘으로는 감당할 수 없습니다.
지금까지 지켜주셨던 것처럼 그렇게 오늘도 힘과 열정을 다해
이 일들을 감당하도록 은혜를 주소서.

좋은 일터를 주셔서 나와 나의 가족들을 지킬 수 있게 하신 것 감사합니다.
이 회사를 견고하게 하셔서 저희로 먹고 사는 걱정 안 하게 하심을 감사드립니다.
그저 하루를 때우는 마음으로 보내지 말게 하시고,
나의 능력과 열정을 다해 열매를 거두는
그래서 그것이 나의 실력이 되는 하루가 되게 하소서.

오늘 하루의 계단을 힘차게 오릅니다.
오늘 나는 주님 때문에 할 수 있습니다.
그것을 믿습니다.
나의 주 나의 전부이신 예수 그리스도의 이름으로 기도합니다.
아멘!

:: 주께 합당하게 행하여 범사에 기쁘시게 하고 모든 선한 일에 열매를 맺게 하시며 하나님을 아는 것에 자라게 하시고 (골로새서 1:10).

AUGUST 18

내게 주어진 일을 주께 하듯 하게 하소서

사랑의 하나님 감사합니다.
아침에 해를 볼 수 있는 날을 주심에 감사합니다.
일어나서 아침을 맞이하는 것이 당연한 줄 알았는데,
밤 사이 사건 사고를 들으면서 무사히 아침을 맞이하는 것이
얼마나 큰 감사인지 알게 되었습니다.

내 삶에 당연했던 모든 것을 인하여 감사합니다.
더 많은 것을 바라기보다 있는 것으로 인해 기쁨을 누리게 하소서.

오늘도 하나님께서 주신 사명으로 이곳에 있습니다.
주님을 기억하게 하시고,
내게 주어진 일을 주께 하듯 하게 하소서.

내게 남은 혈기를 제하시며,
주님께서 공급해 주시는 사랑으로 모든 이들을 사랑하게 하소서.
오늘을 주님께 맡겨 드립니다.
지혜와 감당할 능력과 온유한 마음과 뜨거운 열정을 허락하소서.
나의 주 나의 전부이신 예수 그리스도의 이름으로 기도합니다.
아멘!

:: 무슨 일을 하든지 마음을 다하여 주께 하듯 하고 사람에게 하듯 하지 말라 (골로새서 3:23).

AUGUST 19

새 그릇에 새 은혜를 담게 하소서

사랑의 하나님,
오늘도 새날을 허락하신 하나님 감사합니다.
아침마다 하나님의 인자하심이 오늘도 신실하게 임하게 하소서.
내 마음을 새롭게 하소서.

아침에 귀한 햇살을 볼 수 있는 은혜 주심을 감사합니다.
저희 마음에도 이 아름다운 햇살이 가득 차게 하소서.
지난밤의 모든 근심과 어두움은 물러가게 하시고,
새 그릇에 새 은혜를 담게 하소서.

코로 숨을 들이쉴 때마다,
하나님의 은혜가 내 몸에 가득하게 하셔서
나로 새로운 의욕과 힘을 얻게 하소서.

어제의 남은 일이 나를 얽매는 것이 아니라,
어제의 남은 일이 나로 새로 도전하는 마음을 갖게 하소서.
하나의 일을 마감할 때마다 주님을 찬양하게 하소서.
일하는 매 순간 주님을 기억합니다.
지혜와 능력과 생명의 에너지를 주시옵소서.
나의 주 나의 모든 것 되신 예수 그리스도의 이름으로 기도합니다.
아멘!

:: 우리가 하나님을 의지하고 용감하게 행하리니 그는 우리의 대적을 밟으실 이심이로다
(시편 60:12).

AUGUST 20

환경을 이길 수 있는 믿음

은혜의 하나님 아버지,
오늘도 아름다운 하루를 허락하여 주심에 감사합니다.
이 더운 여름에 땀 흘려 일하게 하셔서 다가오는 가을에 결실을 거두게 하소서.

오늘 나의 업무가 힘들고 어려워도
이것이 오늘 열매 거두기 위한 것이 아님을 알게 하셔서
오늘 눈물로 씨를 뿌리는 자가 기쁨으로 단을 거둘 것이라는 소망을 갖게 하소서.
나에게 주어진 일 앞에 최선을 다하게 하시고
때로 힘들어 눈물 흘리는 순간에도 인내하게 하소서.
대가없이 받을 수 있는 것이 없음을 기억하게 하소서.

오늘 나에게 일할 힘을 주심에 감사합니다.
밖으로 향하는 나의 마음을 다시 집중시켜 주시고
내게 주어진 일 앞에 성실하게 하소서.
내 마음의 행복과 불행의 기준이 예수 그리스도가 되게 하소서.
환경이 나를 흔들지 못하게 하시고 내가 환경을 이길 수 있는 믿음을 주소서.

주님을 사랑합니다.
그러나 이 고백이 어느 순간 주님을 위해
무언가를 할 수 있는 믿음의 열매가 될 것을 믿습니다.
나의 주 나의 전부 되신 예수 그리스도의 이름으로 기도합니다.
아멘!

:: 너희 믿음이 사람의 지혜에 있지 아니하고 다만 하나님의 능력에 있게 하려 하였노라
(고린도전서 2:5).

AUGUST 21

아버지의 방식대로 생각하고 행동하게 하소서

오늘도 나를 지키시는 하나님 아버지,
어두운 밤이 지나가고 밝은 아침이 왔습니다.

어제의 수많은 일들을 지나 오늘 아침 일어설 수 있게 하심을 감사합니다.
평안한 마음으로 새 아침을 열어 주심에 감사합니다.
내 마음 속에 어떤 종류의 두려움이든 그것을 물리쳐주시고
담대하게 멋지게 승리할 수 있는 하루를 허락하소서.

사람을 두려워하여 하나님보다 사람의 눈치를 보지 말게 하시고
하나님을 두려워하여 하나님의 마음을 가장 신경 쓸 수 있게 하소서.
내가 열심히 일해야 한다면 그것 또한 주님을 위한 것이 되게 하소서.

나의 방식대로 생각하고 행동하지 말게 하시고
아버지의 방식대로 생각하고 행동하게 하소서.

말만 번지르르한 신앙인이 되지 말게 하시고
말보다 행동을 보일 수 있는 사람 되게 하소서.
주께서 나를 이 땅에 두신 시간만큼 내가 해야 할 일이 있음을 믿습니다.
크고 작음에 개의치 말게 하시고 선뜻 나의 것을 내놓아 세상을 돕게 하소서.
내 안에 살아계신 예수 그리스도의 이름으로 기도합니다.
아멘!

:: 나를 보내신 이가 나와 함께하시도다 나는 항상 그가 기뻐하시는 일을 행하므로 나를 혼자 두지 아니하셨느니라 (요한복음 8:29).

AUGUST 22

하나님의 통치 앞에 순종하는 자로 서게 하소서

만물의 주인 되시는 하나님 아버지,
새로운 아침을 허락해 주심에 감사합니다.
날씨로 인해 어려움 당하는 자 없게 하시고 내가 안전한 것같이
다른 사람들도 안전하게 하소서.
오늘도 새 힘을 주심에 감사합니다.

넘치는 의욕을 주시고, 집중력을 주셔서
어제보다 더 많은 열매를 거둘 수 있게 하소서.
내가 얼마나 작고 작은 존재인지를 알아 겸손하게 하시고
나의 본 모습을 바라보고 내 자리를 찾을 수 있게 하소서.

오늘도 나와 나의 가족, 나의 직장과 이 나라, 이 세상을 주님께 맡겨드립니다.
하나님의 다스림에 벗어나는 곳이 없게 하시고
가장 먼저 내가 하나님의 통치 앞에 순종하는 자로 서게 하소서.
굶주린 자에게 먹을 것을 주시고 병든 자를 낫게 하시며
전쟁을 멈추시고 위로가 필요한 자에게 위로를,
안식이 필요한 자에게 안식을 주소서.
주께서 이미 주셨으나 누리지 못하고 받아들이지 못하는 오류를
범하지 말게 하시고
나에게 주신 주님의 모든 것들을 감사함으로 받고 기쁨으로 누리게 하소서.

오늘 하루를 주님께 올려드립니다.
다스리시고 인도하소서.
나의 주인 되시는 예수 그리스도의 이름으로 기도합니다.
아멘!

:: 너희도 그 안에서 충만하여졌으니 그는 모든 통치자와 권세의 머리시라 (골로새서 2:10).

AUGUST 23

후퇴하지 않고 전진하는 하루

사랑의 하나님 아버지,
오늘도 상쾌한 하루를 허락하여 주심에 감사합니다.

오늘도 하나님의 뜻 안에 거하기를 원합니다.
내가 오늘 하루 동안 해야 하는 수많은 선택들 앞에 기도하게 하소서.
그래서 지금 내 눈에 선해 보이지만 그 내면은 악한 것들을 피하게 하소서.
나로 영안을 열어주셔서 진정 선하고 온전한 길을 찾게 하소서.
하나님의 안목으로 모든 것을 바라볼 수 있는 온전한 눈을 허락하여 주소서.

어제까지 나의 삶을 얽매던 모든 문제들 앞에 자유를 허락하소서.
진리가 있는 곳에 자유함이 있음을 나의 삶으로 증명하게 하소서.
나로 고민하게 했던 것들, 나로 무기력하게 했던 것들,
나로 미움에 사로잡히게 했던 것들, 나로 하나님으로부터 멀어지게 했던 것들,
나의 영혼을 시들게 했던 모든 것들을 물리쳐 주소서.
나의 영혼이 자유롭게 하나님을 향해 달려나가며 이 땅에서 승리하게 하소서.

오늘은 후퇴하지 않고 전진하는 하루 되게 하소서.
나 혼자 전진하는 것이 아니라, 넘어진 자들과 함께 손을 잡고 나아가게 하소서.
내가 누군가에게는 주님의 손길이 되게 하소서.
나의 말이 누군가에게는 엎드려졌던 영혼을
힘 있게 일으키는 격려의 말 되게 하소서.
오늘도 주님처럼 살기 원합니다.
나의 참 자유 되시는 예수 그리스도의 이름으로 기도합니다.
아멘!

:: 능히 너희를 보호하사 거침이 없게 하시고 너희로 그 영광 앞에 흠이 없이 기쁨으로 서게 하실 이 (유다서 1:24).

AUGUST 24

나의 길을 완주하게 하소서

나를 일으키시는 아버지,
새로운 날을 허락하여 주심에 감사드립니다.
오늘 하루도 아버지를 사랑하기 때문에 순종하게 하소서.
아버지를 기쁘게 해 드리기 위해 작은 것 하나라도 노력할 수 있게 하소서.

사람들의 평가와 말에 낙망하지 않게 하소서.
아버지를 바라보며 꿋꿋이 나의 길을 가게 하소서.
그들의 조언을 무시하는 것이 아니라
나의 달려갈 길 앞에 올무를 놓는 자들 앞에 당당하게 하소서.

아침은 마치 수영이나 육상경기처럼
총성과 함께 힘을 다해 달려가는 첫 시작입니다.
총성 앞에 주저하지 말고 달려가게 하소서.
법대로 경기하게 하소서.
다른 사람이 반칙한다고 나도 반칙의 유혹에 흔들리지 말게 하소서.
혹 누군가 나의 가는 길을 방해하고 장애물을 놓는다 하더라도
나만의 경기를 포기하지 말게 하소서.

아버지께서 법대로 경기한 나를 칭찬해 주실 것을 기대하며
나의 길을 완주하게 하소서.
오늘을 주님께 맡겨드립니다.
나의 모든 계획과 열매 되시는 예수 그리스도의 이름으로 기도합니다.
아멘!

:: 정직한 자의 성실은 자기를 인도하거니와 사악한 자의 패역은 자기를 망하게 하느니라
 (잠언 11:3).

AUGUST 25

오늘도 매 순간 말씀하여 주소서

나의 아버지여,
오늘도 이 아침에 눈을 뜨게 하시니 감사합니다.
나의 영혼과 나의 마음, 나의 육체를 더욱 강건하게 하셔서
나로 오늘을 이겨 나갈 힘을 주소서.

때로 나의 선 자리가 내가 정말 있어야 하는 자리인지
분별하기 어려운 때가 있습니다.
지금 내가 가는 길이 맞는 것인지 분별하기 어려운 때에도
주님, 나의 길을 인도하여 주소서.

내가 때로 확신이 없다 하더라도 언제나 순종의 자리에 머물게 하소서.
주님의 뜻을 온전히 순종하려고 하는 자에게는
언제나 아버지의 뜻을 보여 주심을 믿습니다.
오늘도 제가 명쾌히 알아듣게 도우소서.
내가 주님 앞에 순종하겠나이다.
주님 오늘도 매 순간 말씀하여 주소서.
그리고 나로 주님의 뜻을 매 순간 묻게 하셔서
나의 뜻보다 주님의 뜻을 존귀하게 여기게 하소서.

오늘도 주님의 긍휼하심이
이 나라와 이 직장과 나의 가정과 나의 기도하는 모든 상황 속에
임하기를 기도합니다.
나의 주 나의 모든 길이 되신 예수 그리스도의 이름으로 기도합니다.
아멘!

:: 네가 진리의 확실한 말씀을 깨닫게 하며 또 너를 보내는 자에게 진리의 말씀으로 회답하게 하려 함이 아니냐 (잠언 22:21).

AUGUST 26

부르심에 합당한 삶을 살기 위해

사랑의 하나님 아버지,
오늘도 태양이 뜨고 새로운 시간이 시작되었습니다.
어제의 모든 시간을 안전하게 지낼 수 있음은 모두 아버지의 도우심입니다.
그래서 오늘도 아버지의 은혜를 구합니다.

오늘 필요한 양식만큼, 오늘 나에게 필요한 은혜를 부으소서.
내가 선택하는 모든 것들이 하나님의 뜻과 일치되게 하소서.
그래서 지극히 평범한 하루를 사는 것 같지만,
가장 세월을 아끼며 시간을 의미 있게 보내는 하루 되게 하소서.

하나님의 은혜와 사람들의 도움이 없었다면 지금 나의 권한은 없음을 알게 하소서.
그래서 오늘 내가 누리는 모든 것들 앞에 지극히 겸손하게 하소서.
물질 앞에 두려움을 주셔서 방만하게 생활하지 말게 하시고
시간 앞에 두려움을 주셔서 내 맘대로 시간을 요리하지 말게 하소서.
사람 앞에 두려움을 주셔서 내가 원하는 대로 움직이지 않는다고
불평하지 말게 하소서.
하나님의 부르심에 합당한 삶을 살기 위해 고민하게 하소서.

풀리지 않는 문제의 모든 것을 주님께 올려드립니다.
주님의 순리대로 해결하여 주시고,
나의 욕심이나 인간적인 판단이 앞서지 않게 하소서.
오늘의 시간을 선물로 주신 하나님 감사하고 사랑합니다.
내 영혼의 갈망 예수 그리스도의 이름으로 기도합니다.
아멘!

:: 주 안에서 부르심을 받은 자는 종이라도 주께 속한 자유인이요 또 그와 같이 자유인으로 있을 때에 부르심을 받은 자는 그리스도의 종이니라 (고린도전서 7:22).

AUGUST 27

용기 내어 새로운 하루를 살게 하소서

나를 아시는 주님,
오늘도 새 아침이 밝았습니다.
내가 말하지 않아도, 말하지 못하는 부분까지도 모든 것을 아시는 주님,
나의 모든 필요와 상황을 아시는 주님께서
오늘도 그 모든 것에 가장 합당한 것으로 베풀어 주실 것을 인하여 감사드립니다.

나의 연약함도 아시지만, 나의 믿음의 중심도 아시는 주님이시기에
눈에 보이는 열매와 상관없이 기쁨으로 주님 앞에 나아갑니다.
때로는 기대한 것만큼의 결과를 얻지 못하는 때가 있더라도
주님은 보이는 것만이 아니라 보이지 않는 모든 것을 보시므로
내가 언제나 주님께 나아갈 수 있음에 감사합니다.
부족하지만 믿음으로 살아가는 나의 하루하루의 행보에
주님께서 박수 쳐 주실 것을 믿습니다.
오늘도 그 믿음의 걸음 앞에 담대하게 하시고,
용기 내어 새로운 하루를 살게 하소서.

사랑과 기쁨을 나누고 위로와 힘을 부여하는 삶을 살기 원합니다.
먼저는 가족에게 그 힘을 부여하게 하시고,
나의 동료들과 오늘 만나는 모든 사람들에게
사랑과 기쁨을 나누는 사람이 되게 하소서.
오늘도 주님을 사랑함으로 하루를 시작합니다.
나의 모든 길이 되시는 예수 그리스도의 이름으로 기도합니다.
아멘!

:: 여호와를 바라는 너희들아 강하고 담대하라 (시편 31:24).

AUGUST 28

어느 순간에도 주님의 뜻을 선택할 수 있는 믿음을 주소서

나의 곁에 계시는 하나님 아버지,
지난밤에 잠을 잘 때에도 나의 곁에 계셔 주셔서 감사합니다.
오늘 아침에 눈을 뜰 때에도 나와 함께하셨던 아버지 감사합니다.
매 순간 나의 곁에 계셔서 나의 기쁨과 슬픔,
나의 평안과 근심 속에 동행하여 주시는 아버지로 인해
주님을 찬양합니다.

나의 모든 걱정과 근심, 슬픔과 아픔의 감정을
단절하고 주님을 바라봄으로 기쁨으로 시작하는 하루가 되게 하소서.

오늘도 나의 선 자리와, 나의 앉은 자리, 나의 가는 길과 나의 일하는 모든 곳,
나의 누운 자리와 상념의 자리 곁에서 나의 손을 잡고 계시는 주님을 느낍니다.
그 주님께 말 걸게 하시고, 그 주님의 말씀을 듣게 하소서.
그래서 오늘 모든 일 가운데 하나님의 사랑으로
모든 상황을 평안과 기쁨으로 바꿀 수 있게 하소서.
지혜와 능력을 주시고 어느 순간에도 주님의 뜻을 선택할 수 있는 믿음을 주소서.

오늘도 주님으로 인해 이 땅이 조금 더 선해지길 원합니다.
그 일을 위해 쓰임 받는 내가 되게 하소서.
주님을 사랑합니다. 오늘을 주님께 온전히 올려드립니다.
나의 주 나의 가는 길의 동반자 되시는 예수 그리스도의 이름으로 기도합니다.
아멘!

:: 어떻게 하든지 이제 하나님의 뜻 안에서 너희에게로 나아갈 좋은 길 얻기를 구하노라
(로마서 1:10).

AUGUST 29

매 순간 나를 살리고 계심을 감사합니다

늘 나의 감동이신 하나님,
오늘도 나를 사랑하여 주시니 감사합니다.
오늘도 하나님께서 나의 아버지라는 것에 감동하게 하소서.
오늘도 그 아버지가 새로운 날을 주셨다는 것에 감동하게 하소서.
나에게 주어진 모든 상황이 하나님의 은혜라는 것에 감동하게 하소서.
나에게 오늘을 살아갈 수 있는 힘을 주신 아버지께 감동하게 하소서.

예수 그리스도를 보내셔서 나를 살리신 그때만이 아니라,
오늘도 매 순간 나를 살리고 계심을 감사하게 하소서.
위기를 넘어서만 감사한 것이 아니라
보이지 않는 매 순간에 위기를 넘기고 있음을 감사하게 하소서.
내가 위기라고 느끼지 못하고 살아가는 모든 위기 앞에 감사하게 하소서.
오늘도 나를 향한 아버지의 사랑에 내가 먼저 감동하게 하시고,
그래서 감사하게 하소서.

오늘 만나는 모든 사람들이 나로 인하여 감격하게 하시고,
나도 그로 인하여 감사하는 하루가 되게 하소서.
내가 얼마나 소중한 존재인지 새삼 깨닫는 하루가 되게 하시고,
이 아버지와 매 순간 동행하는 하루 되게 하소서.
오늘도 나를 살리시는 예수 그리스도의 이름으로 기도합니다.
아멘!

:: 예수를 죽은 자 가운데서 살리신 이의 영이 너희 안에 거하시면 그리스도 예수를 죽은 자 가운데서 살리신 이가 너희 안에 거하시는 그의 영으로 말미암아 너희 죽을 몸도 살리시리라 (로마서 8:11).

AUGUST 30

예상하지 못한 일들 앞에서 두려워하지 말게 하시고

나의 하나님 아버지,
아침에 태양이 떠오를 때에
주님을 향한 사랑의 마음도 함께 떠오르게 하시고,
하루를 시작하면서 주님을 기억하게 하심을 감사합니다.
주님을 앙망하는 자는 아무리 달려도 지치지 아니하고
피곤하지 않는 힘을 주신다 하셨으니
오늘도 내가 주님을 갈망하고 기대하는 마음으로 하루를 시작합니다.

똑같은 하루를 살면서 지치거나 식상하지 않게 하소서.
겉으로 보기에 똑같아 보이지만
주님께서 함께하시는 은혜와 보호하심이 날마다 다름을 깨닫게 하소서.

오늘도 내가 예상하지 못한 일들 앞에서 두려워하지 말게 하시고,
주님으로 인해 담대하게 하시며 이 세상에 100% 나쁜 일은 없으며
그 안에 숨겨진 축복이 반드시 있음을 믿게 하소서.

오늘도 주님의 손을 잡고 하루를 시작합니다.
진실한 마음으로 주님을 의지합니다.
나의 의는 주님께로부터 온 것이니 교만하지 않게 하시고, 겸손하게 하소서.
주님께서 세우셔서 나의 자리가 가능함을 믿고 섬기는 하루 되게 하소서.
오늘도 온전한 주님의 은혜를 구합니다.
주님과 동행함으로 샘솟는 기쁨을 경험하는 하루 되게 하소서.
나의 기쁨이 되시는 예수 그리스도의 이름으로 기도합니다.
아멘!

:: 너는 여호와를 기다릴지어다 강하고 담대하며 여호와를 기다릴지어다 (시편 27:14).

AUGUST 31

내가 몸 담고 있는 모든 곳에서 사명을 발견하게 하소서

나의 사랑하는 아버지,
오늘도 아름다운 날을 주시니 감사합니다.
주님께서 주신 모든 날이 아름답습니다.

언제나 나의 소망이 되시고,
나의 기쁨의 근원이 되시는 아버지로 인하여 오늘도 살 소망을 얻습니다.
나를 아시는 주님께서 나의 필요를 채우시고,
내가 원하는 것이 무엇인지 그 옳고 그름에 따라
적절하게 응답하시는 주님 감사합니다.
나의 강청함이 옳지 않을 때에 거절하시는 주님께 감사를 드립니다.

오늘도 세상 속에서 살아가면서 세상과 구별된 삶을 살되
세상을 무시하거나 조롱하는 일이 없게 하소서.
그들을 사랑하되 주님께서 자신의 몸을 주어 사랑하심을 기억하며
세상을 위하여 할 수 있는 일들을 찾아 실천하는 하루 되게 하소서.
내가 몸담고 있는 모든 곳을 소중히 여기게 하소서.
그 안에서 머물게 하시는 사명을 발견하고 기쁨으로 그 길을 가게 하소서.

오늘도 전심으로 주님을 사랑하게 하시고,
집중하게 하셔서 주님을 생각하느라 죄를 생각할 겨를이 없게 하소서.
주님을 가장 사랑하여서 주님을 위해 사는 것이 가장 쉬운 일이 되게 하소서.
오늘도 나의 영혼이 주님으로 인해 힘을 얻습니다.
나의 주 나의 사랑이 되시는 예수 그리스도의 이름으로 기도합니다.
아멘!

:: 평안을 너희에게 끼치노니 곧 나의 평안을 너희에게 주노라 내가 너희에게 주는 것은 세상이 주는 것과 같지 아니하니라 너희는 마음에 근심하지도 말고 두려워하지도 말라
(요한복음 14:27).

직.장.인.을. 위.한. 묵.상.

미움을 이기는 것은
용서이고 사랑입니다

창세기 | 37장 1-11절

1 야곱이 가나안 땅 곧 그의 아버지가 거류하던 땅에 거주하였으니
2 야곱의 족보는 이러하니라 요셉이 십칠 세의 소년으로서 그의 형들과 함께 양을 칠 때에 그의 아버지의 아내들 빌하와 실바의 아들들과 더불어 함께 있었더니 그가 그들의 잘못을 아버지에게 말하더라
3 요셉은 노년에 얻은 아들이므로 이스라엘이 여러 아들들보다 그를 더 사랑하므로 그를 위하여 채색옷을 지었더니
4 그의 형들이 아버지가 형들보다 그를 더 사랑함을 보고 그를 미워하여 그에게 편안하게 말할 수 없었더라
5 요셉이 꿈을 꾸고 자기 형들에게 말하매 그들이 그를 더욱 미워하였더라
6 요셉이 그들에게 이르되 청하건대 내가 꾼 꿈을 들으시오
7 우리가 밭에서 곡식 단을 묶더니 내 단은 일어서고 당신들의 단은 내 단을 둘러서서 절하더이다
8 그의 형들이 그에게 이르되 네가 참으로 우리의 왕이 되겠느냐 참으로 우리를 다스리게 되겠느냐 하고 그의 꿈과 그의 말로 말미암아 그를 더욱 미워하더니
9 요셉이 다시 꿈을 꾸고 그의 형들에게 말하여 이르되 내가 또 꿈을 꾼즉 해와 달과 열한 별이 내게 절하더이다 하니라
10 그가 그의 꿈을 아버지와 형들에게 말하매 아버지가 그를 꾸짖고 그에게 이르되 네가 꾼 꿈이 무엇이냐 나와 네 어머니와 네 형들이 참으로 가서 땅에 엎드려 네게 절하겠느냐
11 그의 형들은 시기하되 그의 아버지는 그 말을 간직해 두었더라

—

야곱은 12명의 아들이 있었고, 그가 사랑했던 아내 라헬을 통해 두 명의 아들을 얻습니다. 그중 한 명이 요셉이었고, 야곱은 나이 들어 얻은 아들 요셉을 무척이나 귀히 여겼습니다. 그런데 요셉은 형들의 미움을 사게 됩니다. 편애를 받는 사실만으로도 형들이 시기하였는데 거기다 요셉이 형들의 잘못을 고자질하고 자신

이 꾼 꿈을 온 가족 앞에서 말하면서 더욱 형들의 시기와 미움을 받게 됩니다.

총애를 받을 때 언행을 조심해야 합니다
요셉은 좋게 보면 참~ 천진난만했고, 나쁘게 보면 조금 교만했습니다. 자신과 엄청난 나이 차이가 나는 형들 앞에서 너무도 당당하게 자신의 꿈을 이야기합니다. 근데 사실 좀 들으면 기분 나쁠 꿈이죠. 물론 그 꿈은 하나님이 주신 것이고 미래에 실제로 일어나는 상황이 됩니다. 하지만 방법에 문제가 있죠.

여러분은 상사에게 신뢰와 총애를 받고 계십니까? (마음으로 '한번 그래 봤으면 소원이 없겠다'하시나요? ☻) 총애를 받고 있다면 그럴 때 언행을 조심해야 합니다. 바로 그때가 동료들의 미움을 가장 많이 받을 수 있는 때이기 때문입니다.

차별은 다툼의 원인이 됩니다
야곱은 요셉을 사랑하여서 모든 형제들과 다른 채색 옷을 입힙니다. 요셉을 더 사랑할 뿐이었지만, 다른 형제들은 상실감에 빠집니다. 그래서 요셉을 미워하게 되죠. 미움은 어떤 것으로도 정당화될 수 없습니다. 그러나 가능하다면 원인을 제공하지 않는 것이 현명할 것입니다.

다른 사람이 사랑받는다고 시기하거나 미워하지 않습니까? 옳지 않은 태도입니다. 보다 성숙한 자세가 필요합니다. 미움 때문에 형제들은 살인을 저지르려는 충동까지 일으키기 때문입니다. 모든 죄악의 근원이 되는 것이죠.

하나님이 작정하신 일은 반드시 이루어집니다
요셉의 꿈은 의미가 있는 것이었습니다. 요셉의 미숙함, 형들의 죄 된 행동이 있었지만 결국 요셉의 인생은 요셉의 꿈대로 되었습니다. 만약 하나님께서 작정하셨다면, 과정 중에 어려움이 있다 하더라도 그리 될 것입니다. 따라서 어려움이 있다고 미리 낙심할 필요는 없습니다.

형들은 요셉의 존재를 없애버리려고 했지만, 하나님께서 요셉을 보호하고 함께하셔서 결국 그를 이집트의 국무총리가 되게 하셨습니다. 그 덕분에 그 형제들과 모든 가문이 살아남게 되었죠. 미움을 이기는 것은 용서이고 사랑입니다. 그래야 나도 살고 내 가족도 사는 것입니다.

9월

SEPTEMBER / 09

자녀들아 이제 그의 안에 거하라
이는 주께서 나타내신 바 되면
그가 강림하실 때에 우리로 담대함을 얻어
그 앞에서 부끄럽지 않게 하려 함이라
_ 요한1서 2:28

이 달 의 기 도 제 목

-
-
-
-
-

SEPTEMBER 1

내가 거하는 모든 곳이 천국이 되게 하소서

빛이 되신 하나님 아버지,
오늘도 어둠을 물리치고 빛으로 세상을 밝혀 주셔서 감사합니다.
빛과 어둠이 함께 머무는 것이 아니라 주님의 빛이 임할 때에
모든 어둠이 사라지는 것을 믿습니다.
오늘도 작은 빛이라도 존재한다면 어둠은 사라질 것을 믿습니다.
이 하루 가운데 영적인 빛으로 오셔서 모든 어둠을 물리쳐 주소서.

기쁠 때 나의 찬양이 되시고, 슬플 때에 위로가 되시며,
막힌 곳의 길이 되시고, 환란의 때에 피난처가 되시는 주님 감사합니다.
나의 모든 상황 속에서 모든 대안이 되시는 주님을 의지합니다.
오늘 만나는 모든 상황 속에서 주께서 동행하여 주시고
그래서 내가 거하는 모든 곳이 천국이 되게 하소서.

주님께서 사랑하셔서 오셨던 이 땅에 주님의 나라가 온전히 임하기를 기도합니다.
아직은 불완전한 곳이지만, 그럼에도 불구하고 이 불완전함 속에
성령 하나님이 동행하심을 기억하게 하소서.
그 하나님의 일하심과 함께함으로 주님의 나라를 조금이라도
더 온전하게 하는 하나님의 사람 되게 하소서.
주님으로 인해 기쁨이 넘치는 하루, 지혜가 넘치는 하루,
빛으로 가득한 하루 되게 하소서.
나의 모든 것 되시는 예수 그리스도의 이름으로 기도합니다.
아멘!

:: 내가 아버지의 계명을 지켜 그의 사랑 안에 거하는 것 같이 너희도 내 계명을 지키면 내 사랑 안에 거하리라 (요한복음 15:10).

SEPTEMBER 2

하나님 아버지의 크심을 인정할 때

능력의 하나님 아버지,
이 세상을 만드시고 움직이시는 아버지,
오늘도 나의 아버지 되심에 감사드립니다.
하나님 앞에 인간은 아주 작고 보잘것없는 존재임을 고백합니다.
그 크신 하나님의 능력으로 이 작은 인생을 돌보아 주시는 은혜에 감사합니다.

오늘도 나의 작음을 인정하게 하소서.
나의 작음을 인정하고 하나님 아버지의 크심을 인정할 때
진정한 믿음이 샘솟아 오름을 고백합니다.
크신 능력을 가지신 아버지를 믿습니다.
오늘도 그 넘치는 능력으로 나의 삶을 움직여 주소서.
오늘도 이 땅에 아버지의 일하심이 가득하게 하소서.
나의 하루가 하나님의 능력으로 가득 채워지게 하소서.

그 하나님의 힘과 능력을 의지하여 오늘도 담대하게 하시고,
사탄 앞에서 비굴하지 말게 하시고
오늘 내가 무엇을 위하여 살아야 하는지 명확히 알고 이기게 하소서.
오늘 나의 적을 분별하지 못하여, 사랑하는 사람들과 싸우는 일이 없게 하소서.
오늘 내가 싸울 대상은 사람이 아니라 악한 영이라는 것을 기억하게 하시고
선하지 못한 일들에 분개할 수 있는 정의로움을 허락하소서.
오늘은 하나님을 위해 영적 전쟁을 수행하고
주님의 능력으로 승리하는 하루가 되게 하소서.
나의 힘이 되시는 예수 그리스도의 이름으로 기도합니다.
아멘!

:: 여호와께서는 높이 계셔도 낮은 자를 굽어살피시며 멀리서도 교만한 자를 아심이니이다
 (시편 138:6).

SEPTEMBER 3

나의 모든 영역의 왕이 되어 주소서

왕이신 나의 아버지,
어제의 모든 무거운 생각과 걱정들,
주어진 어려운 모든 환경들을 뚫고 새 아침이 밝았습니다.
주님께서 새 하늘과 새 땅, 새 아침을 우리에게 주셨으니
오늘을 사는 우리도 모든 것이 새로워진 마음으로 하루를 시작하게 하소서.

하나님의 자녀라는 이름을 사람들 앞에 부끄러워 말게 하소서.
내가 잘하지 못할 것이라는 것 때문에 숨어 살지 말게 하소서.
끊임없이 도전해야 언젠가는 정상에 오를 수 있다는 믿음으로
오늘도 부족하지만 하나님의 자녀로서의 삶을 다시 도전하는 하루 되게 하소서.
오늘도 나의 모든 영역의 왕이 되어 주소서.

내 마음의 중심의 자리를 기쁨으로 내어 드리니
그곳에서 나를 통치하시되 나의 입술을 통치하시고
나의 눈을 통치하시고 나의 손과 발을 통치하소서.
오늘도 내 맘대로가 아니라 아버지의 맘대로 사는 자녀 되겠습니다.
인도하시고 말씀하시고 명령하소서.
순종하겠나이다.
나의 통치자 되시는 예수 그리스도의 이름으로 기도합니다.
아멘!

:: 그들을 진리로 거룩하게 하옵소서 아버지의 말씀은 진리니이다 (요한복음 17:17).

주님의 진리의 말씀을 믿고 신뢰합니다

사랑하는 아버지,
오늘 맞은 이 날도 주님이 주신 복된 하루임에 감사합니다.
오늘 하루를 살면서 나의 느낌대로 사는 것이 아니라 주님께서 말씀하신 대로
진실을 믿으며 사는 담대한 하루 되게 하소서.

날이 선 검과 같은 주님의 진리의 말씀을 믿고 신뢰함으로
오늘도 시시때때로 오는 영적인 전쟁에서 승리하게 하소서.
우리의 싸움은 보이는 것이 아니라 보이지 않는 것과의 싸움임을 기억하게 하소서.
오늘도 나의 힘으로 하는 것이 아니라 주님의 힘으로 하는 것임을 믿습니다.
그래서 두려워할 것이 없고, 늘 소망 가운데 있음을 감사합니다.

오늘도 주님께서 동행하시며, 주님의 뜻을 이루어가기 위해 살아갑니다.
나의 기쁨의 근원은 주님이시니 나의 환경의 변화에 굴하지 않습니다.
말씀이 내 중심의 힘이 되게 하시고, 주님이 내 평안의 주인이 되게 하소서.
오늘도 선하고 아름다운 말과 덕이 되는 행동을 나를 통해 넘치게 하소서.

오늘도 만나는 이들에게 힘을 부여하기 원합니다.
주님께서 나에게 주신 은혜가 전달되게 하시며,
낙망한 자를 일으키고 외로운 자를 안아주고,
어리석은 자에게 지혜를 주며 무너진 자들을 위로하는 사람 되게 하소서.
나의 사랑 되시는 예수 그리스도의 이름으로 기도합니다.
아멘!

:: 하나님의 말씀은 살아 있고 활력이 있어 좌우에 날선 어떤 검보다도 예리하여 혼과 영과 및 관절과 골수를 찔러 쪼개기까지 하며 또 마음의 생각과 뜻을 판단하나니 (히브리서 4:12).

SEPTEMBER 5

언제나 동일하신 하나님의 사랑

나의 반석이 되시는 하나님 아버지,
나의 일상을 유지하고 사는 것이 얼마나 감사한 일이며 특권인지요.
오늘도 무사히 아침을 맞이하게 해 주셔서 감사합니다.

오늘도 나의 반석이 되어 주셔서 재난과 사고 앞에서 지켜주소서.
나의 마음이 약하여지고 영혼이 흔들리는 영적인 지진 앞에서도
반석이 되시는 주님께 피하게 하소서.
언제나 견고한 반석이 되셔서 주님께로 달려가면
흔들리지 않고 평안을 누릴 줄 믿습니다.
세상의 환경은 언제나 불안하고 변화하지만
언제나 동일하신 하나님의 사랑이 나를 붙잡아 주심을 믿습니다.
오늘도 나의 발을 주님께 디디고
흔들리지 않는 믿음으로 나아가는 하루 되게 하소서.

나의 마음이 오늘도 주님을 갈망합니다.
나의 영혼을 성령 하나님이 가득 채우소서.
흔들리는 세상 속에서 주님의 손을 붙잡고 잠잠히 머물러 있는
이 기도 시간을 통해 우리의 영혼이 견고해지게 하소서.
바다가 요동치고 산이 흔들려도 이 믿음이 흔들리지 말게 하시며,
환경의 흔들림이 유혹이 되어 믿음을 상치 못하게 하소서.
오늘도 주님을 기대합니다.
나의 구원자 되시는 예수 그리스도의 이름으로 기도합니다.
아멘!

:: 믿음의 주요 또 온전하게 하시는 이인 예수를 바라보자 그는 그 앞에 있는 기쁨을 위하여 십자가를 참으사 부끄러움을 개의치 아니하시더니 하나님 보좌 우편에 앉으셨느니라
(히브리서 12:2).

SEPTEMBER 6

주님 만나는 그 날까지 건강한 동반자 되게 하소서

치유의 하나님 아버지,
오늘도 어둠을 물리치고 새로운 빛으로 임하여 주셔서 감사합니다.
하루를 시작할 때에 나의 모든 부족함과 연약함을 주님 앞에 내어 놓습니다.

육신의 약함과 질병, 피로와 지침을 주님께 올려드립니다.
모든 것을 치유하셔서 처음 창조하셨던 그 모습대로
온전한 회복과 건강을 허락하소서.

주님께서 몸을 회복시키실 때에 마음과 영혼을 더욱 회복시키셔서
이 모든 것이 모두 나 자신임을 기억하게 하소서.
무엇 하나만 치중하지 말게 하시고 소중히 여겨
주님 만나는 그날까지 건강한 동반자 되게 하소서.
오늘이라는 시간 앞에 모든 것을 겸손히 받아들이며 감사하게 하소서.

나에게 사명 주심을 감사합니다.
주님께서 이 땅에 살게 하셨을 때 내가 이루기 원하시는 것들을 잊지 말고
성실히 감당하게 하시고 기쁨으로 이 길을 가게 하소서.
저녁에는 더 풍성한 것들로 주님께 감사의 기도를 드리게 하소서.
나의 생명 되시는 예수 그리스도의 이름으로 기도합니다.
아멘!

∷ 나는 주께서 네 심령에 함께 계시기를 바라노니 은혜가 너희와 함께 있을지어다
(디모데후서 4:22).

SEPTEMBER 7

오늘 나에게 주신 십자가

신실하신 나의 아버지,
주님의 은혜로 어제도 안전하게 거하게 하시고,
눈을 뜨고 일어나게 하신 아버지 감사합니다.

오늘도 나에게 주어진 십자가를 기쁨으로 감당하게 하소서.
십자가를 질 수 있냐고 주가 물어보실 때,
죽기까지 따르겠다고 찬양하며 고백하였지만
매일의 생활 속에서 너무 많은 십자가들을 거절하면서 살았던 것을 용서하소서.
내가 지고 싶은 십자가만 고르기에 바빴고,
내가 십자가라고 인정하는 것만 받아들였던 것을 용서하소서.
오늘 나에게 주신 십자가가 무엇인지부터 분명히 깨닫게 하소서.

하나님과 전혀 상관없는 나의 잘못들을 마치 십자가를 지는 것처럼
착각하고 살고 있다면 그것부터 먼저 깨닫게 하소서.
그리고 오늘 복음에 빚진 자 된 하나님의 자녀로
주님께서 기뻐하실 은혜의 십자가를 기쁨으로 지게 하소서.

오늘 내가 머무는 곳에서 기도하게 하시고,
예배하게 하시고, 삶이 산 제사가 되는 증인되게 하소서.
오늘을 주님께 올려드립니다. 그리고 그 은혜를 기대합니다.
나의 모든 것 되시는 예수 그리스도의 이름으로 기도합니다.
아멘!

:: 그러나 내게는 우리 주 예수 그리스도의 십자가 외에 결코 자랑할 것이 없으니 그리스도로
말미암아 세상이 나를 대하여 십자가에 못 박히고 내가 또한 세상을 대하여 그러하니라
(갈라디아서 6:14).

SEPTEMBER 8

오늘 해야 하는 많은 일들 앞에서

선하신 나의 아버지,
하나님의 아름다우신 뜻을 따라 오늘 하루를 시작하며 기도합니다.
어제까지의 모든 무거운 짐과 고민과 과제들을
오늘 아침 다시 짊어지기 전에 주님 앞에 나아갑니다.

어제도 함께하셔서 지키셨던 하나님 아버지,
오늘도 함께하시고 나와 거주하여 주소서.
잠깐 나에게 오셨다가 가시는 분이 아니라,
나와 함께 먹고 마시고 사시는 분임을 믿습니다.
오늘의 모든 것을 다 내려놓고
오직 나의 믿음과 하나님을 향한 마음을 먼저 고백합니다.
주님은 나의 생명이시며 나의 모든 것이십니다.

오늘 해야 하는 많은 일들과 관계들, 풀어야 할 과제들이 있다면
그것들을 주님의 손에 얹어 드립니다.
이제 주님의 문제이오니,
주님께서 해결하여 주시고 나로 어찌할 바를 알게 하시며
주님의 뜻대로 순종하는 하루 되게 하소서.
주님을 의지합니다.
나의 주인 되시는 예수 그리스도의 이름으로 기도합니다.
아멘!

:: 여호와는 나의 목자시니 내게 부족함이 없으리로다 (시편 23:1).

SEPTEMBER 9

작은 일에 연연하지 말게 하시고

높으신 하나님 아버지,
좋은 아침을 주시니 감사합니다.
오늘도 주님의 사랑을 느끼며 하루를 시작합니다.
어제보다 오늘 더 주님을 사랑하게 하시고,
오늘 내가 주님을 갈망함이 나의 기쁨이 되게 하소서.

언제나 나보다 높은 곳에 계셔서 나를 돌아보시고,
내가 생각하지 못한 것을 생각하시며,
나의 답 없음을 아시는 주님께서
주님의 답을 주시려고 바라보고 계심에 감사합니다.
오늘도 주님의 얼굴을 구하게 하셔서 나에게는 답이 없지만,
주님께는 셀 수 없는 많은 답이 있음을 믿고 구하게 하소서.

오늘 작은 일에 연연하지 말게 하시고,
없어질 것들로 안절부절하는 일이 없게 하소서.
나에게 필요한 많은 것들이 있지만
그 중에서 정말 중요한 것이 무엇인지를 잘 골라내게 하소서.
정말 나의 영혼에 중요한 것들을 잃어버리고
눈에 보이는 것만 집착하는 하루가 되지 말게 하소서.

언제나 나의 희망이 되시는 주님으로 인하여 오늘도 힘차게 시작합니다.
나는 멀리 볼 수 없으나 주님은 보시니 나를 인도하소서.
나의 주 나의 소망 되시는 예수 그리스도의 이름으로 기도합니다.
아멘!

:: 자녀들아 이제 그의 안에 거하라 이는 주께서 나타내신 바 되면 그가 강림하실 때에 우리로 담대함을 얻어 그 앞에서 부끄럽지 않게 하려 함이라 (요한1서 2:28).

SEPTEMBER 10

어느 곳에서나 필요를 채우는 사람이 되게 하소서

나의 기쁨이 되신 하나님 아버지,
아침 해가 뜰 때에 내 영혼이 주님을 인하여 감사의 호흡을 합니다.
새로운 생명을 불어 넣어주시듯 오늘도 성령 하나님의 새로운 바람이
나의 영혼에 불게 하소서.
아침마다 새로운 창조물이 되게 하시고, 신선한 마음으로 시작하게 하소서.

오늘도 새로운 시간과 기회를 주심에 감사합니다.
나에게 주시는 그 은혜가 부족함이 없으니 오늘도 용기를 내어 달려가게 하소서.
주님을 앙망하는 자는 독수리가 날개 치며 하늘을 오르듯 할 것이라 하셨으니
그 말씀대로 임하여 주소서.
나의 영혼이 주님을 갈망하고 기대하고 바라봅니다.

오늘도 축복의 입술이 나의 입술이 되게 하소서.
만나는 사람들마다 사랑을 전하게 하시고, 위로하게 하시고 축복하게 하소서.
나의 손이 더 따뜻해져서 다독이게 하시고, 감싸 안게 하시고,
사랑을 담은 손이 되게 하소서.
내가 꼭 필요한 곳을 찾아가는 발걸음이 되게 하셔서
능력이 강한 사람이 아니라 어느 곳에서나 필요를 채우는 사람이 되게 하소서.
오늘의 모든 일들을 주님께 올려드립니다.
순적하게 인도하여 주소서.
나의 주님 되시는 예수 그리스도의 이름으로 기도합니다.
아멘!

:: 자기 아들을 아끼지 아니하시고 우리 모든 사람을 위하여 내주신 이가 어찌 그 아들과 함께 모든 것을 우리에게 주시지 아니하겠느냐 (로마서 8:32).

SEPTEMBER 11

주님이 찾으실 때 그곳에 거하게 하소서

영원하신 하나님 아버지,
주님께서 주신 하루가 시작되었습니다.
오늘도 나의 하루를 주관해 주심을 감사합니다.
오늘도 우리에게 영적인 만나를 주셔서 주리지 아니하고 풍성한 하루 되게 하소서.

주님의 말씀은 영원하여서 없어지지 아니하고,
언제나 우리를 이끌어 주심을 감사합니다.
오늘도 그 말씀에 힘을 입어 살아가게 하소서.
그 말씀이 성령의 검이 되어서
오늘도 영적인 승리를 이루는 가장 큰 힘이 되게 하소서.

오늘도 주님이 나를 찾으실 때에 원하시는 그 곳에서 거하기를 원합니다.
나의 원대로 편한 곳을 찾아가는 삶이 아니라
주님의 원대로 필요가 있는 그곳을 찾아가는 자녀 되게 하소서.
하나님의 늘어난 손이 되는 하루가 되기 원합니다.

보이지 않는 하나님을 위한 보이는 분신이 되어서
주님의 뜻을 행하는 하루가 되게 하소서.
내가 머무는 곳에서 하나님의 빛이 드러나게 하시고,
내가 일하는 곳에서 삶이 예배가 되게 하소서.
무엇을 하든지 주님께 영광을 올려 드리는 삶이 되게 하소서.
나의 주 나를 사랑하시는 예수 그리스도의 이름으로 기도합니다.
아멘!

:: 곧 여호와의 말씀이 응할 때까지라 그의 말씀이 그를 단련하였도다 (시편 105:19).

SEPTEMBER 12

성실함으로 다스리는 자녀

긍휼의 하나님 아버지,
새로운 아침을 선물로 주셔서 감사합니다.
하나님의 일하심으로 오늘 하루를 시작하게 하소서.

오늘도 주님의 긍휼하심이 필요합니다.
매 순간 주님의 은혜로 살고 있음을 기억하게 하소서.
내가 하나님께 받은 수많은 것들을 관리할 뿐
나의 것이 하나도 없음을 기억하게 하소서.
많은 것을 받은 자들은 많은 책임을 가지고
아버지의 뜻을 위하여 성실함으로 그것들을 다스리게 하시고
적은 것을 받은 자들은 적은 것에 충성함으로
아버지를 기쁘게 하는 하루 되게 하소서.

우리에게 일용할 양식을 주심에 감사합니다.
그 일용할 양식이 없는 자들을 위해 기도하고 돕게 하소서.
이 세상이 더럽고 죄로 가득하다고 외치기 이전에
이 세상을 하나님의 나라로 채우기 위해 노력하는 하루 되게 하소서.
하나님의 나라가 어느 곳에서나 손상 받지 말게 하시고,
그 뜻을 이 땅에 이루기 위해 오늘의 영적 전쟁에서 승리하게 하소서.
주님을 닮아 긍휼을 베푸는 자로 오늘 하루를 살게 하소서.
나의 주 모든 것의 주인 되시는 예수 그리스도의 이름으로 기도합니다.
아멘!

:: 그 주인이 이르되 잘하였도다 착하고 충성된 종아 네가 적은 일에 충성하였으매 내가 많은 것을 네게 맡기리니 네 주인의 즐거움에 참여할지어다 하고 (마태복음 25:21).

SEPTEMBER 13

오늘 내 삶에 벌어지는 모든 일 가운데

나의 구원이 되시는 하나님 아버지,
나의 영혼을 살리시며 새로운 날을 시작하게 하시니 감사합니다.
내 삶의 모든 영역에서의 구원이 주님께 있음을 기억하고 감사를 드립니다.
나의 일거수일투족을 아시는 주님께서
나의 모든 필요와 간구를 들으심을 믿습니다.

오늘도 나의 모든 행함 가운데 주님께서 붙잡아 주시고 함께하여 주소서.
오늘 내 삶에 벌어지는 모든 일 가운데
주님께서 나의 장수가 되어 주심을 믿습니다.
나의 영적인 전투 앞에 승리하게 하실 때에
나의 힘과 능력이 아니라 주님의 힘과 능력으로 승리하게 하소서.

오늘도 어제보다 더 영적이고 주님을 더 가까이하는 날이 되기 원합니다.
하나님을 가까이 함으로 주님과 하나님이 나의 능력임을 믿습니다.
어제보다 더 오늘 주님을 갈망합니다.
십자가의 은혜를 깊이 기억하며
내 삶의 모든 영역 가운데 구원자 되심을 고백하고 인정합니다.

오늘 공부하는 자에게, 일을 하는 자에게,
쉼을 갖는 자에게, 질병과 싸우는 자에게,
혹은 자신의 문제를 이기기 위해 노력하고 있는 모든 자들에게
하나님의 확실한 은혜를 베풀어 주소서.
나의 힘의 근원이 되시는 예수 그리스도의 이름으로 기도합니다.
아멘!

:: 여호와여 나와 다투는 자와 다투시고 나와 싸우는 자와 싸우소서 (시편 35:1).

SEPTEMBER 14

믿음의 선택들을 제일 위에 놓게 하소서

사랑의 하나님 아버지,
어제의 하루를 잘 마무리할 수 있는 은혜를 주시고,
또 새로운 하루를 위해 잠을 주셔서 감사합니다.
오늘도 나의 영혼이 주님을 만나 새롭게 충전되게 하시고,
배의 주림보다 영혼의 주림을 먼저 채우고 시작하는 하루 되게 하소서.

너무 빈번히 오래 해 와서 식상해져 버린 식사 기도를 할 때마다
동시에 나의 영혼의 주림을 위해 기도하게 하소서.
일상을 살고 뛰어 다니느라 잊어 버렸던 하나님을 다시 기억하며
영혼을 배부르게 하는 기도가 되게 하소서.

오늘도 주님의 말씀을 행하는 자 되기 원합니다.
하나님이 제일 우선이고, 신앙이 제일 우선이라 했지만
이런 저런 이유를 대면서 중요한 여러 가지 것들 중에
가장 밑으로 밀려버린 믿음의 선택들을 다시 위에 놓게 하소서.

누가 보아도 하나님의 자녀로 보일 수 있는 것은
내가 선택하는 것의 보여지는 우선순위이니
그것을 놓치지 않는 하루 되게 하소서.
오늘도 주님의 자녀로 살겠습니다.
나의 선 자리, 앉은 자리에서 망설이지 않고 하나님을 높이는 자 되게 하소서.
나의 주 나의 가장 첫 번째가 되시는 예수 그리스도의 이름으로 기도합니다.
아멘!

:: 너희는 더욱 큰 은사를 사모하라 내가 또한 가장 좋은 길을 너희에게 보이리라
(고린도전서 12:31).

SEPTEMBER 15

오늘도 씨 뿌리는 심정으로 나아갑니다

사랑하는 나의 아버지,
간밤에 곤한 잠을 주시고 안식하게 하시니 감사합니다.
피곤한 몸으로 출근하는 이들에게
주님께서 주시는 영혼의 안식을 주셔서 새 힘을 얻게 하소서.
진정한 쉼은 아버지의 품 안에서 모든 방어기제를 내려놓을 때
존재함을 잊지 말게 하소서.

오늘도 주님과 한 호흡으로 살아가기 원합니다.
지친다고 도망가지 말게 하시고,
쉬고 싶다고 하나님께로부터 멀어져
더 어리석은 고단한 길을 택하지 말게 하소서.

주님을 나의 자리로 모셔 드리고 주님으로부터 산소를 공급받으며
나의 생명의 에너지를 회복하게 하소서.
오늘도 나의 상황과 상관없이 항상 동일하신 주님을 인해
동일한 기쁨을 유지하기 원합니다.
주님 안에서 일희일비는 없사오니
언제나 동일한 생수로 나의 갈급함을 채우소서.

한없는 주님의 사랑으로 오늘 나의 하루를 축복하소서.
오늘도 씨 뿌리는 심정으로 나아가오니 나의 인생의 씨를 뿌리게 하시고,
이 사회에 좋은 영향력의 씨를 뿌리게 하시고
이 세상에 복음의 씨를 뿌리는 하루 되게 하소서.
나의 모든 기쁨이 되시는 예수 그리스도의 이름으로 기도합니다.
아멘!

∷ 눈물을 흘리며 씨를 뿌리는 자는 기쁨으로 거두리로다 (시편 126:5).

SEPTEMBER 16

마음을 지킬 수 있는 힘을 주소서

내 생각의 주인 되시는 하나님 아버지,
새로운 아침을 맞아 하나님을 기억하게 하심을 감사드립니다.

우리의 생각이나 인격이 작은 어려움에
무너지고 짜증내고 무기력해지지 않게 하시고,
오늘도 어떤 환경에서든지 마음을 지킬 수 있는 힘을 주소서.
오늘 그 무엇보다 나의 생각을 주님께 헌신하게 하소서.
내가 무엇을 하든지 가장 먼저 나의 생각을 주님 앞에 복종시키는 것이
가장 중요함을 기억하게 하소서.

세상의 철학과 속임수가 끊임없이 나를 설득하고 교묘하게 공감하게 할 때에도
성경 말씀의 기준에서 벗어나거나 속아 넘어가는 일이 없게 하소서.
세상이 악할수록 더욱 분명한 기준을 가지고 주님 앞에 서게 하소서.
내가 배운 세상의 지식들로 하나님을 판단하지 말게 하소서.

오늘도 내 안에서 이루어지는 모든 생각들이 주님 앞에 성결하게 되길 기도합니다.
주님의 뜻 안에서 생각으로 범죄하지 않고
무형의 것이라고 나의 것이라 생각하지 말게 하소서.
오늘도 생각에서부터 나오는 나의 모든 행동이 주님을 닮기 원합니다.
나의 주인 되시는 예수 그리스도의 이름으로 기도합니다.
아멘!

:: 내 아들아 너는 듣고 지혜를 얻어 네 마음을 바른 길로 인도할지니라 (잠언 23:19).

SEPTEMBER 17

더 나은 날이 올 것이라는 소망을 주소서

나를 받아주시는 하나님 아버지,
언제나 큰 사랑으로 나의 모든 것을 용서하시고 받아주시는 아버지,
오늘도 새로운 기회를 주시고, 지난날의 죄악을 용서해 주심을 감사합니다.

오늘도 하나님의 마음을 나에게 허락하셔서 모든 사물이 사랑스럽게 하시고,
모든 사람을 불쌍히 여기는 마음을 가득 채워 주소서.
적은 월급을 받으며 많은 일을 할 때에도 일자리가 있음에 감사하는 마음이
가득하게 하셔서 자꾸 불평하는 마음이 사라지게 하소서.
오늘도 할 수 있다는 믿음을 주시고,
오늘을 이기고 나면 내일은 더 나은 날이 올 것이라는 소망을 주소서.

오늘도 불평하는 마음을 걷어내고
기쁘고 감사한 수많은 것들을 발견하기 원합니다.
나의 눈이 좋은 것에 고정되게 하소서.
나의 눈이 하나님께서 주신 별처럼 많은 축복들을 찾아내게 하소서.

사랑할 수 없는 사람은 없다는 믿음을 가지고
모든 사람을 불쌍히 여기고 축복하는 마음을 갖게 하소서.
오늘도 주님의 마음으로 하루를 시작합니다.
저녁에 기도할 때에 주님의 마음으로
온종일을 살았노라 고백하는 하루 되게 하소서.
주님을 사랑합니다.
나에게 기쁨을 주시는 예수 그리스도의 이름으로 기도합니다.
아멘!

:: 할렐루야 여호와께 감사하라 그는 선하시며 그 인자하심이 영원함이로다 (시편 106:1).

SEPTEMBER 18

믿음의 열매가 맺어지는 하루

나로 열매 맺게 하시는 하나님 아버지,
오늘도 어제의 모든 것을 털어버리고
새롭고 활기찬 아침을 주셔서 감사합니다.
주님을 인하여 새로운 힘을 얻습니다.

나의 믿음이 되시고, 소망이 되시고, 모든 행복과 사랑의 근원이 되시는 아버지,
오늘 성령 하나님께서 함께하여 주셔서 이 보이지 않는 것들을
보이는 열매로 만드는 하루가 되게 하소서.
오늘 하루 동안 나의 믿음을 보여주는 하루가 되게 하시고,
그 믿음의 열매가 맺어지는 하루가 되게 하소서.

내 마음의 사랑과 소망이 오늘 하루의 생활 속에서 보이도록 실천하게 하소서.
내가 주님의 자녀임을 다른 사람들이 보아 알 수 있도록
보이지 않는 하나님을 보이게 하는 주의 자녀 되게 하소서.
나의 선 자리가 복의 근원이 되게 하셔서
나로 인하여 이곳이, 또 많은 사람들이 복을 누리게 하소서.

낙망하고 포기하고 싶은 사람들에게
새로운 소망과 힘을 주셔서 오늘을 살아갈 수 있는 용기를 주소서.
과로로 인하여 버거운 하루를 시작하는 자에게
하나님께서 공급하시는 힘이 넘치게 하소서.
오늘 하루의 모든 일과를 주님께 올려드립니다.
나의 주 나의 모든 소망 되시는 예수 그리스도의 이름으로 기도합니다.
아멘!

:: 믿음으로 말미암아 그리스도께서 너희 마음에 계시게 하시옵고 너희가 사랑 가운데서 뿌리가 박히고 터가 굳어져서 (에베소서 3:17).

SEPTEMBER 19

온전히 중심을 지키게 하소서

평안의 하나님 아버지,
오늘도 새로운 아침을 주심에 감사합니다.

오늘도 마음의 평안을 지켜주시길 원합니다.
사람의 말이나 상황이 예기치 못하게 치고 들어와
마음의 평안을 흔들어 놓을 때에 온전히 중심을 지키게 하소서.

주님께서 주신 하루를 기쁨으로 살기 작정하였으나
순간의 흔들림으로 하루를 빼앗기는 일이 없게 하소서.
주께서 주시는 것은 언제나 평안이요, 화목임을 기억하게 하소서.
오늘도 내가 다른 사람의 평안을 흔들어 버리는 자 되지 말게 하시고,
언제나 말을 조심하게 하소서.

나의 표정과 태도가 다른 사람의 행복을 빼앗는 강도가 되지 말게 하시고
예수 그리스도를 의지하여 오늘도 하나님의 뜻을 이루되
내 마음의 기쁨을 빼앗기는 일이 없게 하소서.

오늘 모두를 주님께 올려드립니다.
약한 자를 도우시고, 나의 약함 안에 평안으로 임하여 주소서.
나의 주, 평강의 예수 그리스도의 이름으로 기도합니다.
아멘!

:: 그러므로 내 사랑하는 형제들아 견실하며 흔들리지 말고 항상 주의 일에 더욱 힘쓰는 자들이 되라 이는 너희 수고가 주 안에서 헛되지 않은 줄 앎이라 (고린도전서 15:58).

SEPTEMBER 20

가장 적절한 은혜를 베풀어 주소서

합당한 은혜를 주시는 주님,
어제와 비슷한 하루를 시작하게 하시고
일상의 은혜를 누리게 하시니 감사합니다.
매일의 비슷한 하루가 얼마나 감사한지요.
특별한 사건 사고 없이 하루를 시작하게 하심을 감사합니다.

오늘 내게 주어진 일들 앞에 정직하게 하시고, 최선을 다하게 하소서.
우리에게 필요한 가장 적절한 은혜를 베풀어 주소서.
쉼이 필요한 사람들에게 가장 편안한 쉼과 안식을 허락하소서.
열정을 다할 일이 필요한 사람에게 자신에게 잘 맞는 일을 허락하여 주소서.
사람의 사랑이 필요한 자들에게 함께 나눌 사랑의 대상을 허락하시고,
혼자만의 시간이 필요한 자들에게 혼자 돌아볼 수 있는 시간을 허락하소서.

우리 마음속에 있는 욕심을 내려놓게 하셔서
언제나 결과는 주님의 손에 맡기고
오늘 주어진 은혜에 자족하며 나에게 주어진 것에 열심을 다하는
단순함을 허락하소서.
단순한 믿음과 순수한 열정을 주셔서
오늘 하루도 주님과 동행하며 기쁘고 보람된 하루가 되길 원합니다.
주님을 사랑합니다.
나의 은혜 되시는 예수 그리스도의 이름으로 기도합니다.
아멘!

:: 부지런하여 게으르지 말고 열심을 품고 주를 섬기라 (로마서 12:11).

SEPTEMBER 21

도와야 할 손길을 발견하게 하소서

열심의 하나님 아버지,
새로운 하루로 모든 사람에게 이미 선물을 주셔서 감사합니다.
누구나 예외 없이 받아 든 오늘 하루라는 시간을
아름답게 하시고 아버지의 손길 안에서 인도하여 주소서.

죽게 된 우리를 위하여 이 땅에 오신 주님,
그 주님 때문에 우리가 살게 되고, 영원히 살게 됨을 감사드립니다.
내가 오늘 그 은혜에 감사하다면,
나도 오늘 그 누군가에게 나의 모든 장애물을 뚫고
그 사람에게 들어가 그들을 살려내고 일으키는 하루를 살게 하소서.

나는 참으로 이러 저러한 핑계를 많이 대면서 내가 할 수 없음을 정당화하면서,
하나님께서는 어떤 것도 장애물이 되지 않고
온 열정을 다하여 우리를 향하여 내려오셨음을
당연히 여기는 마음을 버리게 하소서.
주님이 하셨다면 우리도 해야 함을 믿습니다.
오늘 내가 달려가 도와야 할 손길을 발견하게 하시고,
주저하지 말게 하시고, 열심으로 이루어내게 하소서.

오늘의 하루를 주님의 손에 올려드립니다.
한 뜻, 한마음으로 손을 잡고 동행하는 하루 되게 하소서.
나의 고집을 버리고 주님의 뜻을 따르는 하루 되게 하소서.
나를 살리러 오신 예수 그리스도의 이름으로 기도합니다.
아멘!

:: 네 형제의 나귀나 소가 길에 넘어진 것을 보거든 못 본 체하지 말고 너는 반드시 형제를 도와 그것들을 일으킬지니라 (신명기 22:4).

SEPTEMBER 22

무한한 능력을 지니신 주님의 힘

나의 모든 가능성이 되시는 주님,
새로운 시간 앞에서 주님 앞에 마음의 무릎을 꿇어 기도합니다.
오늘을 선물로 허락하신 아버지 감사합니다.

하루 동안 무엇을 하든지 주님 앞에서 행하듯 하게 하소서.
내 앞에 주어진 일들이나 사명들이 혹은 불가능해 보이는 때가 있다 하더라도
주님의 말씀을 의지하여 포기하지 말게 하소서.

"할 수 있거든이 무슨 말이냐 믿는 자에게는
능히 하지 못할 일이 없다"고 하신 그 말씀을 의지하여,
주님 안에서 주님께서 원하신다면 할 수 없는 것이 없다는 것을 믿습니다.
나의 탐욕을 위해서가 아니라 주님의 뜻을 위해서
무한한 능력을 지니신 주님의 힘을 의지하여 행하게 하소서.

주님과 동행하는 길 안에서 모든 가능성이 열려있다는 믿음으로 담대하게 하소서.
오늘도 힘겹고 어려운 이들을 불쌍히 여기시고 그들의 간구에 귀 기울여 주소서.
그들의 간구를 들어줄 수 있는 가까이 있는 사람이 나라면
그 기도에 응답하여 움직이는 내가 되게 하소서.
다른 사람을 비난하는 마음과 말을 멈추게 하시고,
이해하고 축복하는 하루 되게 하소서.
나의 모든 소망 되시는 예수 그리스도의 이름으로 기도합니다.
아멘!

:: 주의 크신 긍휼로 그들을 아주 멸하지 아니하시며 버리지도 아니하셨사오니 주는 은혜로우시고 불쌍히 여기시는 하나님이심이니이다 (느헤미야 9:31).

SEPTEMBER 23

온전한 분별력을 주소서

좋은 길로 인도하시는 하나님 아버지,
누군가에게는 너무도 간절한 하루를 오늘 선물로 주시니 아버지 감사합니다.
하루 일을 알 수 없는 인간의 연약함을 불쌍히 여기시고
오늘도 내게 주어진 일과 선택들을 잘 감당할 수 있는 하루가 되게 하소서.

오늘도 나를 선한 길로 인도하심에 감사합니다.
하나님 아버지 보시기에 좋은 길로 인도하심을 믿습니다.
그 길이 아버지의 눈에는 좋아 보이는데
내 눈에는 하나도 좋아 보이지 않는다 하더라도
그 길에 순종하며 따라가게 하소서.

주님의 뜻을 구하게 하시고, 믿음으로 하나님의 뜻을 따르는 하루 되게 하소서.
오늘도 몸과 마음을, 그리고 무엇보다 나의 영혼을 정결하고 맑게 하셔서
온전한 분별력을 주소서.
주님을 향한 갈망만큼이나 그 뜻을 구하는 갈망을 허락하소서.
사랑하는 가족들을 지키시고,
그들의 길이 주님의 반석 안에 견고하게 인도함 받게 하소서.
언제나 함께 일하는 동료들을 지키시고 그들의 삶이 주님 안에 평안하게 하시고,
함께 일하며 서로 위하고 사랑하게 하소서.
나의 주 나의 길이 되시는 예수 그리스도의 이름으로 기도합니다.
아멘!

:: 마음이 굽은 자는 여호와께 미움을 받아도 행위가 온전한 자는 그의 기뻐하심을 받느니라
　(잠언 11:20).

SEPTEMBER 24

감정이나 상황이 아니라 믿음이 승리하게 하소서

위로의 하나님 아버지,
어김없이 새로 시작하는 하루 앞에서 하나님의 존전에 섭니다.
이 세상의 모든 것들이 하나님의 허락하심으로 존재함을 믿습니다.

내가 느낄 수 없다고 하나님의 사랑이 존재하지 않는 것이 아닌데,
언제나 나의 느낌과 생각에 의존하여 하나님을 증명하려 했던 것을 용서하소서.
내가 좋을 때나 슬플 때나 기쁠 때나 눈물 흘릴 때나
하나님은 한 번도 변하신 적이 없는데
나의 감정이 변하여 하나님을 들었다 놓았다 하고 있음을 알게 하소서.

하나님을 향한 견고한 믿음을 허락하소서.
그래서 어떤 상황에서도 그 사랑에 대한 믿음으로 이기게 하소서.
감정이나 상황이 아니라 믿음이 승리하게 하소서.
오늘도 주님을 의지합니다.
오늘도 내 앞에 주어진 선악과 앞에서
하나님의 뜻에 순종하는 것을 선택하게 하소서.

새로운 기회를 하루라는 시간을 통하여 주심에 감사합니다.
이 기회가 마귀의 손에 넘어가지 말게 하시고,
하나님의 손에 올려 드리는 시간 되게 하소서.
나의 힘이 되시는 예수 그리스도의 이름으로 기도합니다.
아멘!

:: 산들이 떠나며 언덕들은 옮겨질지라도 나의 자비는 네게서 떠나지 아니하며 나의 화평의 언약은 흔들리지 아니하리라 너를 긍휼히 여기시는 여호와께서 말씀하셨느니라 (이사야 54:10).

SEPTEMBER 25

나의 인생에 가장 궁극적인 선함

나의 목자 되시는 주님,
오늘도 나의 갈 길을 인도해 주셔서 감사합니다.

매 순간 주님의 길을 따라 온다고 한 것 같은데,
때로는 하나님의 뜻을 묻지 않고 갔던 길 때문에
순간 나의 뜻을 우선하였던 것을 용서하소서.

나보다 더 먼 곳을 보시며, 나보다 더 높이 보시고,
나보다 더 안전한 곳을 보시는 아버지의 눈에 순종합니다.
지금 내게 보이는 것은 푸른 초장이지만,
그곳이 곧 끝날지 아니면 계속 될지 전혀 알지 못합니다.
그래서 주님의 도우심이 필요합니다.

지금 당장의 필요가 아니라 나의 인생에 가장 궁극적인 선함으로
인도하시는 주님의 손을 따르게 하소서.
미래를 알지 못하는 나의 짧은 안목이 아니라
나의 전 인생을 통틀어 아시고 보시고 인도하시는 아버지의 안목을 따라
나의 발걸음을 옮기게 하소서.

오늘도 이해할 수 없는 일을 만날 때에 주님께서 함께하심으로
놀라지 말게 하시고, 주님께 의지하게 하소서.
내가 목자가 아니라 주님이 목자이심을 매 순간 믿게 하소서.
나의 지팡이가 되시는 예수 그리스도의 이름으로 기도합니다.
아멘!

:: 여호수아가 그들에게 이르되 두려워하지 말며 놀라지 말고 강하고 담대하라 너희가 맞서서 싸우는 모든 대적에게 여호와께서 다 이와 같이 하시리라 하고 (여호수아 10:25).

SEPTEMBER 26

익숙해서 잊고 지냈던 것들을 감사하게 하소서

나의 호흡이 되시는 아버지,
오늘도 내 코에 호흡을 주시고, 오늘의 선물을 주셔서 감사합니다.
아무리 어려운 순간에도 나로 숨 쉬게 하시며,
내가 숨 쉬는 동안이 나의 사명의 시간임을 알게 하셔서 감사합니다.

처음 만드신 순간에도 아버지의 숨을 주셔서
나를 얼마나 사랑하시는지를 증명하신 아버지, 감사합니다.
오늘 그 소중한 나의 호흡이 너무 익숙해서 잊힐 만큼
나에게 익숙하고 풍성한 것임에 감사합니다.
언제나 나에게 가장 익숙해서 잊고 지내던 그것으로 인하여 감사하게 하시고,
그것이 나를 살리는 근본이었음을 기억하게 하소서.
나에게 잊힐 만큼 가장 흔했던 것이 무엇인지를 기억하고
오늘은 그것을 의식하며 하나님께 감사하는 날이 되게 하소서.

오늘은 그 모든 익숙함과 흔한 것들을 위해 반응하고 표현하는 하루 되게 하소서.
나에게 익숙할 만큼 언제나 곁에 계셨던 아버지 감사합니다.
그 아버지로 숨 쉬며 살고 있으니
오늘 나의 숨 쉼에 감사드리며 기쁨으로 하루를 살기 원합니다.
주님의 힘으로, 주님의 능력으로 승리하는 하루 되게 하소서.
나의 주 나의 생명 되시는 예수 그리스도의 이름으로 기도합니다.
아멘!

:: 내가 주께 감사하옴은 나를 지으심이 심히 기묘하심이라 주께서 하시는 일이 기이함을 내 영혼이 잘 아나이다 (시편 139:14).

SEPTEMBER 27

반복되는 일상이 내 삶의 열매가 되게 하소서

좋은 것으로 채우시는 하나님 아버지,
오늘도 어김없이 이렇게 좋은 날을 허락하여 주셔서 감사합니다.
우리는 매일매일 특별한 즐거움과 행복을 원하지만
나의 삶에 열매 맺게 하는 것은 그런 특별한 날들이 아니라
평범하고 지루한 것 같은 이 일상임을 기억하게 하소서.

이벤트와 같은 날이 나에게 열매를 주는 것이 아니라
매일 반복되는 똑같은 일상들, 티도 나지 않고 무료한 것 같은 이 일상의 일들이
결국 나의 삶이 되고 열매가 됨을 알고 감사하게 하소서.

이제 다시 시작한 반복되는 하루의 일과가
나의 실력이 되고 경력이 되고 내가 존경 받을 이유가 됨을 감사합니다.
그래서 오늘도 다시 힘을 내어 오늘의 일상에서 최선을 다하기 원합니다.
나의 기준으로 최선이 아니라 이 일을 온전히 이루기까지 최선을 다하게 하소서.

오늘도 이 하루가 나를 성실하게 만들게 하시고,
다른 사람들을 반대하기 위해 나의 에너지를 쏟는 것이 아니라
함께 세우기 위해서 나의 에너지를 쏟는 하루 되게 하소서.
나의 최선이 되시는 예수 그리스도의 이름으로 기도합니다.
아멘!

:: 너희가 즐겨 순종하면 땅의 아름다운 소산을 먹을 것이요 (이사야 1:19).

아버지의 뜻을 선택하며 살게 하소서

강한 팔로 나를 이끄시는 하나님,
오늘도 아름다운 하루를 시작하게 하심을 감사합니다.
청명한 하늘과 맑은 공기를 주신 아버지, 감사합니다.
이렇게 시원한 날씨 속에서 하루를 시작할 수 있음에 감사합니다.

지난 달, 더웠던 여름을 보내며 과연 가을이 올까 생각하였지만,
여지없이 이렇게 다시 아름다운 계절이 왔습니다.
주님께서 만드신 자연의 섭리는
우리의 상상을 뛰어넘는 힘을 가지고 있음을 고백합니다.
인간의 생각으로는 불가능할 것 같은 일들이지만
아버지의 강한 팔로 이끄시는 그 힘이
다시 아름다운 계절을 가능하게 하였음을 믿습니다.
그 힘을 의지하여 오늘도 큰 소망을 다시 품습니다.
그 소망으로 인해 오늘을 다시 힘있게 출발하게 하소서.

오늘도 모든 권세와 능력과 힘이 주님께 있음을 믿습니다.
그 힘과 능력으로 나를 이끄시고,
아버지의 뜻을 분별하여 옳은 것을 선택하는 하루 되게 하소서.
아버지를 따라 사는 삶이 나의 맘에 들지 않는 순간에도
아버지의 뜻을 선택하며 살게 하소서.
오늘의 소망이 주님께 있음을 고백합니다.
그래서 주님을 더욱 사랑하고 의지합니다.
나의 미래가 되시는 예수 그리스도의 이름으로 기도합니다.
아멘!

:: 나의 하나님이여 내가 주의 뜻 행하기를 즐기오니 주의 법이 나의 심중에 있나이다 하였나이다 (시편 40:8).

SEPTEMBER 29

남을 바라볼 때 아름다움을 찾게 하소서

나를 기대하시는 하나님 아버지,
주님의 은혜로 새로운 아침에 눈을 뜨게 하심을 감사합니다.
어제까지의 모든 걱정과 근심을 다 지워버리고 새날을 맞게 하심에 감사합니다.

어제 지워버린 모든 것들을 오늘 다시 주섬주섬 주워 담지 말게 하시고,
한 날의 근심은 그 날에 족하다 하셨으니
오늘은 어제의 것을 다시 끌어오지 말게 하소서.
가벼운 마음으로 새날을 맞게 하시고,
오늘을 지나간 것이 아니라 다가올 것을 위해 일하는 하루 되게 하소서.

오늘도 아버지의 마음과 시선을 나에게 허락하소서.
이 세상의 어떤 아름다운 것도 현미경으로 바라보면 기생충과 세균이 가득하고,
어떤 더러운 것도 망원경으로 보면 아름다워 보이는 것처럼,
오늘도 사람과 상황을 현미경으로 바라보지 말게 하소서.
주님께서는 나를 언제나 망원경으로 바라보시고,
나의 미래를 기대하시고 나의 현재를 아름답다 하시는 것처럼
나도 사람을 더 멀리 바라보는 시선을 갖게 하소서.
나를 바라볼 때 현미경을 들이대고 반성하게 하시고,
남을 바라볼 때 망원경을 들이대고 아름다움을 찾게 하소서.

오늘도 사랑하는 사람들을 허락하신 아버지 감사합니다.
주님을 사랑합니다. 기대합니다. 감사합니다.
나의 주 나의 사랑 되시는 예수 그리스도의 이름으로 기도합니다.
아멘!

:: 외식하는 자여 먼저 네 눈 속에서 들보를 빼어라 그 후에야 밝히 보고 형제의 눈 속에서 티를 빼리라 (마태복음 7:5).

SEPTEMBER 30

정직하게 하나님 앞에 묻고 깨닫고 행하게 하소서

사랑하는 나의 아버지,
오늘도 일어나 나에게 주신 축복의 시간을 누리게 하심을 감사합니다.
오늘도 새 힘을 불어넣어 주시고,
주님께서 주시는 말씀으로 하루를 어떻게 살 것인지 시작하게 하소서.

오늘 나의 말하는 것이나 행하는 모든 것이 하나님께로부터 온 것이 되게 하소서.
나의 생각을 마치 하나님이 주신 것처럼 속이거나 속지 말게 하소서.
내가 원하는 것을 하나님의 것이라 정당화시키거나 미화시키지 말게 하소서.
결국은 스스로를 속여 내 삶의 시간을 낭비하는 것이니
정직하게 하나님 앞에 묻고 깨닫고 행하게 하소서.

오늘도 만나는 사람들마다 축복하게 하시고,
그들의 잘못을 발견하기보다 그들의 좋은 점을 발견하는 하루 되게 하소서.
내가 대접받고 싶은 대로 나도 그들을 대접하게 하소서.

내가 누리고 사는 은혜가 얼마나 대단한 것인지 외면하지 말게 하시고
내가 누리는 것만큼이나 어려운 자들을 돌아보는 당연한 마음을 갖게 하소서.
오늘도 주님을 기대합니다. 동행하시고 인도하여 주소서.
나의 길이 되시는 예수 그리스도의 이름으로 기도합니다.
아멘!

:: 사람이 하나님의 뜻을 행하려 하면 이 교훈이 하나님께로부터 왔는지 내가 스스로 말함인지 알리라 (요한복음 7:17).

직.장.인.을. 위.한. 묵.상.

내리막이 지름길로 가는
과정일 수도 있습니다

창세기 | 39장 1-6절

1   요셉이 이끌려 애굽에 내려가매 바로의 신하 친위대장 애굽 사람 보디발이 그를 그리로 데려간 이스마엘 사람의 손에서 요셉을 사니라
2   여호와께서 요셉과 함께하시므로 그가 형통한 자가 되어 그의 주인 애굽 사람의 집에 있으니
3   그의 주인이 여호와께서 그와 함께하심을 보며 또 여호와께서 그의 범사에 형통하게 하심을 보았더라
4   요셉이 그의 주인에게 은혜를 입어 섬기매 그가 요셉을 가정 총무로 삼고 자기의 소유를 다 그의 손에 위탁하니
5   그가 요셉에게 자기의 집과 그의 모든 소유물을 주관하게 한 때부터 여호와께서 요셉을 위하여 그 애굽 사람의 집에 복을 내리시므로 여호와의 복이 그의 집과 밭에 있는 모든 소유에 미친지라
6   주인이 그의 소유를 다 요셉의 손에 위탁하고 자기가 먹는 음식 외에는 간섭하지 아니하였더라 요셉은 용모가 빼어나고 아름다웠더라

―

형들의 미움을 받아 요셉은 실크로드를 지나는 상인들에게 팔리고, 가나안 땅에서 이집트로 노예가 되어 팔려갑니다. 졸지에 인생 바닥을 치는 거죠. 그런데 팔려간 집이 지금의 국방부 장관 같은 보디발 장군의 집이었습니다. 그곳에서 인정받은 요셉은 금방 승진을 해서 그 집의 모든 관리를 도맡아 하는 노예 중 최고 관리인이 됩니다. 그 이후 보디발 장군의 집도 요셉 덕분에 복을 누리게 됩니다.

'어디에 있느냐'가 중요한 것이 아니라, '하나님이 함께하느냐'가 중요한 것입니다
요셉을 팔아먹은 형들은 아버지와 함께 고향에 편하게 살았고, 요셉은 알지도 못하는 이집트로 팔려갑니다. 그런데 참 희한한 것은요, 하나님께서 형들이 아닌 요셉과 함께하셨다는 거죠.

때로 우리는 내가 원하지 않는 장소에서 원하지 않는 일을 하게 되는 경우가 있습니다. 하지만 중요한 것은 내가 어디에 있느냐가 아니라, 누구와 함께하느냐는 사실입니다. 하나님이 나와 함께하신다면 장소는 어디든 상관없습니다.

여러분은 지금 자신이 원하는 곳에 계십니까? 아닐 확률이 높죠? 하지만 상관없습니다. 당신이 있는 그곳에 하나님이 함께하시면 되니까요. 그러니 힘내십시오! 하나님이 없는 가나안보다 하나님이 계신 이집트가 더 나은 법입니다.

형통한 게 고작 노예라구요?
진짜 아이러니하죠? 성경은 요셉이 형통했다고 하는데, 그의 처지는 그래 봐야 고작 노예입니다. 음… 이런 형통이라면 정말 거절하고 싶죠. 좁은 의미에서는 이 형통이 '집안 일이 잘 되었더라'라고 할 수 있겠고, 넓은 의미에서는 이 형통이 '요셉의 인생이 잘 되고 있더라'라고도 할 수 있겠죠. 넓은 의미에서 요셉의 현 상황은 형통처럼 보이지 않습니다. 하지만, 더 멀리 바라보면 그가 당대 강국인 이집트의 총리대신이 되는 가장 빠른 지름길을 걸어가고 있다는 거죠. 지름길 과정이 내리막길인 셈입니다. 우리가 우리의 인생을 좀 넓게 멀리 볼 필요가 있겠죠?

하나님과 함께하고 있다는 것이 분명하다면 현재의 내리막은 지름길의 과정일 수 있습니다. 하지만 함께하지 않는다면? 그건 재고해 봐야겠죠. 조급하게 생각하지 말고 하나님과 동행하시기 바랍니다. 너무 코앞만 바라보면 하나님의 말씀과 내 현실이 맞지 않는 혼란에 빠지게 된답니다. 멀리 보는 연습이 필요합니다.

요셉의 손에 맡겨진 모든 것에 복이 임합니다
참 희한한 일이 벌어집니다. 요셉에게 모든 관리권이 넘어가는 때부터 보디발 장군의 집은 복을 받기 시작합니다. 놀랍죠. 하나님과 함께하는 사람의 권한 안에 들어가자 하나님은 복의 문을 열어주십니다. 그리고 그 복은 하나님을 믿지 않는 사람(보디발 장군)의 집과 밭까지 이르게 됩니다. 모든 소유물에 이른다는 거죠.

여러분은 여러분의 권한 안에 있는 모든 일에 복을 끼치는 사람이십니까? 만약 여러분이 상사라면, 여러분은 그런 사람에게 그 일을 맡기고 권한을 부여하십니까? 내가 해야 하는 일과 위임 사이에서 올바른 선택을 하시기 바랍니다. 지금의 내리막이 지름길로 가는 과정일 수도 있습니다. 희망을 버리지 마십시오!

10월

OCTOBER / 10

나는 여호와를 향하여 말하기를
그는 나의 피난처요 나의 요새요
내가 의뢰하는 하나님이라 하리니
_ 시편 91:2

이 달 의 기 도 제 목

-
-
-
-
-

OCTOBER 1

하나님께서 소중한 존재로 나를 만드셨으니

신실하신 나의 아버지,
이 세상을 만드시고 이 우주를 오늘도 지키시니 감사합니다.
나는 이 세상의 작은 일부이나 이 작은 나를 사랑하셔서
주목하시고 끊임없는 관심으로 지켜주심에 감사합니다.

오늘도 주님께서 나 대신 사신다면,
오늘 어떤 선택을 하셨을지 상상하게 하소서.
그래서 습관대로 하는 나의 방식이 아니라
어색하더라도 하나님의 방식을 선택하게 하소서.
오늘도 말씀을 읽게 하시고, 기도하게 하소서.
틈틈이 찬양을 부르게 하시고, 주님께 감사하게 하소서.

오늘도 일할 힘과 의욕을 가득하게 하시고,
내가 만나는 이들마다 축복하게 하소서.
해야 하는 모든 일들이 순조롭게 하시며, 모든 일에 실수가 없게 하소서.
내가 잘못한 것이 있거든 사과하게 하시고, 잘한 일에 대한 자부심을 갖게 하소서.
하나님께서 소중한 존재로 나를 만드셨으니 늘 당당하게 하시고,
다른 이들도 얼마나 소중한지 늘 기억하여 그들을 귀하게 대접하게 하소서.
언제나 나를 지키시는 예수 그리스도의 이름으로 기도합니다.
아멘!

:: 우리가 하나님을 의지하고 용감하게 행하리니 그는 우리의 대적을 밟으실 이심이로다
(시편 60:12).

OCTOBER 2

주님의 크심으로 사는 인생

크신 하나님 아버지,
신실하신 하나님의 은혜로 오늘도 새날을 시작합니다.

주님의 크심을 잊지 말고 언제나 나의 작음으로 실망하지 말게 하소서.
힘들다는 생각이 들 때는 언제나 나의 작음이 발견될 때임을 고백합니다.
나의 힘으로 할 수 없다고 생각될 때
그것이 나의 인생에 아무 상관없음을 알게 하소서.
어차피 주님의 크심으로 사는 인생임을 기억하게 하소서.
오늘도 그 크신 주님을 다시 확인하고 믿고 고백합니다.
오늘도 일하여 주시고, 오늘도 그 크심으로 나를 인도하여 주소서.

오늘 나의 주변에 자신의 작아짐으로 인하여 실망하고 낙망한 자가 있다면
그들의 삶 속에 주님의 크심을 다시 확인시켜주고
격려해 주는 하루가 되게 하소서.

우리가 주목할 것은 나의 작음이 아니라
주님의 크심임을 나도 기억하고 다른 사람도 기억하게 하는 하루가 되게 하소서.
그 힘으로 오늘도 일어섭니다.
주님께 오늘도 나의 이 작은 하루를 올려드립니다.
나의 주 나의 모든 것 되시는 예수 그리스도의 이름으로 기도합니다.
아멘!

:: 주 여호와여 주께서 주의 크심과 주의 권능을 주의 종에게 나타내시기를 시작하셨사오니 천지간에 어떤 신이 능히 주께서 행하신 일 곧 주의 큰 능력으로 행하신 일 같이 행할 수 있으리이까 (신명기 3:24).

OCTOBER 3

빚진 자의 마음으로 살게 하소서

나의 생명이 되시는 하나님 아버지,
오늘도 새날을 주시니 감사합니다.

오늘 내가 사는 것은 나의 힘으로 사는 것이 아니라
누군가의 도움으로 산다는 것을 기억하고 감사하게 하소서.
오늘 내가 괜찮은 것은
누군가가 나를 위해 눈물로 기도하고 있기 때문이라는 것을 알게 하소서.
보이지 않는 그 누군가의 기도가 오늘 나를 일으키고 일하게 하고,
살아가게 한다는 감사를 갖게 하소서.

오늘도 이 맑고 좋은 날을 주심에 감사합니다.
지금 나는 평온할지라도 다른 곳에서는 천재지변이나 사고로
고통을 겪는 이들도 있을 줄 압니다.
오늘 빚진 자의 마음으로 살게 하소서.

나의 생명이 유지되는 것이
오늘 내가 살아야 할 사명임을 기억하고 살기 원합니다.
도우시고 손 잡아 주시고 함께해 주소서.
주님을 사랑합니다.
나의 주 되시는 예수 그리스도의 이름으로 기도합니다.
아멘!

:: 이는 그가 사랑하시는 자 안에서 우리에게 거저 주시는 바 그의 은혜의 영광을 찬송하게 하려는 것이라 (에베소서 1:6).

OCTOBER 4

오늘 작은 헌신을 하는 믿음

나의 기쁨이 되시는 아버지,
새로운 아침을 허락해 주셔서 감사합니다.
이 아침에 나의 기쁨의 근원이 되시는 주님을 바라봅니다.
어제 하루 동안 여러 가지 일들로 바람 빠진 풍선처럼 새어 나간 기쁨이 있다면,
이 시간 주님을 만남으로 다시 차고 넘치는 기쁨이 가득하기를 기도합니다.

오늘도 주님께서 명령하시는 작은 일에 충성하게 하소서.
나중에 큰일을 하겠다 생각하지 말게 하시고,
지금 주어진 작은 것에 최선을 다하게 하소서.
작은 일에 충성한 자에게 큰일도 맡기시는 줄 믿습니다.
나중에 큰 헌신하겠다 하지 말고 오늘 작은 헌신을 하는 믿음을 주소서.

내가 만나는 사람들이 내가 헌신할 사람들이오니
그들을 스쳐 지나가지 말게 하시고 매 순간 충성함으로 사랑하게 하소서.
오늘도 주님의 은혜로 내가 살아있음을 고백합니다.
매 순간 그 은혜로 함께하소서.
나와 사랑하는 가족들을 지키시며,
이 땅과 신음하는 세상을 불쌍히 여기소서.
하나님의 정의가 이 땅에 구현되길 오늘도 기도합니다.
나의 소망 되시는 예수 그리스도의 이름으로 기도합니다.
아멘!

:: 지극히 작은 것에 충성된 자는 큰 것에도 충성되고 지극히 작은 것에 불의한 자는 큰 것에도 불의하니라 (누가복음 16:10).

OCTOBER 5

내가 좋은 땅이 되게 하소서

나의 농부 되시는 하나님,
나를 사랑하시는 아버지여, 좋은 아침을 주심에 감사합니다.
이 아침에도 주님을 의지하여 하루를 시작합니다.
언제나 나의 열매를 꿈꾸시며 나를 갈고 다듬어
아름답고 쓸모 있는 나무로 만드시는 아버지, 감사합니다.
오늘도 좋은 땅이 되어서
하나님께서 기뻐하시는 열매를 맺을 수 있도록 하소서.

오늘 나를 향한 하나님의 일하심을 기쁨으로 받아들이고 인정합니다.
때로는 인생을 뒤엎는 것 같은 어려움을 만날 때에
묵은 땅을 갈아 엎으시는 하나님의 일하심을 깨닫게 하소서.
매일 매일 땅이 굳어지지 않게 하시려고 일하고 계실 때에
내가 좋은 땅이 되어 간다는 동일한 소망으로 기뻐하게 하소서.

오늘도 거절하는 땅이 아니라 수용하는 땅이 되게 하시고,
오늘도 가시로 찌르는 땅이 아니라 감싸 안을 수 있는 땅이 되게 하소서.
오늘도 세상에 내어 줘 딱딱해진 길가의 땅이 아니라
주님 안에서 갈리고 부서져 곱고 아름다운 땅이 되게 하소서.

오늘도 주님의 일하심을 기대합니다.
열매 맺게 하시는 이는 하나님이시니 그 안에서 행하게 하소서.
주님을 사랑합니다.
나의 주인 되시는 예수 그리스도의 이름으로 기도합니다.
아멘!

:: 좋은 땅에 있다는 것은 착하고 좋은 마음으로 말씀을 듣고 지키어 인내로 결실하는 자니라
　(누가복음 8:15).

OCTOBER 6

하나님의 법칙대로 사는 하루

나의 가장 작은 것을 돌보시는 하나님 아버지,
이 아침에 눈을 뜨고 새날을 바라보고 시작할 수 있게 하시니 감사합니다.
내가 생각하지 못한 모든 부분들 속에서 일하여 주셨기에
무사히 어제가 지나가고 오늘 새날을 맞이하였음을 믿음으로 고백합니다.

그 크고 위대하신 우주를 만들고 그것을 다스리시는 하나님 아버지께서
이렇게 작디작은 인간의 사소한 일까지 돌보심이 가장 큰 기적임을 믿습니다.
그 위대하신 분이 내 손톱 밑의 가시까지 돌아보시고,
내 눈 안의 티끌까지 살피시는 그 사랑을 인하여 감사 또 감사드립니다.

우리 인간은 크고 작음을 나누고,
큰 사람 작은 사람을 나누어서 큰일은 큰 사람이 하고,
작은 일은 작은 사람이 하는 것처럼 생각하며 교만할 때가
너무 많음을 고백합니다.
늘 우리의 입술에 '내가 이것까지 해야 해?'라며
하찮은 일들은 하찮은 사람이 해야 하는 것처럼 여겼던 것을 용서하소서.

오늘 하루 이 교만한 인간의 법칙대로 살지 말게 하시고
하나님의 법칙대로 사는 하루 되게 하소서.
인간이 만들어 놓은 크고 작음의 기준을 버리고
하나님의 눈 안에 있는 크고 작음의 기준으로 살게 하소서.
나를 섬기러 오신 예수 그리스도의 이름으로 기도합니다.
아멘!

:: 주께서 곤고한 백성은 구원하시고 교만한 눈은 낮추시리이다 (시편 18:27).

OCTOBER 7

목자의 음성에 순종할 때에

나의 목자 되시는 하나님 아버지,
언제나 나를 지키시고 함께하시니 감사합니다.
또 다시 새로운 기회의 하루가 시작되었습니다.
모든 가능성을 가지고 있는 이 하루가 정말 멋진 하루가 되게 축복하여 주소서.

한없이 유하기만 한 목자가 아니라 강하고 힘있는 목자 되심을 또한 믿습니다.
이 믿음으로 오늘도 담대히 세상 앞에 나아갑니다.
오늘의 믿음이 나로 평안하게 하시고,
두려울 것이 없게 하시며 어제보다 더 멋진 하루를 만들 힘과 열정을 허락하소서.
그 목자의 음성에 순종할 때에 목자가 계획한 모든 은혜가 임할 것을 믿습니다.

흩어져 각자의 삶을 살아가는 사랑하는 가족들을 지키시고 보호하소서.
그들에게도 동일한 하나님의 은혜가 임하여
그들의 육체와 정신과 영혼이 강건하게 하시며
오늘 하루 영적인 승리를 이루는 하루 되게 하소서.
매 순간 기도하는 하루 되길 원합니다.
이 입술에서 주님을 향한 기도가 멈추지 않게 하소서.

오늘 해야 할 일들을 축복하소서.
주님을 의지합니다. 오늘을 맡겨드립니다.
나의 주인 되시는 예수 그리스도의 이름으로 기도합니다.
아멘!

:: 여호와여 나의 원수들로 말미암아 주의 의로 나를 인도하시고 주의 길을 내 목전에 곧게 하소서 (시편 5:8).

OCTOBER 8

주어진 일들 앞에 겸손하게 하시고

기쁨이 되시는 하나님 아버지,
나의 모든 기쁨의 근원이 되어 주셔서 감사합니다.
오늘도 어떤 상황이나 조건 속에서도
주님으로 인하여 기쁨과 평안을 누리게 하소서.
신실하신 아버지의 그 은혜가 오늘도 변함없이 함께하시니
슬퍼할 이유가 없음을 고백합니다.
주님의 신실하심을 믿는 믿음을 주시고,
그 믿음으로 인하여 오늘이 기쁘고 감사한 하루가 되게 하소서.

하루를 시작하며 주어진 일들 앞에 겸손하게 하시고
사람들의 도움을 받는 것을 부끄럽게 여기지 말게 하소서.
그래서 오히려 내가 살아가기 위하여
얼마나 많은 사람들의 도움이 필요하고 그리 살았었는지를 깨달으며
감사한 하루가 되게 하소서.

내가 감당할 수 있는 일들을 주심에 감사합니다.
또한 내가 감당할 수 없는 일들을 만날 때에
주님의 도우심으로 이기게 하심을 감사합니다.
오늘도 그 주님의 도우심을 기대하고 담대하게 하소서.
건강을 지키시고 마음을 상쾌하게 하시고,
나의 영혼이 언제나 주님으로 인해 춤추며 기뻐하는 하루 되게 하소서.
나의 찬양이 되시는 예수 그리스도의 이름으로 기도합니다.
아멘!

:: 한 사람이면 패하겠거니와 두 사람이면 맞설 수 있나니 세 겹 줄은 쉽게 끊어지지 아니하느니라 (전도서 4:12).

OCTOBER 9

나의 삶에서 가장 작은 것부터

하늘의 아버지,
오늘도 새로운 날을 주셔서 감사합니다.
이 아침에 주님을 인하여 찬양하며 감사를 드립니다.
환경과 여건과 상관없이 오늘도 나에게 주어진 모든 것을
기쁨으로 감당하며 성실하게 일하게 하소서.

아버지의 뜻이 분명한 옳은 일을 향하여 망설임이 없게 하시고,
나의 이익과 편안함을 위하여 마치 하나님의 뜻을 모르는 것처럼
하나님의 뜻이 아닌 것처럼 부인하는 일이 없게 하소서.
가장 더러운 것을 내 방에 두고서 치우지 않으면서
그것을 포용이라고 하지 말게 하시고 더러운 것을 더럽다고 인정하고
깨끗이 청소하고 하나님 앞에 회개하는 마음을 갖게 하소서.
하나님의 말씀만이 가장 위대한 삶의 기준임을 인정하는 것이
믿음이라는 것을 다시 확인하게 하소서.

오늘 나의 삶에서 가장 작은 것부터 하나님의 뜻을 따르게 하소서.
나의 생각과 기준이 아니라 하나님의 생각과 기준에도 부합하는지를
점검하고 행하게 하소서.
이 땅 가운데 마귀에게 가장 강력한 무기로 쓰임 받는 크리스천들이
사라지게 하시고, 나의 등 뒤에 오늘도 올라타서 나를 조종하고 있는
마귀가 없는지 돌아보게 하소서.
오늘도 모든 것을 주님의 손에 의탁드립니다.
나의 모든 것 되시는 예수 그리스도의 이름으로 기도합니다.
아멘!

:: 모든 것 위에 믿음의 방패를 가지고 이로써 능히 악한 자의 모든 불화살을 소멸하고 (에베소서 6:16).

OCTOBER 10

모든 인생의 시간표를 주님께 맡깁니다

하나님 아버지,
오늘도 이렇게 선선한 날을 주심에 감사합니다.
아침저녁으로 시원한 바람이 얼마나 하루를 상쾌하게 하는지요.

이 아침에 아버지를 기억하고 기도합니다.
오늘도 눈을 뜨게 하심에 감사합니다.
새로운 시간과 날을 허락하여 주심에 감사합니다.
어제 하루, 풍성한 열매를 얻지는 못했지만,
무사히 지나가게 하심을 감사합니다.
때로는 그저 아무 소득 없이 지나가는 것 같은 하루를 보낼 때에
너무 자책하지 말게 마시고,
하루를 살아냈다는 것 또한 의미가 있음을 기억하게 하소서.

좋고 나쁨은 인생에 반복적으로 오고 가는 것임을 잊지 말게 하소서.
그래서 나에게 나쁜 시간에 생각하고 기도하게 하시고,
나에게 좋은 시간에 주님께 영광 돌리며 기쁨을 누리게 하소서.
나의 모든 인생의 시간표를 주님께 맡겨드립니다.
그리고 그 주어지는 시간표에 충실하기 원합니다.
오늘 나에게 주어진 시간표 앞에
나의 몸과 마음과 영으로 성실하게 하소서.
나의 시작과 끝이 되시는 예수 그리스도의 이름으로 기도합니다.
아멘!

∷ 거기서도 주의 손이 나를 인도하시며 주의 오른손이 나를 붙드시리이다 (시편 139:10).

OCTOBER 11

내가 있는 곳에서 모든 것이 복을 받은 은혜

하나님 아버지,
오늘도 바구니를 들고 광야에 나가 만나를 거두는 마음으로 주님 앞에 기도합니다.
언제나 하루 동안 필요한 것을 공급하시고 인도하시는 하나님 감사합니다.
아침에 주님을 기억하고 기도함이
나의 하루의 양식을 풍족히 거두는 것이 되게 하소서.
오늘도 주님의 은혜를 필요로 합니다. 오늘도 주님의 도움이 필요합니다.

오늘 나에게 필요한 만나를 풍족하게 하시며,
나로 이 아침 주님의 만나를 거두지 못하는 것 외에 어떤 것도
근심거리가 되지 않게 하소서.
나의 눈을 주님께 고정시키셔서 주님 앞에 모든 문제가 작아 보이게 하소서.
나의 가장 큰 문제는 오직 주님을 향한 갈망이 채워지지 않는 것입니다.

오늘도 나의 선 자리에서 주님의 복을 허락하소서.
요셉이 가는 곳에는 보디발 장군의 집과 그의 밭까지 복 받았다고 하셨으니,
내가 있는 곳에서 그곳의 모든 것이 복을 받는 은혜를 허락하소서.

복의 통로가 되어 언제나 화평하게 하는 하나님의 사람 되게 하소서.
오늘도 내가 선 곳에서 하나님의 향기를 드러내기 원합니다.
나의 주 나의 모든 것 되시는 예수 그리스도의 이름으로 기도합니다.
아멘!

:: 나는 여호와를 향하여 말하기를 그는 나의 피난처요 나의 요새요 내가 의뢰하는 하나님이
라 하리니 (시편 91:2).

OCTOBER 12

주님의 손을 붙잡고 끝까지 달려가는 자

나의 힘이 되시는 하나님 아버지.
오늘도 새로운 아침을 허락해 주심을 감사합니다.
매일 드리는 고백이지만, 그 매일의 고백이 늘 하나님 앞에 진심이기 원합니다.

인생의 굴곡이 있을 때에 때로는 기쁜 일만 가득하고,
때로는 슬픈 일만 가득하지만
그 때마다 아버지의 섭리를 이해하고 감사하게 하소서.
일희일비하며 모든 것이 나의 환경에 집중되어
나의 마음을 빼앗기는 일이 없게 하시고
반석 같은 믿음을 허락하여 주소서.

멀리 바라보는 자가 똑바로 갈 수 있음을 믿습니다.
인생의 길, 저 멀리를 바라보며 오늘 내게 일어나는 일들 앞에
작은 일이라고 웃어 보낼 수 있는 담대함을 주소서.
지금도 여전히 과정 중에 있음을 기억하게 하셔서 포기하지 않고
언제나 주님의 손을 붙잡고 끝까지 달려가는 자가 되게 하소서.

나 혼자 싸우는 것이 아니라 함께 싸우는 경기임을 잊지 말게 하시고,
나와 한 팀이 되어 있는 가족들과 동료들,
나의 지인들과 많은 공동체들에게 감사하는 하루 되게 하소서.
그들을 격려하며 사랑하게 하시고,
그들에게 웃어주고 힘이 되어줄 수 있게 하소서.
나의 모든 힘의 근원 되시는 예수 그리스도의 이름으로 기도합니다.
아멘!

:: 그는 깊고 은밀한 일을 나타내시고 어두운 데에 있는 것을 아시며 또 빛이 그와 함께 있도다 (다니엘 2:22).

OCTOBER 13

내가 머무는 자리마다

신실하신 나의 아버지,
오늘도 아름다운 아침을 허락해 주심을 감사합니다.
주님께서 보내셨던 그 하루와 오늘 내가 맞이하는 이 하루가 같은 하루인데
그때만큼이나 위대하고 멋진 하루를 만들 수 있는 은혜를 허락하소서.

주님의 말씀의 위력이 나의 삶 속에서 작동되길 소망합니다.
내가 읽었던 말씀, 내 머리에 기억되어 있는 약속의 말씀이
오늘도 선포되게 하시고 이루어지게 하소서.
신실하셔서 언제나 영원히 변함없으신 하나님의 임재가
오늘도 나와 함께하실 것이니 그 신실함을 근거로 오늘도 담대하게 하소서.

오늘 내가 머무는 자리마다 예수 그리스도가 느껴지게 하시고,
그분의 향기가 묻어나게 하소서.
내 안에 살아계신 주님을 밀어내고 내 뜻대로 행하지 말게 하시고,
오늘을 주님이 살 듯 살아내는 아름다운 하루 되게 하소서.

어제의 근심을 내려놓고 오늘 해야 하는 일에 충실하게 하시고
오늘의 근심을 내일로 미루지 말게 하소서.
나의 곁에 계셔서 나와 함께하시는 주님을 믿고 신뢰합니다.
나의 주 나의 모든 것 되시는 예수 그리스도의 이름으로 기도합니다.
아멘!

:: 주의 교훈으로 나를 인도하시고 후에는 영광으로 나를 영접하시리니 (시편 73:24).

OCTOBER 14

빚진 자의 마음으로 살게 하소서

은혜를 베푸시는 하나님 아버지,
오늘 아침에도 주님의 은혜로 일어나게 하시고 일하게 하심을 감사드립니다.
주께서 주시는 힘이 아니라면 오늘도 제대로 설 수도 없는 존재임을 고백합니다.
오늘 나의 모든 하루가 주님께서 주시는 은혜로 가득하길 원합니다.

언제나 빚진 자의 마음으로 살게 하셔서 나로 겸손하게 하소서.
사랑의 빚을 지고 이 땅에 태어나고,
누군가에게는 기도의 빚을 지고,
누군가에게는 물질의 빚을 지고,
누군가에게는 위로의 빚을 지고,
또 누군가에게는 일의 빚을 지고 살고 있습니다.
언제나 내가 꿔 준 사람만 기억하며 살지 않게 하소서.
내가 얼마나 많은 빚을 지고 살면서도 감사가 없는지 깨닫게 하소서.

오늘도 나를 위해 남몰래 눈물 흘린 사람들을 기억하며 감사하게 하시고,
그 빚을 기억하여 내게 빚진 자를 탕감하게 하시고,
그 빚을 기억하여 사람들에게 감사의 빚을 갚아가는 하루가 되게 하소서.
오늘도 구원의 빚, 은혜의 빚진 자의 삶을 살아갑니다.
갚을 수 없는 빚이라 죄송하지만, 감사한 마음으로 기쁘게 살겠습니다.
날 위해 죽으신 예수 그리스도의 이름으로 기도합니다.
아멘!

:: 피차 사랑의 빚 외에는 아무에게든지 아무 빚도 지지 말라 남을 사랑하는 자는 율법을 다 이루었느니라 (로마서 13:8).

삶의 중심은 하나님을 향한 믿음이 되게 하시고

약속을 지키시는 하나님,
아침 해가 밝게 떠오를 때 주님을 기억합니다.
새로운 시작을 알리는 밝은 빛이 나의 영혼에 가득하게 하소서.
주님은 날마다 새로우셔서 지나간 일을 잊게 하시며,
미래의 소망을 주시는 하나님이심을 고백합니다.

하나님은 내가 잊어버린 약속도 기억하셔서 나의 인생 가는 길 가운데
언제나 신실하게 약속을 지키시는 분임을 믿습니다.
나와 함께하신다 하셨고, 나를 지키신다 하셨고,
인도하신다 하셨으니 그 말씀 그대로 일하여 주소서.
힘이 없고 약할 때에 하나님께서 힘이 되어 주심을 믿습니다.
언제나 내 삶의 중심에 가장 근본은 아버지 하나님을 향한 믿음이 되게 하시고
견고하여 흔들리지 않는 아버지의 자녀가 되게 하소서.

오늘도 아버지의 형상을 닮아 나도 신실해지기 원합니다.
아버지께 드렸던 기도와 약속대로 실천하는 하루 되게 하시고
나도 아버지께 신실하여 오늘도 아버지를 더 닮아가는 하루 되게 하소서.

하루라는 선물을 주신 아버지를 찬양합니다.
감사히 살겠습니다. 기쁨으로 노력하겠습니다. 인도하시고 지키시고 축복하소서.
나의 주 나의 목자 되시는 예수 그리스도의 이름으로 기도합니다.
아멘!

:: 여호와를 의지하는 자는 시온 산이 흔들리지 아니하고 영원히 있음 같도다 (시편 125:1).

OCTOBER 16

주님을 다시 기억하고 믿고 확신함으로

지혜의 근원 되시는 하나님 아버지,
오늘도 주님의 은혜로 눈을 뜨게 하시고, 호흡하게 하심을 감사합니다.
일상으로 돌아갈 수 있는 은혜를 주시니 감사합니다.
매 순간이 주님의 은혜가 아니면 불가능한 것을 고백합니다.
그래서 이 순간의 모든 것들도 은혜로부터 시작됨을
인정하고 감사드립니다.

오늘도 하나님을 아는 것이 참된 지혜임을 아오니
아버지가 어떻게 나를 지키시고 어떻게 나를 보호하시며
어떻게 나를 인도하시는 줄 기억하게 하소서.

모든 두려움은 주님을 잊어버리고, 잃어버리는 데에서 시작되오니
오늘 이 아침에 주님을 다시 기억하고 믿고 확신함으로 시작하게 하소서.
오늘 하루 어떤 말을 해야 할지 알게 하시고,
어떤 것을 선택해야 할지 알게 하소서.

여호와 하나님을 경외하는 것,
그분의 주권을 인정하는 것이 참된 지혜임을 믿습니다.
나에게 주어진 사명을 감당할 때 아버지의 주권을 인정하게 하시고,
주님을 경외하는 마음으로 하루를 살아가게 하소서.
모든 것을 주님께 의지하여 시작합니다.
언제나 후히 주시는 예수 그리스도의 이름으로 기도합니다.
아멘!

:: 여호와께서 자기 백성에게 힘을 주심이여 여호와께서 자기 백성에게 평강의 복을 주시리로다 (시편 29:1).

OCTOBER 17

아버지의 크심을 기억하는 하루

은혜의 하나님 아버지,
오늘도 아버지의 은혜로 하루를 시작합니다.
내 모든 순간이 주님의 은혜라고 고백하지만,
때로는 하나님의 은혜보다 내가 잘해서라고 생각할 때가 많음을 회개합니다.
남들에게는 칭찬에 인색하면서,
나 스스로에게 과도한 칭찬을 하고 살았다면 나의 교만함을 용서하소서.
오늘은 내가 했던 모든 일의 뒤에 숨어계신 주님의 손길을
발견하는 하루가 되게 하소서.

모든 것의 주관자가 되시는 아버지의 크심을 기억하고 겸손한 하루 되게 하소서.
나를 스스로 높이기보다 다른 사람을 높이게 하시고,
내 생각만 옳다고 주장하기보다 다른 사람들의 생각에
귀 기울일 수 있는 포용력을 허락하소서.
매 순간 의식하며 나를 드러내기보다 하나님을 드러내게 하시고,
다른 사람을 존귀하게 여기게 하소서.

오늘도 내게 주어진 일들 앞에 겸손하게 하시고,
모든 것이 영원하지 못하다는 마음으로 순응하는 날이 되게 하소서.
나의 부족한 생각을 채워줄 동료를 주심에 감사합니다.
그들의 능력이 나의 포용력으로 십분 발휘되는 날이 되게 하소서.
오늘을 주님께 맡겨 드립니다. 은혜로 가득 채워 주소서.
나의 주님 되시는 예수 그리스도의 이름으로 기도합니다.
아멘!

:: 그러므로 누구든지 이 어린 아이와 같이 자기를 낮추는 사람이 천국에서 큰 자니라
(마태복음 18:4).

OCTOBER 18

게으름 앞에 '좀 더'라는 유혹의 음성을 물리치게 하소서

열심의 하나님 아버지,
오늘도 지각하지 않을 수 있도록 깨워주신 아버지, 감사합니다.
늘 5분만 더, 10분만 더 자기를 소원하는
얄팍한 마음과 씨름하는 내 모습을 용서하소서.
그 5분이 나의 피로를 덜어 주지 못하는데도
그 유혹을 참지 못하여 매 순간 급하게 하루를 시작하는 연약한 자입니다.

오늘도 모든 게으름 앞에 '좀 더'라는 유혹의 음성을 물리치게 하소서.
내일부터는 그 5분, 10분을 미루는 게으름에서 승리하게 하소서.
하나님께서 기뻐하지 않는 일에 대하여 작은 것이라고 해서
안일하게 타협하는 일이 없게 하소서.
나의 모든 게으름과 안일한 습관과 무익하게 보내는 시간들을
좀 더 절약하게 하소서.

휴식을 취하되 유익한 휴식을 취하게 하시고,
휴식도 안 되고 게으름으로 발전하는 모든 시간들을 잘라내는 용기를 주소서.
부지런하게 열심히 일하는 것만 노력하는 것이 아니라
버려지는 게으른 시간들을 없애기 위해 노력하는 하루 되게 하소서.

오늘도 열심히 일하고, 평안히 쉼을 갖는 보람된 하루 되기를 소망합니다.
언제나 일하시는 하나님을 닮아 성실히 일하게 하시고,
안식의 주인 되시는 아버지를 닮아 참된 안식을 누리게 하소서.
나의 주 나의 평안이 되시는 예수 그리스도의 이름으로 기도합니다.
아멘!

:: 손을 게으르게 놀리는 자는 가난하게 되고 손이 부지런한 자는 부하게 되느니라 (잠언 10:4).

OCTOBER 19

유혹과 장애물에 넘어지지 말게 하소서

나의 성벽이 되시는 하나님 아버지,
주님의 보호하심 아래 새날을 맞을 수 있는 은혜주심을 감사합니다.
지난밤에도 모든 것들로부터 지켜주셔서
오늘 이 아침을 맞을 수 있음을 고백합니다.
나의 힘으로 맞을 수 없는 새날,
그 날이 나에게 주어졌으니 오늘도 기쁨과 감사로 시작하게 하소서.

이 아침에도 나를 지키시고 보호하셨던
하나님의 성벽과 같은 견고함이 오늘 나의 마음을 지켜주시길 기도합니다.
보이지 않아서 자칫 막아서지 못하는
수많은 유혹들과 장애물들에 넘어지지 말게 하소서.
상사의 책망과 때로는 동료의 비웃음, 불쾌한 일들 앞에
담대하게 하시고 의미 없는 말들로 인해 시험 드는 일 없게 하소서.

눈에 보이지 않는 마음을 지키는 것이 둑을 무너뜨리는 구멍을 막는 일이니
그 일을 소홀히 여기지 말게 하소서.
오늘도 나의 입술이 누군가의 마음을 무너뜨리지 말게 하시고,
나의 표정이 누군가의 둑에 구멍을 뚫지 말게 하소서.
성령으로 나의 선 곳을 보호하시고 함께하여 주소서.

주님의 마음으로 살기 원합니다.
아침에 드리는 마음의 찬양으로 나를 무장하게 하소서.
나의 기쁨이 되시는 예수 그리스도의 이름으로 기도합니다.
아멘!

:: 주의 법을 사랑하는 자에게는 큰 평안이 있으니 그들에게 장애물이 없으리이다
(시편 119:165).

OCTOBER 20

온전한 역할을 발견하는 하루 되게 하소서

생명 되시는 하나님 아버지,
오늘도 나의 생명이 되셔서 나에게 새날을 만들어 갈 힘을 주시니 감사합니다.
오늘도 믿음으로 세상을 향해 나아갑니다.
내가 살아가야 하는 터전이 세상임에 감사합니다.
그리고 그 세상 속에서 오늘도 빛과 소금의 역할을 감당하기 원합니다.

세상이 더럽다고, 썩었다고 하면서 피하기만 하는 삶이 아니라,
그 안에서 소망을 발견하고
하나님의 자녀로서 온전한 역할을 발견하는 하루 되게 하소서.
하나님께서 만드신 본래의 세상은 아름다운 것임을 믿습니다.

그 믿음으로 오늘 내가 만나는 모든 것들 속에서
새롭게 하고 회복시키는 역할을 감당하게 하소서.
죽은 자를 일으키시는 예수 그리스도의 능력으로 이 세상을 새롭게 하여 주소서.
겉으로는 세상을 피하는 척하지만,
때로는 너무 즐기고 좋아하는 이중적인 마음이 있음을 고백합니다.
이제 세상을 사랑하는 마음으로 피하는 것이 아니라
동행하며 인도하는 삶으로 바뀌게 하소서.

내가 가는 곳마다 하나님의 통로가 되게 하시고,
죽어가는 곳에 생명을 불어넣는 사명자가 되게 하소서.
매 순간 나의 생활이 예배가 되기 원합니다.
나의 모든 것 되시는 예수 그리스도의 이름으로 기도합니다.
아멘!

:: 온전한 사람을 살피고 정직한 자를 볼지어다 모든 화평한 자의 미래는 평안이로다
(시편 37:37).

OCTOBER 21

주님께서 주시는 온전한 행복

사랑의 하나님 아버지,
오늘도 비록 알람 소리에 눈을 떴지만,
내가 귀만 기울인다면 들을 수 있는 새소리와 청명한 바람을 주신 것 감사합니다.
어제도 지켜주셔서 하나님의 은혜로 잘 지나가게 하심을 감사합니다.
오늘도 주님께 의지하여 하루를 살기 원합니다.

인간이 만들어 내는 행복은 주어질 때는 행복해도
빼앗길 때는 불행해지는 불완전한 것임을 고백합니다.
그래서 오늘 이 출근길에 주님께서 주시는 온전한 행복을 간구합니다.
나에게 무언가가 주어져서 행복한 것이 아니라
주님께서 나를 구원하심이 내가 지금 전적인 은혜로 살고 있음이 가장 큰 행복이 되게 하여 주소서.

하나님 자신을 우리에게 주신 그 최고의 복으로 오늘도 승리하게 하소서.
오늘도 그 복을 선포하는 하루 되게 하소서.
내가 주어진 것 때문이 아니라, 이미 주신 하나님 당신 때문에
가장 행복한 하루 되게 하소서.
모든 제한을 풀어버리고 이방인과 죄인을 초청하셨던 그 사랑으로
오늘 내가 주님 앞에 섭니다.
나도 그런 마음으로 다른 사람들을 제한 없이 사랑하게 하시고,
내가 허락받은 그 축복을 기억하며 다른 사람을 축복하게 하소서.
나에게 모든 것을 주신 예수 그리스도의 이름으로 기도합니다.
아멘

:: 사랑하지 아니하는 자는 하나님을 알지 못하나니 이는 하나님은 사랑이심이라 (요한1서 4:8).

OCTOBER 22

결실의 계절에 빈손 되지 않게 하소서

지혜의 하나님 아버지,
오늘도 새날을 시작하며 하나님께 참된 지혜를 구합니다.
나의 말이나 행동이 지혜롭게 하셔서 사람을 세우는 말을 하게 하시고,
열매 맺는 행동을 하는 하루 되게 하소서.
아무리 열심히 일해도 늘 책망과 빈손만 남는다면
아버지께 먼저 지혜를 구하게 하소서.

오늘도 일하는 모든 순간 주님을 의지하게 하소서.
인간이 아무리 계획하고 고민하고 성공을 예측한다 하더라도
하나님의 도우심 없이 어떤 열매도 맺을 수 없음을 고백합니다.
결실의 계절에 빈손 되지 않게 하소서.
보이는 것이든 보이지 않는 것이든 보람을 얻을 수 있는 결실을
이 손에 허락하소서.
주님과 동행함으로 주님의 열매를 거두는 날 되게 하소서.

말을 분별하게 하셔서 해야 할 말을 잘 고르게 하시고,
하지 말아야 할 말을 내뱉지 말게 하소서.
행동하기 전에 생각하게 하시고,
더 좋은 태도로 일할 수 있도록 주님께서 지도하여 주소서.
오늘을 주님께 부탁드립니다.
나의 주 나의 머리 되시는 예수 그리스도의 이름으로 기도합니다.
아멘!

:: 빛의 열매는 모든 착함과 의로움과 진실함에 있느니라 (에베소서 5:9).

OCTOBER 23

아버지의 소견대로 사는 하루

나의 뜻이 되시는 하나님 아버지,
상쾌한 아침을 주셔서 모든 피곤을 몰아내고 다시 일어나게 하심을 감사합니다.
이 세상의 모든 것이
하나님께서 인간에서 선물로 주신 것임을 믿고 감사를 드립니다.
불어오는 바람도, 비치는 햇살도, 내리는 빗방울도 모두 주님의 은혜입니다.
무엇이든 감사하는 날이 되게 하시고,
하나님을 찬양하는 만물의 피조물처럼
나도 오늘 주님을 찬양하는 피조물이 되게 하소서.

오늘은 나의 소견대로 사는 날이 아니라
아버지의 뜻대로 사는 날이 되기 원합니다.
나의 경험과 지식을 근거하여 때로는 나의 판단이
아버지의 판단보다 높다고 여겼던 교만을 용서하소서.

오늘 하나님을 통제하였던 모든 제한 구역을 무너뜨립니다.
하나님은 왕이시며 모든 천지만물의 통치자이십니다.
모든 것을 만드셨고, 모든 것을 운행하시는 주인이십니다.
때문에 오늘 내가 하는 모든 일과 모든 장소에서도
하나님은 여전히 왕이시며 나를 통치하시는 분임을 인정합니다.
나의 소견대로가 아니라 아버지의 소견대로 사는 하루 되게 하소서.
이 하루도 아버지의 뜻을 따라 가기 원합니다.
아버지의 뜻으로 보여주시고 인도하여 주소서.
나의 왕이 되신 예수 그리스도의 이름으로 기도합니다.
아멘!

:: 여호와를 의뢰하고 선을 행하라 땅에 머무는 동안 그의 성실을 먹을 거리로 삼을지어다
(시편 37:3).

OCTOBER 24

참된 강함과 참된 성공

힘의 근원 되시는 아버지,
하나님의 능력으로 새날을 펴시고 하루라는 선물을 주셔서 감사합니다.
오늘도 나의 힘으로 사는 것이 아니라
아버지께서 공급하신 힘으로 사는 것을 인하여 감사합니다.

그동안 살면서 이제까지
나의 힘으로 여기까지 왔다고 여기는 순간이 많이 있었음을 고백합니다.
내가 가진 모든 것은 아버지께서 공급하신 것인데
아버지의 것을 빌려 내 것이라 주장하였던 것을 용서하소서.
이제 나의 모든 힘의 근원이 아버지께로부터 옴을 고백합니다.
그 힘의 공급이 끊어진다면 나는 오늘 하루를 살 힘조차 없음을 고백합니다.

하나님의 자녀이기 때문에 강해져야 하고, 성공해야 한다는 생각을 버리게 하소서.
참된 강함은 아버지의 힘을 의지하여 사는 것이고,
참된 성공은 아버지의 이름을 드러내기 위하여 내가 낮아지는 것이라 믿게 하소서.
오늘 하나님의 방식으로 살기 원합니다.

세상 방식이 익숙해진 모든 습관을 제거하고
아버지의 방법대로 사는 하루 되게 하소서.
나의 능력 되시는 예수 그리스도의 이름으로 기도합니다.
아멘!

:: 강한 손과 펴신 팔로 인도하여 내신 이에게 감사하라 그 인자하심이 영원함이로다
  (시편 136:12).

OCTOBER 25

함께 일해 주심을 믿습니다

사랑이 많으신 하나님 아버지,
오늘도 주님의 사랑으로 나를 품어주셔서 새날을 주시니 감사합니다.
오늘도 움츠러드는 어깨를 다시 펴고
하나님의 사랑받는 자녀라는 자부심으로 벅찬 하루를 시작합니다.

비록 나의 몸이 피곤에 절어 있어도,
비록 나의 가정에 혼란스런 일이 가득하여도 다시 힘을 내게 하소서.
비록 내가 출근하는 이 길이 정말 가기 싫은 길이라 하더라도,
비록 내가 가서 해야 하는 일들이 정말 피하고 싶은 일이라 하더라도
주님이 함께 가서 함께 일해 주심을 믿고 다시 힘을 내게 하소서.

이 아침에 주님의 사랑이 나의 마음에 가득차게 하소서.
그리고 내가 만나는 사람들마다 이 마음을 공유하게 하소서.
일만 공유하거나 정보만 공유하는 것이 아니라
아버지의 사랑도 매일 매일 공유하게 하소서.

아주 작은 것부터 하나님의 사랑을 나누는 하루 되기 원합니다.
나의 가족과 동료만이 아니라 전철, 혹은 길에서 만나는
나와 상관없는 모든 사람에게도 하나님의 사랑을 공유하는 날 되기 원합니다.
나의 사랑이 되시는 예수 그리스도의 이름으로 기도합니다.
아멘!

:: 피차 사랑의 빚 외에는 아무에게든지 아무 빚도 지지 말라 남을 사랑하는 자는 율법을 다 이루었느니라 (로마서 13:8).

OCTOBER 26

쓰임 받기 좋은 사람이 되게 하소서

넉넉히 채우시는 하나님 아버지,
오늘도 맑은 하루를 허락하여 주심에 감사합니다.
숨쉴 수 있는 호흡을 주시고, 걸을 수 있는 다리를 주시고,
생각할 수 있는 머리를 주시고,
쉼 없이 뛰고 있는 심장을 주신 아버지, 감사합니다.

모든 것이 당연하다 여기지만 어떤 것 하나도 당연한 것이 없음을 고백합니다.
몸이 아픈 순간에야 나도 이곳이 아플 수 있다는 것을 깨닫는 것이 아니라
매 순간 모든 육체가 정상이라는 것에 무한 감사하게 하소서.

오늘도 모든 영역에서 준비된 사람이 되기 원합니다.
매 순간 나에게 주어진 일상을 성실하게 함으로 말미암아
쓰임 받기 좋은 사람이 되게 하소서.
어디다 놓아도 쓰기 애매한 사람이 아니라
어느 상황 어느 곳에서도 늘 필요한 사람이 되게 하소서.

그래서 오늘 해야 하는 아주 평범한 일상의 일들 앞에 진지하게 하소서.
작은 일이라고 작은 마음으로 소홀하지 말게 하시고,
큰일이라고 그 일에만 몰두하지 말게 하소서.
하나님을 본받아 가장 작은 것부터 신실한 사람 되게 하소서.
하나님을 믿고 오늘도 시작합니다.
나의 주 되신 예수 그리스도의 이름으로 기도합니다.
아멘!

:: 존귀한 자는 존귀한 일을 계획하나니 그는 항상 존귀한 일에 서리라 (이사야 32:8).

OCTOBER 27

다른 사람을 존귀히 여기게 하소서

나를 소중히 여기시는 하나님 아버지,
이 가을을 주신 아버지, 감사합니다.
아름다운 사계절을 주시고 그것을 누릴 수 있는
대한민국에 살게 하신 아버지, 감사합니다.

오늘도 자연을 다치게 하는 삶을 살지 말게 하소서.
그리고 무엇보다 사람을 다치게 하는 일이 없게 하소서.
미천한 나를 하나님은 존귀하게 여기셨는데,
신이 인간인 나를 이렇게 인격적으로 만나주시고 사랑하시는데,
내가 사람을 무시하는 일이 없게 하소서.

내가 대접받고 싶은 만큼 모든 사람들을 귀히 여기게 하소서.
다른 사람들이 무시한다고 해서 나도 거기에 동참하지 말게 하소서.
하나님의 뜻에는 기쁨으로 동참하되
온전하지 못한 세상의 관점에 동참하는 일 없게 하소서.

나의 하루를 아름답게 만드는 일은 나를 높이는 것이 아니라
다른 사람을 존귀히 여기는 일임을 기억하게 하소서.
사랑의 빚을 지우는 하루를 살기 원합니다.
나의 진리 되시는 예수 그리스도의 이름으로 기도합니다.
아멘!

:: 형제를 사랑하여 서로 우애하고 존경하기를 서로 먼저 하며 (로마서 12:10).

OCTOBER 28

나의 하루를 누구에게 드리느냐

나의 승리가 되시는 하나님 아버지,
오늘도 어둠을 이기고 빛으로 아침을 열어 주시니 감사합니다.

아침을 열 때마다 어둠을 이기는 빛의 승리가 나의 것이 되게 하소서.
모든 승리는 주님께 있으니 내가 아무리 연약하여도,
내가 아무리 작은 자여도 상관없음에 감사합니다.
다만 내가 나의 하루를 누구에게 드리느냐가 제일 중요한 일이니
오늘도 나의 하루를 가장 먼저 주님께 드리고 시작하게 하소서.

가장 작은 수로 가장 큰 전쟁에서 승리하시는 하나님 아버지,
아버지께는 숫자가 문제가 되지 않으며 크고 작음이 문제 되지 않음을 믿습니다.
오늘 내 앞에 놓여있는 모든 장애물의 크기가 문제가 아니라
내가 그 문제를 아버지께 진정으로 맡기느냐의 문제임을 깨닫습니다.
내 삶의 모든 문제를 주님의 손에 얹어 드립니다.
이제 주님의 문제가 되었으니 주님, 역사하여 주소서.

내 삶의 주님이 되심에 감사드립니다.
주님을 찬양함으로 하루를 시작합니다.
나의 최고가 되시는 예수 그리스도의 이름으로 기도합니다.
아멘!

:: 너희 중에 여호와를 경외하며 그의 종의 목소리를 청종하는 자가 누구냐 흑암 중에 행하여
  빛이 없는 자라도 여호와의 이름을 의뢰하며 자기 하나님께 의지할지어다 (이사야 50:10).

OCTOBER 29

나에게 해가 될 때에도 순종하는 믿음

나의 지도자 되시는 하나님 아버지,
어제의 모든 걱정과 근심이 지나가게 하시니 감사합니다.
오늘 눈을 뜨며 그 걱정과 근심이 여전하다 하더라도
그 모든 상황 앞에서 주님께 감사를 드립니다.

오늘도 나를 이끌어 주셔서 온전한 길로 갈 수 있도록 인도하여 주소서.
내가 오늘 아버지를 나의 주인과 인도자로 인정하였다면
참된 순종을 주님께 드리게 하소서.
말로만 순종한다고 하는 것이 아니라 실제 행동으로 옮기게 하소서.
그 순종 안에는 내 눈에 손해가 보여도
주님의 뜻을 따르겠다는 결단이 포함되게 하소서.
나에게 유익이 될 때만 순종하는 것이 아니라,
나에게 해가 될 때에도 순종하는 믿음을 주소서.

몸을 움직여서 버릴 것을 버리게 하소서.
할 것을 행하게 하시고 말할 것을 말하게 하소서.
하나님께서도 나를 위하여 언제나 실제로 일하셨으니
나도 주님을 위하여 실제로 일하게 하소서.
움직이고 행하는 것이 실제 순종임을 기억하고
오늘은 움직이는 하루가 되게 하소서.
주님이 일하시는 만큼 오늘 나도 주님의 일을 하는 하루 되게 하소서.
나의 목자 되시는 예수 그리스도의 이름으로 기도합니다.
아멘!

:: 왕이 자기 처소에 서서 여호와 앞에서 언약을 세우되 마음을 다하고 목숨을 다하여 여호와를 순종하고 그의 계명과 법도와 율례를 지켜 이 책에 기록된 언약의 말씀을 이루리라 하고 (역대하 34:31).

OCTOBER 30

하나님의 손에서 위대한 하루

기쁨이 되시는 하나님 아버지,
나의 가는 모든 길 가운데 함께해 주시니 감사합니다.
내가 잠자리에 있을 때에도, 내가 식탁에 있을 때에도
내가 버스 안에 있을 때에도, 혹은 내가 일터에 있을 때에도
어느 곳에 있든지 내 옆에 계시는 주님, 감사합니다.

이 아침에 나의 어깨를 토닥이시고,
나의 곁에서 파이팅을 외쳐 주시는 주님이 계심을 믿습니다.
오늘도 나의 하루가 하나님께서 기뻐하시는 예배가 되듯
온전한 하루를 위해 나를 응원하시는 아버지, 감사합니다.

아주 작은 순간 짜증스런 일을 만났다는 것 때문에
하루를 다 망쳐버리지 말게 하소서.
사소한 돌부리에 걸려 넘어지지 말게 하시고
나의 감정을 나쁜 쪽으로 몰아가는 모든 것에서 승리하게 하소서.
우리는 운에 맡기며 사는 사람이 아님을 믿게 하소서.
사소한 작은 운에 마음을 오락가락 하도록 방치하지 말게 하소서.

오늘 이 하루가 하나님의 손에서 위대한 하루가 되게 하시고,
아주 작고 부족한 내가 하나님의 손에서 위대한 신앙인이 되는 하루 되게 하소서.
나의 주인 되시는 예수 그리스도의 이름으로 기도합니다.
아멘!

:: 내 마음이 약해 질 때에 땅 끝에서부터 주께 부르짖으오리니 나보다 높은 바위에 나를 인도 하소서 (시편 61:2).

OCTOBER 31

하나님의 성품으로 변화되길 원합니다

나를 만드시는 하나님 아버지,
10월의 마지막 아침이 시작되었습니다.
세월이 얼마나 빠른지 어느덧 한 해의 마지막을 향해 달려가고 있습니다.
이 아침에 아직 두 달을 남겨 놓은 이 한 해를 생각하면서
올해 내가 소망했던 것들을 기억하게 하소서.

한 해를 시작하면서 아버지께 약속했던 것들이 있다면 지금 그것을 다시 생각하고
아직 시간이 있을 때에 그 약속을 지키게 하소서.

지난 시간 동안에 내가 들었던 비난의 말이 있다면 나의 부족함을 회개하고
아버지의 성품으로 변화를 시도하게 하소서.
우리는 늘 악인이 나를 비난한다 착각하지만,
때로는 그 안에 의인도 있음을 알게 하소서.
어느 순간에는 내가 악인일수도 있음을 깨닫게 하소서.
그래서 내가 하나님 앞에 어느 편에 섰는지 알게 하시고 회개하게 하시고,
나만 옳다고 여기는 편견을 버리게 하소서.

오늘도 나를 반대하는 사람이 악인이라는 생각을 버리게 하소서.
그리고 사람은 나의 적이 아니라는 믿음으로 모두를 사랑하게 하소서.
주님을 흉내라도 내는 하루 되길 소망합니다.
나의 모범이 되시는 예수 그리스도의 이름으로 기도합니다.
아멘!

:: 오직 위로부터 난 지혜는 첫째 성결하고 다음에 화평하고 관용하고 양순하며 긍휼과 선한 열매가 가득하고 편견과 거짓이 없나니 (야고보서 3:17).

직.장.인.을. 위.한. 묵.상.

마음의 뿌리를 하나님께
깊게 드리워야 합니다

시편 | 1편

1 복 있는 사람은 악인들의 꾀를 따르지 아니하며 죄인들의 길에 서지 아니하며 오만한 자들의 자리에 앉지 아니하고
2 오직 여호와의 율법을 즐거워하여 그의 율법을 주야로 묵상하는도다
3 그는 시냇가에 심은 나무가 철을 따라 열매를 맺으며 그 잎사귀가 마르지 아니함 같으니 그가 하는 모든 일이 다 형통하리로다
4 악인들은 그렇지 아니함이여 오직 바람에 나는 겨와 같도다
5 그러므로 악인들은 심판을 견디지 못하며 죄인들이 의인들의 모임에 들지 못하리로다
6 무릇 의인들의 길은 여호와께서 인정하시나 악인들의 길은 망하리로다

시편은 시의 형식으로 작성된 성경 중 한 권입니다. 약 75편 가량은 다윗이 지었으나 그 외에 다른 저자들도 있답니다. 히브리 원어로 보면 정말 아름다운 시라고 하는데, 우리말로 번역을 하다 보니 운율이나 멋은 다소 떨어진다고 하네요. 이 시는 악인과 의인의 대조를 통해 죄에 빠지지 않아야 하는 것을 설명하고 있습니다.

사람은 처음부터 큰 죄를 짓는 것이 아닙니다

오늘 시편의 내용처럼 죄는 점진성을 가지고 있습니다. 우리는 가끔 뉴스를 보면서 살인자나 엄청난 죄를 저지른 사람들을 보고 한심해 합니다. 그러나 그들도 애초부터 그런 죄를 지은 것이 아니라, 점점 죄에 가까이 가다보니 그렇게 된 것입니다.
악인의 꾀를 따르고, 죄인의 길에 서고, 오만한 자의 자리에 앉고. 처음엔 생각만 하다, 같이 걷다가, 주저 앉아버리는 거죠. 그렇다면 우리도 죄에 대해 무방비 상태에 있다면 점점 변해 갈 가능성이 있다는 것을 명심해야 합니다.

작은 죄도 조심하고 피해 가는 것이 복 있는 사람으로 사는 비결입니다.
오늘 나를 유혹하는 아주 작은 죄에 대해서 얼마나 경성하고 깨어 계시나요? 작은 것이라고 무시하면 언젠가 양심의 거리낌도 없이 더 큰 잘못을 저지르게 될 것입니다. 작은 죄도 물리치고 경계하는 것이 복 있는 사람이 되는 첩경입니다.

죄를 피하지만 말고, 적극적으로 선을 행해야 합니다
선한 일이라고 하면 뭔가 착한 일이라고 생각합니다. 하지만, 우리가 할 수 있는 가장 선한 일은 하나님을 가까이 하는 것입니다. 말씀을 아침저녁으로 생각하고 곱씹는 사람이 나쁜 행동을 하긴 어렵겠죠.
하나님 안에 거하는 것, 하나님의 말씀을 자주 보고 접하는 기회를 갖는 것이 바로 선한 일의 제일 우선되는 것입니다.

사람은 망각의 동물입니다. 따라서 자주 기억하기 위해서 말씀을 읽고 설교를 듣고, 예배를 드리고, 찬양을 하고, 기도하는 시간을 갖는 것이 필요합니다.
그것을 통해서 나를 올바른 길로 재정렬하는 거죠.
곁길로 나가버린 나를 다시 기준점에 비교해 보면서 정렬하는 것입니다.
오랜만에 정렬할수록 많이 벗어나 있겠죠? 그래서 자주 말씀을 대해야 하는 것입니다.

의인은 항상성을 유지할 줄 압니다
악인은 평안이 없습니다. 하지만 의인은 마치 시냇가에 심기운 나무처럼 가뭄이 와도 늘 평안하죠. 그 이유는 저 깊은 뿌리가 시냇가에 다다라 있기 때문입니다. 그 시내가 바로 하나님의 은혜입니다. 그래서 기도하는 사람은 마음에 평안이 있고, 안정적입니다. 만약에 마음에 평안이 없다면, 나의 뿌리가 어디로 향하고 있는지를 점검해 봐야 합니다.
하나님이 아니라, 사람이나 물질이나, 평판이나 명예와 같은 곳을 향하여 뿌리를 내리고 있다면 그것이 사라지려고 할 때 우리는 곧 시들어 버리게 될 것입니다.

환경의 변화와 상관없이 늘 평안을 유지하려면 우리 마음의 뿌리를 하나님께 깊게 드리워야 합니다. 그래야 언제나 평안을 유지하는 항상성을 가질 수 있습니다. 진정한 갈증의 해소는 하나님께로부터만 나올 수 있습니다.

11월

NOVEMBER / 11

사랑하는 자들아
우리가 서로 사랑하자
사랑은 하나님께 속한 것이니
사랑하는 자마다
하나님으로부터 나서 하나님을 알고
_ 요한1서 4:7

이 달 의 기 도 제 목

-
-
-
-
-

NOVEMBER 1

동료들에게 힘이 되길 원합니다

창조주 나의 아버지,
오늘도 귀하고 아름다운 하루를 허락하심에 감사합니다.
깊어지는 가을을 보며 어김없이 또 한 계절이 지나감을 느낍니다.
아버지, 나의 인생에도 어김없이 세월이 지나가지만 깊어지는 가을처럼
나의 인격과 삶의 깊이가 더욱 깊어지게 하소서.

오늘도 직장에서 만나는 많은 동료들에게 힘이 되길 원합니다.
그들이 나에게 힘이 되기만을 바라는 것이 아니라,
내가 그들에게 힘이 되고 즐거움이 될 수 있는 마음가짐을 주소서.
받고 싶은 만큼 베풀게 하시고 나누게 하소서.

오늘도 힘있게 시작하기 원합니다.
주님의 생명의 힘과 사랑을 부어주셔서 오늘 하루도 멋진 하루 되게 하소서.
넘어야 할 장애물이 있다면 주님을 의지하여 뛰어넘게 하시고,
인내하고 버텨야 할 상황이 있다면 주님을 기억하며 수용하고 인내하게 하소서.

모든 것의 결과가 주께서 원하시는 과정과 결과 되길 원합니다.
주님의 정도에서 벗어나지 않고 지혜로우며 순결하게 하소서.
오늘도 단 한 사람에게라도 사랑을 전하고 표현하기 원합니다.
그로 인해 내가 더 따뜻함을 느끼는 감사한 하루 되게 하소서.
만물의 주인 되시는 예수 그리스도의 이름으로 기도합니다.
아멘!

:: 주께서 나를 변호하시고 나를 구하사 주의 말씀대로 나를 살리소서 (시편 119:154).

순리를 따라 인도하시는 하나님의 손길 앞에

나의 생명 되신 아버지,
귀한 하루를 선물로 허락하여 주심에 감사합니다.
오늘 아침에도 제일 먼저 주님을 사랑함을 고백합니다.

찬 바람에 떨어지는 낙엽을 바라보며
인생도 화려한 여름의 시절이 지나
찬 바람이 불 때가 온다는 것을 깨닫습니다.
나를 장식하던 모든 잎사귀를 떨어뜨려야 할 때 아등바등하지 말게 하소서.
나이 듦을 인정하게 하시고, 부족함을 받아들이게 하소서.
순리를 따라 인도하시는 하나님의 손길 앞에
나의 모든 장식을 떨어버릴 수 있는 용기를 주소서.
그리하여 나목이 되어 추운 겨울을 지나갈 때에 더 강한 생명력을 키우게 하소서.
나를 장식하던 모든 것이 떨어져 나가는 것은
나를 죽이려는 것이 아니라 나를 더 강하게 하려는 것임을 믿게 하소서.

나의 어리석음에도 불구하고 하나님의 지혜로 채우시며,
나의 연약함에도 불구하고 하나님의 강함으로 일하소서.
오늘도 나의 모든 생명을 주관하시고 나로 살게 하기 위해
나로 찬바람을 맞게 하시는 주님의 깊은 사랑을 믿고 신뢰합니다.
모든 상황 안에서 주님을 찬양합니다.
나의 주 나의 생명의 근원 되시는 예수 그리스도의 이름으로 기도합니다.
아멘!

:: 너는 그들을 두려워하지 말라 너희의 하나님 여호와 곧 크고 두려운 하나님이 너희 중에 계심이니라 (신명기 7:21).

NOVEMBER 3

주님께서 주시는 것이면 무엇이든 감사합니다

나를 바라보시는 하나님 아버지,
언제나 나를 바라보시고 나의 필요에 달려오시니 감사합니다.
이 아침에 내가 주님께 달려가는 마음으로 기도합니다.
새로운 아침을 주셔서 감사합니다.
날씨와 상관없이 나의 컨디션과 상관없이 주님을 찬양합니다.

주님께서 주시는 것이라면 무엇이라도 감사합니다.
그런 마음으로 하루를 시작하게 하소서.
오늘 세상에서 제일 좋은 회사에 출근하고
진수성찬으로 점심을 먹고 외제차로 출근하지 않아도 감사합니다.
왜냐하면 언제나 나를 바라보시고 언제든 도움의 손길을 주시기 위해
나를 사랑의 눈으로 바라보시는 아버지께서 계시기 때문입니다.

오늘 하루가 험난한 하루가 되어도
하나님의 위대한 사랑으로 견딜 만합니다.
주님이 계셔서 웃을 수 있습니다.
오늘 내가 아버지께 눈을 마주치지 않아도
언제나 나를 바라보시는 하나님을 기억하며 기쁨으로 하루를 살아갑니다.
나의 사랑 되시는 예수 그리스도의 이름으로 기도합니다.
아멘!

:: 감사로 제사를 드리는 자가 나를 영화롭게 하나니 그의 행위를 옳게 하는 자에게 내가 하나님의 구원을 보이리라 (시편 50:23).

NOVEMBER 4

각자의 길을 정직하게 걸어갈 때

아름다우신 하나님 아버지,
따스한 잠자리 주시고 새 아침을 맞게 하신 아버지, 감사합니다.
온 나무들이 단풍을 물들이고 각자의 제 빛을 발하고 있어
그들을 바라보며 위로 받게 하시니 감사합니다.

자연은 자신의 모습에 가장 솔직하게 대응하는게 어쩌면 그렇게 아름다운지요.
나무마다 다 다른 색깔로 자신의 모든 화려함을 다 떨어뜨리고
겨울을 준비할 뿐인데 그 모습이 참으로 아름다운 선물임에 감사합니다.

다른 사람을 부러워하여 흉내 내고
똑같은 것을 갖고 싶어 하는 욕심이 있었음을 회개합니다.
어떤 나무는 노랗게 지고, 어떤 나무는 빨갛게 지고,
어떤 나무는 그저 초록으로 져도
서로를 흉내 내지 않고 자기의 길을 가는데,
나는 그렇게 의연하지 못하였음을 용서하소서.
각자의 길을 정직하게 걸어갈 때 가장 아름답다는 것을 기억하게 하소서.

오늘도 나와 다른 모든 사람들에게 감사하게 하시고,
달라서 서로 알록달록 아름다울 수 있음을 기억하고 감사하게 하소서.
가장 자연스러운 삶을 통해 주님의 아름다움을 닮는 하루 되게 하소서.
나를 살리신 예수 그리스도의 이름으로 기도합니다.
아멘!

:: 여호와 우리 하나님이여 우리를 구원하사 여러 나라로부터 모으시고 우리가 주의 거룩하신 이름을 감사하며 주의 영예를 찬양하게 하소서 (시편 106:47).

NOVEMBER 5

주님을 기억하는 순간이 나에게 가장 평안한 시간입니다

평강의 하나님 아버지,
아버지의 은혜로 시작하는 아침입니다.
내 마음에 평안을 허락하셔서 가장 안정된 마음으로 하루를 시작하게 하소서.
눈을 뜬 후, 가장 먼저 해야 하는 일들을 나열하고 떠올리는 것이 아니라,
가장 먼저 아버지를 떠올리게 하소서.

출근하는 모든 길에 보이는 사람마다 축복하게 하소서.
나의 앞 차에 있는 사람을 위해 기도하게 하시고,
나의 곁에 서 있는, 때로 앉아 있는 출근길의 영혼을 위해 기도하게 하소서.
차가 막혀 짜증날 시간을 기도의 시간으로 바꾸게 하소서.
주님을 기억하는 순간이 나에게 가장 평안한 시간임을 기억하고
매 순간 주님을 바라보며 기도하게 하소서.

내가 누릴 수 있는 가장 절대적인 행복이 평안임을 고백합니다.
내가 많은 것을 가졌을 때 가장 행복한 것이 아니라
내 안에 누구도 빼앗을 수 없는 평안이 가득할 때
나는 세상에서 가장 행복한 사람입니다.
아버지, 그 평안을 나에게 주소서.
주님을 가진 자마다 가장 평안하고 기쁨을 누린 자이오니
오늘 하루가 그런 하루 되게 하소서.
나에게 모든 것을 주신 예수 그리스도의 이름으로 기도합니다.
아멘!

:: 형제여 성도들의 마음이 너로 말미암아 평안함을 얻었으니 내가 너의 사랑으로 많은 기쁨과 위로를 받았노라 (빌레몬서 1:7).

NOVEMBER 6

나를 높이려는 욕망을 제거하여 주소서

높으신 하나님 아버지,
싸늘한 공기와 시원한 아침을 주셔서 감사합니다.
이 세상 무엇보다 높으신 아버지를 찬양합니다.
나의 발걸음마다 함께하시고, 그 길마다 주님의 은혜를 베풀어 주소서.

오늘도 나를 높이려는 욕망을 제거하여 주소서.
조금만 내가 말한 대로 되어도 내가 말하지 않았냐며
나를 드러내려는 욕구가 있음을 회개합니다.
내 말이 뭐 그리 중요하다고, 내가 먼저 봤고
내가 말한 대로 됐다고 잘난 척하는 나의 유치함을 용서하소서.
자녀를 향하여, 친구를 향하여, 동료나 부하직원을 향하여
얼마나 많은 순간 잘난 척을 했는지 모릅니다.
은근히 틈타고 들어온 높아지려는 죄성을 회개합니다.

이 세상에 모든 일이 필요하고, 작고 사소한 일들을 감당하는 사람들 때문에
이 사회가 돌아가고 있는 진리를 잊지 말게 하셔서 그들을 존귀히 여기게 하소서.
그리고 나도 작은 일을 담당한다고 하여도 스스로 폄하하지 말게 하시고,
작은 것을 존귀히 여기는 겸비함을 허락하소서.
오직 하나님만이 높아질 수 있음을 고백하는 하루 되게 하소서.
나의 임금 되시는 예수 그리스도의 이름으로 기도합니다.
아멘!

:: 여호와를 경외하는 것은 지혜의 훈계라 겸손은 존귀의 길잡이니라 (잠언 15:33).

NOVEMBER 7

오늘도 정직한 하루를 살게 하소서

중심을 보시는 하나님 아버지,
새로운 하루를 시작하게 하시니 감사합니다.
오늘도 주님께 감사함으로, 찬양함으로 하루를 시작합니다.
주님을 사랑합니다. 무조건 모든 일에 주님께 감사합니다.
나의 느낌과 감정에 치우치지 않고,
내가 믿고 따르는 주님의 선하심을 근거로 감사와 찬양을 드립니다.

오늘도 정직한 하루를 살게 하소서.
작은 일에도 사람을 속이는 일이 없게 하시고,
무엇보다 하나님을 속이지 않는 하루를 살게 하소서.
누구에게 보이려고 일을 하지 말게 하시고,
하나님께 잘 보이려고 제비다리를 부러뜨렸다가
다시 고쳐주는 일같은 눈속임을 하지 말게 하소서.
하나님은 무엇보다 중심을 보시는 분임을 잊지 말게 하소서.

행함이 아무리 초라해 보여도 내가 간절히 주님을 사랑하며
주님의 뜻을 따라 순종하기 원한다면 그것이 온전한 나의 평가임을 믿게 하소서.
내 기준에서 완벽한 사람이 되려고 몸부림치지 말게 하시고,
마음으로 온전히 주님을 바라보는 중심있는 사람 되게 하소서.
나와 함께하시는 예수 그리스도의 이름으로 기도합니다.
아멘!

:: 나의 하나님이여 주께서 마음을 감찰하시고 정직을 기뻐하시는 줄을 내가 아나이다 내가 정직한 마음으로 이 모든 것을 즐거이 드렸사오며 이제 내가 또 여기 있는 주의 백성이 주께 자원하여 드리는 것을 보오니 심히 기쁘도소이다 (역대상 29:17).

NOVEMBER 8

더 너그러워지게 하소서

나를 받아주시는 하나님 아버지,
오늘도 나의 생명을 지키시고 이 세상 가운데 삶을 허락해 주셔서 감사합니다.
어제까지의 나의 모든 죄악을 주님 앞에 고백합니다.
알고 저지른 죄, 모르고 저지른 죄 모두를 용서하여 주소서.

언제나 진심으로 주님께 가는 자를 절대로 거절하지 않으시는 아버지, 감사합니다.
오늘도 열심히 노력하여도 때로는 죄를 지을 나이기에
오늘 저녁 또 회개할 나를 받아주시는 주님께 감사를 드립니다.
이렇게 반복하는 것이 뻔뻔할지라도 그런 나를 받아주시는 아버지로 인하여
든든한 아침을 시작합니다.
어제보다는 더 나은 하루, 죄를 덜 짓는 하루 되게 하소서.

오늘 내가 이렇게 용서받은 삶을 살고 있으니,
나에게 죄짓는 자들을 향해 더 너그러워지게 하소서.
아버지께서 나에게 하신 사랑과 긍휼처럼
다른 사람들을 향해 하나님의 사랑과 긍휼을 닮은 내가 되게 하소서.

사람에게 완벽을 요구하지 말게 하시고,
부족함을 서로 채워 나가는 따뜻함으로 하나 되게 하소서.
나의 돌아갈 품이 되어 주시는 예수 그리스도의 이름으로 기도합니다.
아멘!

:: 여호와의 인자와 긍휼이 무궁하시므로 우리가 진멸되지 아니함이니이다 (예레미야애가 3:22).

NOVEMBER 9

나는 내 삶에 어떤 열매를 맺고 있는지

풍성하신 하나님 아버지,
가을의 아침을 허락해 주시니 감사합니다.
이 아침에 주님을 바라보고 기도합니다.
결실의 계절이 되었습니다.
모든 나무들이 열매를 맺고 곡식을 추수하는데
나는 나의 삶에 어떤 열매를 맺고 있는지 돌아보기 원합니다.

아무 생각없이 똑같이 매일매일을 지나면서 기계적으로 사는 것이 아니라,
오늘 나도 살아있는 존재로서 의미 있는 열매를 기대하며 살게 하소서.
오늘 하루의 열매가 모여서 한 달의 열매가 되고,
한 달의 열매가 모여서 1년의 열매가 되는 것을 믿습니다.
그래서 오늘 하루를 충실하게 살기 원합니다.

인간적인 눈으로 보아 아무 것도 보이지 않는다고
열매가 없다 여기지 말게 하소서.
우리의 열매는 때로 주님을 만나는 그날에 거둘 수도 있는 것이며
인간의 절기와 달리 하나님의 때에 열매 맺을 줄 믿습니다.

무엇보다 영적인 열매를 거두는 하루 되기 원합니다.
행함만이 아니라 나의 입술을 열어 복음을 전하게 하소서.
나의 줄기 되시는 예수 그리스도의 이름으로 기도합니다.
아멘!

:: 나는 포도나무요 너희는 가지라 그가 내 안에, 내가 그 안에 거하면 사람이 열매를 많이 맺나니 나를 떠나서는 너희가 아무 것도 할 수 없음이라 (요한복음 15:5).

NOVEMBER 10

아버지라는 대단한 피난처를 가진 나

나의 피난처 되시는 하나님 아버지,
오늘도 나에게 안식처를 주셔서
어두운 저녁을 안전하게 보내게 하시니 감사합니다.
언제나 나는 주님으로 인해 피난처를 얻으며 살고 있음에 감사를 드립니다.

오늘 나선 이 길에서 안전을 지켜주시고,
일하는 모든 곳에서 함께하여 주소서.
내가 생각하지 못한 일이 생길지라도 주님께서 해결자 되어 주소서.
아버지께서 성중에 함께 계시면 욱여쌈을 당하여도 안전하다 하셨으니
그러한 보장이 오늘도 허락됨을 믿습니다.

돌아갈 곳이 있는 사람은 언제나 여유가 있는 것처럼
아버지라는 대단한 피난처를 가진 나도 쫓기듯 전전긍긍하지 말게 하소서.
아버지를 믿는 믿음이 나를 든든히 지키고 있음을 알고
담대하고 여유 있고 평안한 하루를 살게 하소서.

세상 것은 내게 부족할지라도
주님은 나의 것이니 가진 자의 여유가 내 하루에 넘쳐나게 하소서.
집이 있는 자는 퇴근길이 기쁜 것처럼
내 인생의 퇴근길을 기다릴 수 있게 하신 나의 아버지를 사랑합니다.
주님 만날 날을 기다립니다.
나의 돌아갈 곳 되신 예수 그리스도의 이름으로 기도합니다.
아멘!

:: 나는 주의 힘을 노래하며 아침에 주의 인자하심을 높이 부르오리니 주는 나의 요새이시며 나의 환난 날에 피난처심이니이다 (시편 59:16).

NOVEMBER 11

상상이 아니라 실제가 되시는 하나님

나를 감싸 안으시는 아버지,
이 아침에 나를 깨워 일어날 수 있게 하시니 감사합니다.
오늘 내가 일어나 일상을 살 수 있음은 기적입니다.

아무도 나를 돕지 않을지라도 하나님께서는
여전히 나를 돕고 계시니 감사합니다.
하나님의 일하심은 나의 상상이 아니라, 실제임을 믿습니다.
성경에 나온 하나님의 모든 일하심이 때로 동화처럼 여겨지지 말게 하소서.
어느 순간 성경은 지나간 이야기가 되어 버리고 지금 나의 상황은
하나님이 일하실 적절한 상황이 아닌 것처럼 여겼던 것을 용서하소서.

아브라함의 하나님, 이삭의 하나님, 야곱의 하나님은
여전히 나의 하나님이 되심을 진짜 믿게 하소서.
그것을 진짜 믿는다면 오늘 이 시작이
훨씬 더 의욕 넘치고 활기찰 수 있음을 믿습니다.
이제 상상이 아니라 실제가 되시는 하나님의 일하심을 근거로 선포합니다.
오늘도 나는 하나님과 동행할 것입니다.

오늘도 하나님을 성경책 안에 가두지 말게 하시고,
하나님을 지금 내가 있는 이 자리로 꺼내어
그분을 온전히 모시는 이 시간 되게 하소서.
우리 모두가 승리하는 하루 되게 하소서.
살아계신 예수 그리스도의 이름으로 기도합니다.
아멘!

:: 이를 위하여 우리가 수고하고 힘쓰는 것은 우리 소망을 살아 계신 하나님께 둠이니 곧 모든 사람 특히 믿는 자들의 구주시라 (디모데전서 4:10).

NOVEMBER 12

나의 입술에서 원망을 제거하소서

은혜의 하나님 아버지,
좋은 아침을 주시니 감사합니다.
때로는 미세먼지로 숨을 쉴 수 없을 만큼 뿌연 하늘을 만나지만,
그럼에도 불구하고 하나님께서 주신 하늘이 뿌연 것이 아님에 감사합니다.
인간의 잘못으로 이런 재앙과 같은 일들이 반복될 때마다
이것이 우리의 잘못이라는 생각은 하지 못하고
하나님만 원망하였음을 회개합니다.

나의 이해의 한계 때문에 얼마나 많은 순간
잘못된 대상을 향하여 원망을 쏟았던지요.
나의 미련함을 용서하소서.
때로 내가 당하는 어려움이 과연 내가 원망하는 사람 때문인지
다시 생각해 보게 하소서.
할 수만 있다면 나의 입술에서 원망을 제거하시고
이해하지 못하는 일에도 오히려 감사할 수 있는 마음을 허락하소서.

오늘도 나를 돌아보고 섣불리 원망하지 않으며 염치를 아는 사람이 되기 원합니다.
하나님의 은혜가 얼마나 큰 것인지를 기억하고
이해가 안 되어도 감사할 수 있는 하루 되게 하소서.
주님의 선하심을 믿고 신뢰합니다.
나의 주 예수 그리스도의 이름으로 기도합니다.
아멘!

:: 원수를 갚지 말며 동포를 원망하지 말며 네 이웃 사랑하기를 네 자신과 같이 사랑하라 나는 여호와이니라 (레위기 19:18).

감사와 영광을 올려드리는 일이 습관이 되게 하소서

나를 도우시는 하나님 아버지,
새날을 주신 아버지, 감사합니다.
아침에 일어나 주님의 이름을 가장 먼저 부르고 찬양을 드립니다.

일어나면서 허리가 찌뿌둥하면 허리가 안 아프던 때가 그립고,
어깨가 아프면 어깨가 안 아팠던 때가 얼마나 좋은지 생각을 합니다.
아침에 일어나 몸이 좋지 않을 때에 내가 아파서 하나님께 불평하기보다는
내가 그간 아프지 않았던 것에 감사하게 하소서.
무언가 문제가 발견될 때마다 그 문제가 없던 시절만 그리워하지 말고
문제가 없던 시절이 얼마나 큰 은혜였던지 감사하게 하소서.

오늘 하루를 살면서 좋은 일이 있을 때 하나님께 더한 감사를 올려드리게 하소서.
그 좋은 일이 하나님의 은혜이며 하나님 덕분이라는 고백이
자연스럽게 나오게 하소서.
감사와 영광을 올려드리는 일이 습관이 되게 하셔서
나의 입술이 찬양으로 가득하게 하소서.

잘되면 내가 잘 한 것이라는 생각을 버리게 하소서.
못되면 남의 탓이라 생각하는 것을 버리게 하소서.
사람에게도 하나님께도 잘 된 것에 대해 그 덕을 돌리고
감사하는 하루 되게 하소서.
나의 찬양이 되시는 예수 그리스도의 이름으로 기도합니다.
아멘!

:: 나의 하나님이여 내가 또 비파로 주를 찬양하며 주의 성실을 찬양하리이다 이스라엘의 거
룩하신 주여 내가 수금으로 주를 찬양하리이다 (시편 71:22).

NOVEMBER 14

가장 아름답고 복된 길

새 힘주시는 하나님 아버지,
추워지는 아침에 이불을 박차고 나오게 하시니 감사합니다.
좀 더 눕고 싶고 자고 싶은 마음이 간절할 때에도
나에게 책임감을 주시고 성실함을 주셔서 그 마음을 이기게 하심을 감사드립니다.

내가 해야 하는 일들보다 먼저 주님을 기억하기 원합니다.
하나님은 선하시고 의로우신 분임을 믿습니다.
나의 인생길 가운데 가장 아름답고 복된 길로 인도하심을 믿습니다.
그래서 오늘도 나에게 주어진 하루를 최선을 다해 성실히 보내기 원합니다.

삶의 과정 가운데 어려움이 있다는 것이
하나님께서 나를 버리셨다는 의미가 아님을 믿는 믿음을 주소서.
인생길 가운데 고난과 어려움 없이 갈 수 있는 길은 없다는 것을 알게 하소서.
다만 그 어려움과 고난의 길에서 주님을 의지함으로
우리가 승리할 수 있다는 믿음을 갖게 하소서.

오늘도 풍선에 바람이 빠지듯 힘이 다 빠져버린 나의 육체와 영혼에
새 힘을 불어 넣어 주소서.
나의 소망 되시는 예수 그리스도의 이름으로 기도합니다.
아멘!

:: 인내는 연단을, 연단은 소망을 이루는 줄 앎이로다 (로마서 5:4).

NOVEMBER 15

오늘 내 앞에 놓인 수많은 선악과

옳은 길로 인도하시는 하나님 아버지.
아침에 주님의 은혜로 함께하시니 감사합니다.
오늘도 주님의 손을 붙잡고 하루를 시작합니다.
매일 주어지는 수많은 선택 속에서 하나님께서 기뻐하시는 일을
바르게 분별하게 하소서.
그리고 그 분별한 것을 용감하게 선택할 수 있게 하소서.

내가 판단한 것이 내가 선택한 것이라는 착각에서 벗어나게 하소서.
판단은 생각일 뿐이고 행하는 것은 또 다른 선택임을 명심하고
믿음으로 도전하게 하소서.
선악과 앞에서 아담만이 선택의 기로에 서 있는 것이 아니라,
오늘 내 앞에도 수많은 선악과들이 놓여 있음을 기억하게 하소서.
그리고 옳은 것이 무엇인지를 안다면
즉각적으로 그것을 행동으로 옮기는 일치된 믿음을 허락하소서.

오늘도 하나님과 동행할 때에 내 고민의 중심에
영적으로 더 중요한 것들을 우선에 두게 하소서.
짜장면을 먹을까 짬뽕을 먹을까 하는 일에 고민하기보다는
어떤 사람을 나에게 붙여 주셨는지를 찾는 일에 더 고민하게 하소서.
하나님께서 내게 이 터전에서 맡겨 주신 영혼이 있을 줄을 믿습니다.
그 영혼을 놓치지 않고 나의 사명을 감당하는 하루 되게 하소서.
나의 길이 되시는 예수 그리스도의 이름으로 기도합니다.
아멘!

:: 너희는 여호와를 만날 만한 때에 찾으라 가까이 계실 때에 그를 부르라 (이사야 55:6).

NOVEMBER 16

나를 생존하게 하시는 모든 힘과 복

복의 근원이 되시는 하나님 아버지,
주님의 은혜로 하루를 시작합니다.
겨울을 맞이하기 위하여 모든 나뭇잎을 떨어뜨리고
생명을 지키기 위한 준비에 여념이 없는 계절이 되었습니다.
모든 화려한 것들을 떨구어 내고 가장 단출하고 기본적인 것만을 가지고
추운 겨울을 대비하는 나무처럼
이 겨울의 입구에 서서 주님을 향하여 나의 생명을 맡겨 드립니다.

외부의 환경이 척박할수록 하나님을 향한 우리의 시선이 더 집중되게 하소서.
나를 생존하게 하시는 모든 힘과 복이
하나님께로부터 나옴을 기억하고 주님께 나의 시선을 고정하게 하소서.
비록 나의 모든 화려한 나뭇잎을 다 떨구어 버릴지라도
나는 더욱 견고하게 하나님을 향하여 깊이 뿌리 내리게 하소서.

지혜로운 열 처녀처럼 등불의 기름을 예비하는 자가 되게 하소서.
나를 화려하게 치장하기보다는 나의 생명의 근원이 무엇인지
기억하는 계절 되게 하소서.
오늘도 내 모든 복의 근원이 되시는 하나님을 의지합니다.
주님의 힘으로 살아가는 하루 되게 하소서.
나의 생명 되신 예수 그리스도의 이름으로 기도합니다.
아멘!

:: 온전하게 되셨은즉 자기에게 순종하는 모든 자에게 영원한 구원의 근원이 되시고
(히브리서 5:9).

NOVEMBER 17

하나님 아버지의 복을 나누는 자

나의 하나님 아버지,
오늘도 축복된 하루를 시작하게 하시니 감사합니다.
이제 시작하는 하루이지만, 하나님께서 동행하심을 믿기에
먼저 그 은혜에 감사를 드립니다.
오늘 저녁이 되어 주님 앞에 감사 기도드릴 것을 믿습니다.
어떤 영역에서든 주님께서 살펴 주시고 나의 가는 길을 인도하여 주소서.

하나님의 사람은 어디에 가든지 하나님 아버지의 복을 나누는 자임을 믿습니다.
나의 복이 세상이 바라는 물질이나 권력이나 명예나
세상에서 말하는 성공이 아니라,
하나님께서 우리에게 허락하신 화평과 기쁨과 소망과 영생과
모든 아름다운 것들이 되어서 그것을 나누는 사람이 되게 하소서.

하나님의 사람과 함께 있을 때에
모두가 그 사람으로 인해서 기쁨을 누리게 하소서.
그리고 내가 그 하나님의 사람이 되게 하소서.
아브람을 향하여서 복의 근원이 되라고 명령하신 것처럼
내가 선 곳에서 내가 하나님의 복을 이끌어 내는 통로가 되게 하소서.

세상의 사람들이 나를 볼 때에 나와 함께하시는 하나님을 볼 수 있게 하소서.
그러기 위하여 내가 하나님과 먼저 마음으로 깊이 동행하는 하루 되길 원합니다.
나의 선 자리, 나의 앉은 자리에서 빛과 소금이 되게 하소서.
나의 주 되신 예수 그리스도의 이름으로 기도합니다.
아멘!

:: 너를 축복하는 자에게는 내가 복을 내리고 너를 저주하는 자에게는 내가 저주하리니 땅의 모든 족속이 너로 말미암아 복을 얻을 것이라 하신지라 (창 12:3).

NOVEMBER 18

주님의 시선을 내게서 거두지 마시고

나를 지키시는 아버지,
귀한 하루를 선물로 주신 아버지 감사합니다.
어제 비록 내가 기대하는 만큼의 보람을 얻지 못했을지라도
실망하지 않는 것은 주님께서 오늘 나에게 새로운 하루를 주심 때문입니다.
그 기대감을 가지고 오늘 하루를 시작합니다.

내가 잠을 자는 순간에도 나를 바라보시고,
내가 일어나 하루를 시작하고 일들에 빠져서 하나님을 잊어버리는 순간에도
주님은 나를 지켜보심을 인하여 감사합니다.
걸음마를 하고 있는 어린 아이의 모든 발걸음을 엄마가 지켜보고 있는 것처럼
주님께서도 나의 하루를 그리 지켜보고 계심을 믿습니다.
오늘도 주님의 시선을 내게서 거두지 마시고,
주님의 울타리를 떠나는 일이 없게 하소서.

오늘 나의 일터를 위해서 기도합니다.
일할 수 있는 곳을 허락하시고, 경제적인 능력을 갖게 하심에 감사합니다.
다른 사람과 비교하면 월급이 많고 적음이 있으나
오늘 나에게 주신 하나님의 분깃에 자족하고 감사하는 마음을 갖게 하소서.

하나님께서 있으라 하시는 그때까지 머물게 하시고,
하나님께서 떠나라 하시는 그때에 잘 분별하여 떠나는 지혜를 허락하소서.
나와 함께하시는 하나님께서 이곳 가운데도 임하여 주소서.
나의 반석이 되시는 예수 그리스도의 이름으로 기도합니다.
아멘!

:: 지혜는 명철한 자 앞에 있거늘 미련한 자는 눈을 땅 끝에 두느니라 (잠언 17:24).

NOVEMBER 19

나로 인하여 나의 팀이 평화롭게 하소서

사랑의 하나님 아버지,
온 땅의 주권자 되어 주시고 나의 주인 되어 주시니
오늘도 주님을 의지하여 하루를 시작합니다.
이 아침의 첫 동행이 하나님과 함께하는 시작이 되게 하소서.

오늘도 하나님의 자녀로서 세상 가운데 걸어 들어갑니다.
하나님의 사람이 사는 동안에 그곳 가운데 평화를 주셨던 것처럼
내가 거하는 그곳 가운데 하나님께서 주시는 평화가 임하게 하여 주소서.
나로 인하여 나의 팀이 평화롭게 하시고,
나로 인하여 내가 소속된 모든 곳들이 기쁨을 누릴 수 있게 하소서.

혹여 나로 인하여 불행해지고,
나로 인하여 더 짐스러워지지 않는지 돌아보게 하소서.
내가 보는 나와 남이 보는 내가 과연 일치하는지 생각하게 하셔서
안으로나 밖으로나 동일하고 정직한 자녀 되게 하소서.

지치고 버거울 때 단 5분이라도 주님의 임재를 경험하게 하셔서
매 순간 주님께 안식하는 은혜를 주소서.
오늘 나를 통해 변화될 일터를 기대합니다.
하나님의 역사가 나를 통해 이뤄지게 하소서.
나의 능력이 되시는 예수 그리스도의 이름으로 기도합니다.
아멘!

:: 할 수 있거든 너희로서는 모든 사람과 더불어 화목하라 (로마서 12:18).

NOVEMBER 20

내가 지켜야 할 사람들이 있어 더 힘을 냅니다

기회를 주시는 하나님 아버지,
오늘도 기대감을 가지고 하루를 시작하게 하신 은혜에 감사합니다.
사랑하는 가족을 허락하시고,
그들을 만나고 싶을 때 만날 수 있는 은혜 주심에 감사합니다.
누군가를 위하여 일할 수 있는 것도 기쁨임을 알게 하시고,
내가 지켜야 할 사람들이 있어 더 힘을 낼 수 있음에도 감사합니다.

이 험한 세상 가운데 함께할 수 있는 누군가가 있다는 것이
얼마나 감사한 일인지요.
가족으로 인해 속상한 일이 생길 때마다
혼자 외롭게 지내는 사람들에게는 얼마나 배부른 투정인지 기억하고
오히려 감사할 수 있는 마음을 주소서.

오늘도 하나님의 사랑을 힘입어 하루를 시작합니다.
내가 예상하지 못했던 놀라운 은혜를 발견하게 하시고,
주님의 도우심으로 내가 넘어야 할 장애물들이 있다면 안전하게 넘어서게 하소서.
오늘 해야 하는 수많은 일들을 주님께 올려드립니다.
모든 일이 순탄하게 이루어지게 하시고,
나의 모든 인간적인 생각과 판단에 의지하지 않고
하나님의 지혜와 말씀에 순종함으로 행하게 하소서.

내가 앉은 이 자리에, 내가 서 있는 그 자리에 주님을 초대합니다.
나의 참된 사랑이 되시는 예수 그리스도의 이름으로 기도합니다.
아멘!

:: 그의 영광의 힘을 따라 모든 능력으로 능하게 하시며 기쁨으로 모든 견딤과 오래 참음에 이르게 하시고 (골로새서 1:11).

NOVEMBER 21

절대로 나의 손을 놓지 않으시는 주님

소망이 되시는 하나님 아버지,
오늘도 나의 손을 붙잡아 주시니 감사합니다.
이 아침에 나의 손을 잡아 일으키시고 털고 일어나
새날을 시작하게 하심을 감사합니다.

내가 잊고 있을 때에도 나의 인생에 신실하신 아버지 앞에
나는 때로 하나님이 안 계신 것처럼 사는 순간들이 많이 있음을 회개합니다.
나도 하나님과의 약속을 신실하게 지키는 자녀 되게 하소서.
내가 아버지의 손을 놓지 않는 한
하나님께서는 절대로 나의 손을 놓지 않으신다는 것을 기억하고
나도 더 굳건히 주님의 손을 붙잡게 하소서.

오늘도 내 삶에 일하시는 주님 앞에 부끄럽지 않은 하루를 살기 원합니다.
나의 삶에 신실하게 하시고,
하나님 앞에 돈을 사랑하지 않고 두 주인을 섬기지 말게 하소서.
주님과 손잡고 가는 자가 가지는 영적인 품위를 가지게 하소서.

오늘도 구별된 삶을 살면서 세상을 긍휼히 여기는 하루를 살기 원합니다.
주님의 손을 붙잡고 신실한 삶을 사는 하루 되게 하소서.
오늘도 주님을 의지합니다.
나의 믿음이 되시는 예수 그리스도의 이름으로 기도합니다.
아멘!

:: 주께서 사랑하시는 자를 건지시기 위하여 주의 오른손으로 구원하시고 응답하소서
(시편 60:5).

NOVEMBER 22

하나님을 멀리하려는 태도를 밀어내게 하소서

사랑의 하나님 아버지,
어제도 나를 보호하시고 함께하셔서
오늘도 귀한 날을 허락하시니 감사합니다.

오늘도 나의 손과 발, 나의 언어와 태도 모든 것에
하나님을 닮은 하루가 되게 하소서.
나의 신앙이 몸에 배어 습관으로 자리 잡게 하셔서
하나님을 기쁘시게 하는 일이 무의식적으로 행할 수 있는 나의 것이 되게 하소서.
때로는 귀찮다는 이유로, 혹은 사소하다는 이유로
작은 죄성들을 남겨 놓음을 고백합니다.

하나님 앞에 나쁜 습관과 하나님을 멀리하려는 태도는 언제든
내 옆구리의 가시가 될 수 있음을 기억하고 두려워하게 하소서.
남의 눈치를 보고 사람들의 평가를 두려워하면서
정작 죄를 무서워하지 않고
하나님의 평가를 두려워하지 않는 어리석음을 용서하소서.
하나님께서 미워하시는 것은 아주 작은 것이라도 밀어내게 하시고,
훗날 나에게 거대한 장애물이 되어 나타날 것이라는 두려운 마음을 갖게 하소서.

이 땅에 하나님의 나라가 더 강하게 임하기를 기도합니다.
진정으로 기도하는 자들이 많아지게 하시고,
진심으로 행동하는 하나님의 자녀가 더 늘어나게 하소서.
오늘 나의 직장을 그런 곳으로 만들기 위해 나부터 변화되기 원합니다.
나의 빛이 되시는 예수 그리스도의 이름으로 기도합니다.
아멘!

:: 육신에 있는 자들은 하나님을 기쁘시게 할 수 없느니라 (로마서 8:8).

NOVEMBER 23

모든 것을 독식하려는 욕심을 버리게 하소서

나의 아버지,
내 삶에 참된 열매를 주시는 아버지, 감사합니다.
어제도 열심히 살 수 있는 기회를 주시고, 단잠 자게 하시니 감사합니다.
내가 눈을 감고 있는 때에도 주님께서는 눈을 뜨고 나를 지켜주심에 감사합니다.

한 해의 열매에 감사하는 계절을 지나가면서
내 삶에 있는 모든 열매를 인하여 감사를 드립니다.
이 땅에서 거두는 모든 열매들은 하나님과 사람들의 도움 없이는
불가능한 일이라는 것을 기억하고 늘 감사하게 하소서.

내가 하지 않은 일로 내가 칭찬을 받을 때에
당연하다 여기지 말게 하시고 남의 칭찬을 가로채는 일이 없게 하소서.
직장에서 나보다 더 수고한 사람에게
칭찬을 돌려줄 수 있는 선한 마음을 허락하시고
설령 아주 작은 역할을 했다 하더라도
그 사람을 내세워 주고 격려해 줄 수 있는 어른스러운 마음을 허락하소서.
사람들의 칭찬에 목매어 내가 모든 것을 독식하려는 욕심을 버리게 하소서.

오늘도 나에게 참된 면류관을 씌워 주실 주님을 기대하며 하루를 살기 원합니다.
나의 기대와 소망이 되시고 오늘 살아갈 힘을 부어 주소서.
주님을 사랑합니다.
나의 희망이 되시는 예수 그리스도의 이름으로 기도합니다.
아멘!

:: 도적이나 탐욕을 부리는 자나 술 취하는 자나 모욕하는 자나 속여 빼앗는 자들은 하나님의 나라를 유업으로 받지 못하리라 (고린도전서 6:10).

NOVEMBER 24

'이 길이 맞나?'라는 의문이 들 때

가장 선한 길로 인도하시는 아버지,
새 아침이 밝았습니다.
어제의 모든 무거운 것들을 다 잊어버리고
다시 새로운 기회를 받는 마음으로 시작합니다.
내 마음을 낙망하게 하는 모든 것을 털어 버리기 원합니다.
아버지께서 마음에 들어오셔서 마음을 무겁게 하는 모든 것들을
마음 밖으로 던져 버리시고 온전히 내 마음을 다스려 주소서.

하나님께서는 우리를 가장 선한 길로 인도하심을 믿습니다.
때로는 '이 길이 맞나? 하나님은 나를 잊지 않으셨나?'라는
의문이 들 때에도 나에게 최종의 승리를 주시는 주님을 기억하고
믿음을 견고하게 하소서.
사람들의 소문에 빠져들지 말게 하시고,
하나님의 말씀 가운데 온전히 빠지게 하소서.
내 귀에 들려지는 소리에 더 믿음을 부여하지 말고,
하나님 앞에 기도하면서 내 마음에 울려 퍼지는 주님의 음성에
더 믿음으로 반응하게 하소서.

오늘 주어진 모든 일들을 축복하여 주소서.
만나야 하는 자들과의 모든 만남 가운데 성령 하나님께서 함께하여 주셔서
나의 모든 선택과 일함에 아버지의 선함을 따라가는 일이 가득하게 하소서.
나의 모든 것 되시는 예수 그리스도의 이름으로 기도합니다.
아멘!

:: 만군의 하나님 여호와시여 나는 주의 이름으로 일컬음을 받는 자라 내가 주의 말씀을 얻어 먹었사오니 주의 말씀은 내게 기쁨과 내 마음의 즐거움이오나 (예레미야 15:16).

NOVEMBER 25

순리를 받아들이는 것도 인생의 지혜

인생을 이끄시는 하나님 아버지,
내 삶의 소중한 하루를 주시니 감사합니다.
이 하루가 곧 나의 인생의 부분임을 고백합니다.
그래서 이 하루를 주님의 손에 맡겨 드립니다.

누구도 거스를 수 없는 인생의 순리를 주님께 의탁 드립니다.
세월이 가면 나이가 들고,
때로는 병들고 예기치 못한 고난의 길도 있음을 기억합니다.
그 인생의 길 속에서 매일 기적만을 기대하기보다는
하나님께서 주신 섭리를 인정하고 받아들이는 의연함을 허락하소서.
매 순간 모든 것에서 기적을 바라고 기대하며 실망하는 일을 반복하기보다
내가 인정해야 하는 순리를 받아들이는 것도 인생의 지혜임을 깨닫게 하소서.

세월은 화살같이 지나가 벌써 한 해의 마지막을 향해 달려가고 있습니다.
내가 세월을 잡을 수도 없고 연약해지는 육체를 원망하며 살 수도 없습니다.
내 자리에서 최선을 다하되 그 선을 넘어서는 것에는
새로운 세대를 인정하고 육체의 연약함을 받아들이며
더 성숙한 삶으로 지향하는 지혜로운 삶을 살게 하소서.

오늘도 내가 머무는 곳에서 좀 더 어른스러워지기를 원합니다.
깊이가 있게 하시고, 넓은 마음을 주시고, 지혜와 연륜이 빛을 발하게 하소서.
오늘도 한 걸음 더 나아간 하루가 되기 원합니다.
나의 사랑 되시는 예수 그리스도의 이름으로 기도합니다.
아멘!

:: 우리가 다 하나님의 아들을 믿는 것과 아는 일에 하나가 되어 온전한 사람을 이루어 그리스도의 장성한 분량이 충만한 데까지 이르리니 (에베소서 4:13).

NOVEMBER 26

시간의 주인이 되시는 하나님

풍성히 주시는 하나님 아버지,
나의 모든 것의 주인 되어 주셔서 감사합니다.
오늘도 시간의 주인이 되셔서 나에게 시간을 선물로 주심에 감사합니다.
오늘 내가 부여받은 이 시간을 통해 나는 무엇을 이룰 것인가 기도하게 하소서.

빼앗긴 다음에야 그것이 정말 소중한 것임을 깨닫는 것이
어리석은 인간의 모습임을 고백합니다.
부모님이 돌아가시고 나서야
그 부모님의 생존이 얼마나 행복이었는지를 깨닫는 것처럼,
건강을 잃고 나서야 그 건강이 얼마나 내 삶에 중요한 것인지를 알게 되는 것처럼.
잃어버린 후에야 그것의 소중함을 깨닫는 어리석음의 반복을 하지 말게 하소서.
그래서 오늘 나에게 주어진 모든 것들에 무한 감사하는 하루 되게 하소서.

하나님께서 주신 모든 것으로 인하여 내가 얼마나 행복을 누리고 있는지 모릅니다.
이 세상에 당연한 것은 없음을 고백합니다.

오늘도 내 옆에 있음이 너무도 당연한,
아니 때로는 귀찮고 쓸모없다고 느꼈던 동료가 있습니까?
그들을 인하여 감사합니다.
만약 나 혼자 일해야 했다면 단 하루도 살 수 없음을 고백합니다.
그들이 존재했기에 누렸던 수많은 도움과 혜택이 있었음에 감사합니다.
여전히 잃어 버린 것보다 가진 것이 더 많음에 감사와 찬양을 드립니다.
내게 모든 것을 주신 예수 그리스도의 이름으로 기도합니다.
아멘!

:: 우리를 비천한 가운데에서도 기억해 주신 이에게 감사하라 그 인자하심이 영원함이로다
   (시편 136:23).

NOVEMBER 27

모든 미래는 하나님의 손에 있습니다

자비의 하나님 아버지,
어제가 과거가 되게 하시고
오늘이 내가 살아갈 현재와 미래 되게 하시니 감사합니다.

주께서 이 시간을 나누어 주심은 고통과 아픔의 시간을 잊어버리고
새로운 시간 앞에 기대와 소망을 갖게 하심임을 믿습니다.
그 믿음대로 지난 간 모든 아픈 일과 괴로움들을 잊어버리게 하시고
오늘도 새로운 산 소망으로 미래를 기대하는 아침 되게 하소서.

우리는 단 1분 후의 일도 예측할 수 없는 연약한 존재임을 고백합니다.
모든 미래는 하나님의 손에 있음을 믿습니다.
그래서 주님 앞에 나의 미래를 드리고 모든 앞날의 주인 되시는 주님께
나의 인생을 올려드립니다.
시간의 주인이 내가 아니라 아버지이심을 믿습니다.
내 앞에 벌어질 미래 앞에 순종을 약속하며 아버지를 향한 믿음을 고백합니다.
주님의 능력으로 나를 만드시고 인도하여 주소서.

사랑하는 가족들을 지켜 주소서.
나의 힘으로는 나의 가족들을 온전히 지킬 수 없음을 고백합니다.
나의 기도로 말미암아 그들도 주님의 은혜의 날개 아래
소망 있는 미래를 소유하도록 인도하여 주소서.
오늘의 모든 것들을 주님께 올려드립니다.
나의 미래 되시는 예수 그리스도의 이름으로 기도합니다.
아멘!

:: 소망 중에 즐거워하며 환난 중에 참으며 기도에 항상 힘쓰며 (로마서 12:12).

NOVEMBER 28

분노 앞에서 잠잠히 인내하게 하소서

인내의 하나님 아버지,
추워진 날씨에도 아버지의 사랑으로 따뜻한 마음을 갖고
아침을 맞게 하시니 감사합니다.
언제나처럼 분주한 하루의 시작이지만,
마음만은 잠시라도 아버지를 향하여 내 얼굴을 듭니다.
오늘도 모든 긴장감을 내려놓고 주님을 믿는 마음으로
상쾌한 하루를 시작하게 하소서.

오늘 하루를 지나면서 나를 분노하게 하는 사람들과 일들 앞에
잠잠히 참아 기다릴 수 있는 인내를 허락하소서.
나의 마음을 상하게 하는 모든 상황에 낱낱이 대응하지 말고 기다리게 하소서.
나의 입술과 표정을 붙잡아 주셔서 평화의 얼굴을 갖게 하소서.
다툼과 불화를 통해 얻을 수 있는 것이 없음을 알게 하소서.
언제나 나는 나의 입장에 충실할 수밖에 없는 연약한 인간임을 기억하고,
상대도 똑같이 그런 인간임을 알아 언제나 역지사지할 수 있는 마음을 주소서.

인간의 불의함과 불순종, 죄악 앞에 언제나 한결같은 인내로 견디시고
포기하지 않으신 하나님의 사랑에 감사드립니다.
그 사랑으로 오늘 내가 여기 설 수 있음을 고백합니다.
모든 것이 하나님의 은혜였습니다.
예수 그리스도가 십자가에 못 박히심을 기억하며
하늘보다 더 큰 은혜를 생각할 때 모든 것에 넉넉해지게 하소서.
나를 건지신 예수 그리스도의 이름으로 기도합니다.
아멘!

:: 분을 쉽게 내는 자는 다툼을 일으켜도 노하기를 더디 하는 자는 시비를 그치게 하느니라
　(잠언 15:18).

NOVEMBER 29

온전한 길로 들어설 수 있도록 말씀하여 주소서

나의 길을 아시는 하나님 아버지,
다른 사람들은 이해할 수 없어도 나의 모든 인생의 굽이굽이 길을
모두 아시고 인도하시니 감사합니다.
내 인생의 모든 순간을 바라보시고 내 마음까지 들여다보시며
내가 가진 모든 기쁨과 슬픔의 순간을
정확히 알고 계신 아버지가 계셔서 감사합니다.

오늘 내가 가는 이 길이 주님께서 주신 길임을 믿습니다.
그래서 때로는 의문이 들고 회의가 들 때에도
주님께서 작정하신 뜻을 믿는 마음으로 순종하며
오늘 하루 내게 주어진 삶을 삽니다.
나의 가는 이 길을 주님께서 주장하여 주소서.
내가 잘못된 길로 갈 때에 주님께서 그 길을 막아주시고,
내가 온전한 길로 들어설 수 있도록 기도할 때마다 말씀하여 주소서.

이 땅에서 어떤 모습으로 살아가든지 나의 마음에 주님을 모시고 산다면
마지막 날에 주님께서 참으로 수고했다 칭찬해 주실 것을 믿습니다.
대단하고 유명한 사람으로 일생을 살지 못해도
주님의 안목으로 의미 있는 삶을 살도록 나를 인도해주심을 믿습니다.
오늘도 나와 함께 가 주소서.
나의 길 되시는 예수 그리스도의 이름으로 기도합니다.
아멘!

:: 무릇 하나님의 영으로 인도함을 받는 사람은 곧 하나님의 아들이라 (로마서 8:14).

NOVEMBER 30

주님의 사랑으로 인해 사랑에 용감한 자

나의 기쁨이 되시는 하나님 아버지,
나의 모든 것 되신 아버지, 감사합니다.
나의 걸음걸음마다 인도하시고
가는 곳마다 주님의 흔적을 남기는 하루 되게 하소서.

오늘도 선을 행하고 여호와 하나님을 기뻐하는 하루 되길 소원합니다.
악을 행하지 않는 것에 멈추지 말게 하소서.
나쁜 길에 들어서지 않았다고 자랑하지 말게 하소서.
죄의 길에 서지 않는 가장 확실한 방법은
내가 적극적으로 선을 행하는 것임을 기억하게 하소서.
오늘도 내가 할 수 있는 모든 선한 것에 관심을 기울이기 원합니다.
바쁘다는 이유 때문에
매 순간 주변의 사람들에게 무관심하였던 것을 용서하소서.

곁에 있는 동료의 낙망된 얼굴을 그냥 지나쳤음을 용서하소서.
지쳐 피곤한 직원의 모습을 모른 척하고 무시했던 것을 용서하소서.
한마디의 위로의 말이라도 할 수 있었는데 더 적극적으로 표현하지 못했습니다.
오늘은 한 사람 한 사람의 얼굴을 살피고
그들에게 필요한 격려와 사랑의 말을 할 수 있게 하소서.
위로가 필요한 자에게 커피라도 한 잔 건넬 수 있는 용기를 갖게 하소서.
믿는 자로서 손해 보는 일이 있다 하더라도 그것을 감수하려는 믿음을 주소서.
오늘도 주님으로 인해 사랑에 용감한 자가 되겠습니다.
힘을 주소서. 나의 위로 되시는 예수 그리스도의 이름으로 기도합니다.
아멘!

:: 사랑하는 자들아 우리가 서로 사랑하자 사랑은 하나님께 속한 것이니 사랑하는 자마다 하나님으로부터 나서 하나님을 알고 (요한1서 4:7).

직.장.인.을. 위.한. 묵.상.

비판보다 칭찬을
입에 달고 사십시오

마태복음 | 7장 1-4절

1   비판을 받지 아니하려거든 비판하지 말라
2   너희가 비판하는 그 비판으로 너희가 비판을 받을 것이요 너희가 헤아리는 그 헤아림으로 너희가 헤아림을 받을 것이니라
3   어찌하여 형제의 눈 속에 있는 티는 보고 네 눈 속에 있는 들보는 깨닫지 못하느냐
4   보라 네 눈 속에 들보가 있는데 어찌하여 형제에게 말하기를 나로 네 눈 속에 있는 티를 빼게 하라 하겠느냐

—

오늘의 말씀은 아주 명확한 어조로 되어 있습니다.
어려운 단어가 있죠? '들보', 이건 대들보를 이야기합니다. 뭐, 기둥 같은 거죠. 참, 놀라운 비유입니다. 내 눈 속에 기둥 같은 흠이 들어있는데, 남의 눈의 티끌을 보고 정죄한다는 겁니다. 완전 꽉꽉! 찔리는 말씀입니다.

비판받고 싶지 않다면, 나도 다른 사람을 비판하지 않아야 합니다
사람은 누구나 칭찬받기를 원합니다. 그런데 나는 칭찬받고 싶으면서, 다른 사람을 향해서 나는 항상 비난하기를 쉬지 않죠. 내가 다른 사람을 칭찬하지 않으면 다른 사람도 나를 칭찬하지 않습니다. 내가 다른 사람을 향해 불평과 불만을 일삼는다면, 다른 사람들도 나를 향해 똑같이 불평과 불만을 토로할 겁니다.
결국 나의 행동은 상대방에 의해 그대로 반사되어 내게 돌아온다는 의미입니다.

이제까지 나의 입술에서 칭찬이 더 많이 나왔습니까? 비판이 더 많이 나왔습니까? 그것 그대로 나에게 돌아올 겁니다.
지금부터는 비판보다 칭찬을 입에 달고 사십시오. 그럼 칭찬이 내게 돌아올 줄 믿습니다!

나만 판단할 줄 아는 것은 아닙니다. 알지만 말하지 않는 사람들도 많습니다

사람들은 내 눈에 보이는 것이 다른 사람에게는 안 보인다고 많이들 착각합니다. 그래서 비판하게 되는 동기가 되죠.
하지만 대부분은 성품의 차이가 많이 있습니다. 안 보여서 말하지 않는 것이 아니라 보이지만 말하지 않는 사람들이 더 많다는 겁니다.
때를 기다리거나, 그것으로 오히려 자신을 돌아보며 반성하는 거죠.
다른 사람들을 조금 더 높이 평가해 보십시오. 다른 사람들도 볼 줄 아는데 참고 있다는 생각을 해 보십시오. 그럼 비판이 조금 덜 해질 수 있습니다.

혹, 내 주변에 있는 말하지 않는 사람들이 좀 어리석어 보이시나요? 그렇다면 생각을 바꾸실 필요가 있습니다. 세상에는 내가 생각하는 것보다 훨씬 더 훌륭하고 좋은 사람들이 많이 있답니다.
오늘 여러분 곁에 있는 동료를 조금 더 높이 바라보시기 바랍니다. 그럼 훨씬 비판이 줄어들고 칭찬이 늘어날 것입니다.

내 약점은 안보이고 남의 약점만 보이는 게 인간의 본능입니다

참, 안 좋은 점이지만 아마도 이게 인간의 본능인가 봅니다. 그렇다고 본능대로 바보처럼 살 수는 없죠?
남들이 다 보고 있는 내 눈 안에 있는 기둥 같은 들보를 먼저 찾아야 합니다.
그러나 문제는 나한테는 안 보인다는 거죠. 기둥만큼 큰 데도요. ☻
그래서 다른 사람의 도움을 받아야 합니다. 다른 사람을 귀히 여기고, 존경하는 마음으로 조언을 구하십시오. 나의 약점을 알려 달라고요. 그게 내가 발전하는 지름길입니다.

자신의 약점을 발견하고 고치려는 사람만이 발전할 수 있습니다.
남만 고쳐주지 말고, 나 자신을 고치는 하루가 되십시오~~!
세상은 남을 고쳐서 변화시키는 것이 아니라, 나를 고쳐서 변화시키는 것입니다.

12월

DECEMBER / 12

그런즉 누구든지
그리스도 안에 있으면
새로운 피조물이라
이전 것은 지나갔으니
보라 새 것이 되었도다
_ 고린도후서 5:17

이 달의 기도 제목

-
-
-
-
-

DECEMBER 1

마지막 한 달을 아름답게 마무리하게 하소서

사랑의 하나님,
한 해의 마지막 달이 되었습니다.
언제 이렇게 시간이 지나갔는지, 시간이 참 빠릅니다.
한 해 동안 나는 무엇을 하고 살았는지 뒤돌아봅니다.
이제까지 별탈없이 살 수 있었던 것은 모두 주님의 은혜였습니다.
이제 마지막 남은 이 한 달은 올 한 해 동안 부족한 것들을 채우기 위해
노력하는 한 달이 되게 하소서.

나로 인하여 불화한 일은 없는지 돌아보고
화평의 마무리를 할 수 있도록 노력하게 하시고
남은 시간 더 책임감 있는 일을 감당할 수 있도록 노력하게 하소서.
그래서 마지막 날에 그래도 후회가 없었다고 고백할 수 있기 원합니다.
아직 끝나지 않은 올 한 해입니다.
오늘부터 더 힘을 내어 아름답게 마무리하도록 애쓰는 날 되게 하소서.
올 한 해는 무엇보다 하나님의 능력을 찬양하고 감사하는
한 해의 마무리 되길 원합니다.
언제나 나의 필요를 채우셨던 그 하나님을
간증할 수 있는 한 달의 시작 되게 하소서.

나의 몸과 마음과 영혼을 주님 앞에 정돈하기 원합니다.
내 인생의 모든 여정 가운데 "예수 인도하셨네."라고
찬양을 올려드리는 자녀 되길 원합니다.
나의 소망 되시는 예수 그리스도의 이름으로 기도합니다.
아멘!

:: 너는 마음을 다하여 여호와를 신뢰하고 네 명철을 의지하지 말라 너는 범사에 그를 인정하라 그리하면 네 길을 지도하시리라 (잠언 3:5-6).

말로만이 아닌 진짜 믿음

우주의 주권자 되시는 하나님 아버지,
모든 만물의 주권자 되셔서 오늘도 나를 주관하시니 감사합니다.
나에게 주어진 모든 환경 속에서 나를 건지실 분도 주님뿐임을 믿습니다.
오늘 내가 맞닥트릴 모든 환경 속에서 주님께서 동행해 주시길 기도합니다.

바울과 실라가 감옥에 갇혀 있음에도 주님을 찬양했던 것처럼,
나에게도 환경을 완전히 이길 수 있는 믿음을 허락하소서.
언제나 작은 일에 낙망하고 두려워하는 연약한 자임을 불쌍히 여겨주소서.
나에게 일어나는 일들에 전전긍긍하지 말게 하시고,
하나님께 손해가 없다면 별일 아니라는 믿음을 가지고 담대한 하루를 살게 하소서.

오늘 나에게 환경을 다스리는 믿음을 주소서.
주님이 함께하시는 곳이라면 그 어디나 하늘나라라는 찬양의 고백처럼
말로만이 아닌 진짜 믿음을 갖게 하소서.
하나님께서 내 편이시라면,
아니 내가 하나님의 편에 서 있다면 두려워하지 말게 하소서.

환경이 나를 묶어 버리지 못하게 하시고,
나의 육체는 묶여도 나의 영혼은 늘 하나님과 함께 동행하며 담대하게 하소서.
나의 승리가 되시는 예수 그리스도의 이름으로 기도합니다.
아멘!

:: 믿음은 바라는 것들의 실상이요 보이지 않는 것들의 증거니 (히브리서 11:1).

DECEMBER 3

나의 참된 만족은 예수 그리스도

나를 죽도록 사랑하시는 아버지,
나를 사랑하시되 그 아들을 십자가에 달려 죽게 하기까지
나를 사랑하신 하나님 아버지, 감사합니다.
주님의 죽으심이 오늘도 내 안에 넘쳐나게 하소서.

그 죽음이 슬픔이 아니라 나의 진정한 기쁨이고 삶의 소망임을 고백합니다.
하늘의 아버지께서 나를 사랑하심을 그 누구도 끊을 수 없음을 기억하며
오늘도 어떤 것도 나를 포기하게 하거나 실망하게 할 수 없음을 선포합니다.
나는 오늘도 주님으로 인하여 승리할 것을 선포합니다.
오늘도 그 주님의 사랑을 마음에 가득 담고 담대한 하루를 시작하게 하소서.

나의 참된 만족은 예수 그리스도이시니
그것으로 나의 생애의 모든 은혜가 충분함을 고백합니다.
나의 구원을 너무 작게 생각하지 말게 하소서.
내가 받은 구원은 내 인생을 통째로 다 드려도 갚을 수 없는
어마어마한 것이라는 믿음을 가장 강하게 믿고 고백하는 매일이 되게 하소서.

이 구원을 얻은 기쁨으로 오늘 하루도 힘을 내어 시작합니다.
죽기까지 사랑하신 그 사랑 때문에 오늘도 행복합니다.
하나님의 사랑은 나에게 주어진 최대의 복이며
더 이상 어떤 것도 필요 없을 만큼 충분함을 고백합니다.
이 만족감으로 오늘 감사의 하루를 보내게 하소서.
십자가로 나에게 천국을 주신 예수 그리스도의 이름으로 기도합니다.
아멘!

:: 높음이나 깊음이나 다른 어떤 피조물이라도 우리를 우리 주 그리스도 예수 안에 있는 하나님의 사랑에서 끊을 수 없으리라 (로마서 8:39).

DECEMBER 4

아름다운 것을 아름다운 방법으로 지켜내게 하소서

선하신 하나님 아버지,
주님을 기억하는 이 순간 주님을 찬양함으로 하루를 시작합니다.
하나님께서 만드신 모든 것이 참으로 아름다움을 고백합니다.
인간의 머리로는 도저히 생각해 낼 수 없는
자연의 아름다움이 나에게 모두 선물로 주어졌음에 감사합니다.

하나님께서 이 모든 만물을 다스리라고 맡기셨는데
제대로 온전히 다스리지 못함을 용서하소서.
인간의 손이 닿는 곳마다 지켜지는 것보다는
무너지고 파괴되는 것이 더 많음을 회개합니다.
아름다운 것을 아름다운 방법으로 지켜내게 하소서.
아름다운 것을 더 아름답게 한다고 강압하고 왜곡하지 말게 하소서.
가장 아름다운 것은 있는 그대로를 보존하는 것임을 기억하게 하소서.

인간도 하나님의 피조물 중에 하나임을 고백합니다.
사람을 있는 그대로 받아주게 하시고,
사람도 아름답다는 믿음을 가지고 소중히 여기며 지켜낼 수 있게 하소서.
내 모습 있는 그대로 받아주시고 사랑해 주신 아버지, 감사합니다.

나도 하나님께서 기뻐하신 피조물이니 나도 아름다움을 가지고 있음을 믿습니다.
세상이 나를 부정할지라도 그 믿음을 잃지 않고 당당하게 하시며
나를 지켜내게 하소서.
나의 회복 되시는 예수 그리스도의 이름으로 기도합니다.
아멘!

:: 그런즉 누구든지 그리스도 안에 있으면 새로운 피조물이라 이전 것은 지나갔으니 보라 새 것이 되었도다 (고린도후서 5:17).

DECEMBER 5

어렵고 힘든 사람을 찾아 그들을 돕게 하소서

사랑의 하나님 아버지,
날씨가 추워질수록 가난하고 어려운 사람들을 기억하게 하소서.
나는 따뜻한 잠자리에서 일어났는데,
추위에 제대로 잠을 자지 못한 사람들을 불쌍히 여겨 주소서.

겨울이 되면 사람들은 크리스마스를 맞이하기 위해 설레는 마음을 갖습니다.
그러나 세상적인 크리스마스조차도
기쁨으로 맞을 수 없는 사람들을 모두가 기억하게 하소서.
내가 편하다고 다른 사람들을 쉽게 잊어버리지 않게 하소서.

어느 때보다도 겨울에 더 힘겨운 자들을 생각하고 도울 수 있는 내가 되게 하소서.
말로만 따뜻하게 하라고 말하는 것이 아니라
진짜 따뜻해질 수 있는 도움의 손길을 베풀게 하소서.
내가 가진 것이 없어서 줄 것이 없다고 말하지 말게 하소서.
지금 주지 못한다면 내가 가졌을 때도 줄 수 없음을 기억하게 하소서.
아버지, 오늘은 눈에 불을 켜고
어렵고 힘든 사람을 찾아 그들을 도울 수 있는 결단을 하게 하소서.

나에게 주신 작은 물질의 축복을 함께 나눔으로 진정한 이웃이라 칭함 받게 하소서.
오늘도 작은 예수가 되길 소망합니다.
말하고 구경하는 것을 넘어선 실천할 수 있는 하루 되게 하소서.
나의 주 되신 예수 그리스도의 이름으로 기도합니다.
아멘!

:: 또 누구든지 제자의 이름으로 이 작은 자 중 하나에게 냉수 한 그릇이라도 주는 자는 내가 진실로 너희에게 이르노니 그 사람이 결단코 상을 잃지 아니하리라 하시니라
(마태복음 10:42).

DECEMBER 6

사람을 세우는 리더

크신 하나님 아버지,
새날을 주셔서 감사합니다.
하나님의 은혜로 어제도 잘 마무리하게 하심을 감사합니다.
오늘도 아직 미진한 부분이 있더라도 새로운 마음으로 시작하게 하소서.
나의 영혼이 오늘 주님의 크심을 찬양하고 그 크심 앞에
모든 것을 맡겨 드리게 하소서.

오늘도 슬픔을 당한 사람이 있다면 주님 위로하여 주시고
내가 그 위로의 통로가 되게 하소서.
오늘 도움이 필요한 사람이 있다면 주님이 그들의 도움이 되어 주시고
내가 그들을 위해 늘어난 하나님의 손길이 되게 하소서.
공허한 영혼을 향하여 내가 그들과 함께 주님을 찬양하게 하는
기쁨의 통로가 되게 하소서.
나의 모든 힘과 능력이 되시는 주님이 내가 머무는 현장에 넘쳐나게 하소서.

일을 분명하게 하는 것과 사람에게 박하게 하는 것은
전혀 다른 것임을 알게 하셔서
마음까지 강팍해지지 않도록 노력하며 일하게 하소서.
사람을 대할 때 진심으로 대하게 하시고,
그 진심이 통할 때 사람을 세우는 리더가 될 줄 믿습니다.
그 길에 들어서게 하시고 애쓰고 노력하는 하나님의 자녀 되게 하소서.
나의 은혜 되시는 예수 그리스도의 이름으로 기도합니다.
아멘!

:: 형제들아 서로 비방하지 말라 형제를 비방하는 자나 형제를 판단하는 자는 곧 율법을 비방하고 율법을 판단하는 것이라 네가 만일 율법을 판단하면 율법의 준행자가 아니요 재판관이로다 (야고보서 4:11).

DECEMBER 7

주님께서 기대하시는 그 하루

새롭게 하시는 하나님 아버지,
오늘도 새 아침을 주시니 감사합니다.
이 아침을 어떻게 시작하느냐가 오늘 나의 하루를 좌우할 수 있음을 믿습니다.
아침에 주님을 기억하고 주님을 찬양합니다.

예수님께서도 아침에 일찍 아버지 앞에 나아가 기도하셨고,
다윗도 아침에 "주께서 내 소리를 들으시고,
아침에 내가 주께 나아간다"고 고백하였습니다.
이 고백처럼 나도 아침에 주님 앞에 나아갑니다.
나의 오늘을 살아갈 방향을 이 아침에 주님과 함께 상의하며 결정하기 원합니다.
기도 가운데 말씀하시고 환경 가운데 인도하여 주소서.
매일의 아침을 소중히 여기게 하시며 가장 맑은 정신으로
주님 앞에 나아가게 하소서.

주님께서 기대하시는 하루를 살기 원합니다.
나의 상사가 기대하는 하루에 집중하며 사는 것이 다가 아니라
나의 진정한 아버지 되시는 주님의 기대에 동일하게 집중하는 하루 되게 하소서.
오늘 주어진 일들 속에서 주님께서 일하여 주소서.
나의 힘으로 감당할 수 없는 것들이오니 주님께서 도와주소서.
나의 주 예수 그리스도의 이름으로 기도합니다.
아멘!

:: 하나님은 놀라운 음성을 내시며 우리가 헤아릴 수 없는 큰 일을 행하시느니라 (욥기 37:5).

DECEMBER 8

어느 곳에서든지 예배하는 삶

경배 받으시기에 합당하신 하나님,
하나님 아버지는 천지를 만드신 분이시며 나를 구하시기 위하여
모든 것을 버리신 분이심을 고백합니다.
그 하나님을 찬양하고 높여 드립니다.
오늘 나의 신앙을 점검하고
나의 고백이 무엇인지를 명확히 기억하는 하루 되게 하소서.

나의 생활이 산제사가 되기 위해 노력하는 것만이 아니라
실제로 내가 선 자리, 내가 생활하는 자리에서 예배를 드리기 원합니다.
믿는 자라고 하면서도 안 믿는 자와 하나도 다를 것이 없는 삶을 회개합니다.
말하는 것이나 인격이나 삶이나 다를 것이 없을 뿐만이 아니라
아버지를 기억하고 예배하는 것조차도 다를 것이 없음을 회개합니다.
내가 부족한 순간에도 참된 예배를 통해 회복할 수 있음을 믿고
어느 곳에서든지 내가 생활하는 그곳에서 예배드리게 하소서.

직장에서 일만 하는 것이 아니라 아버지께 예배드리게 하소서.
믿는 자들이 믿는 자로서 표현하는 것을 두려워하지 말게 하시고,
결국 나의 편의와 나의 자존심 때문에 아버지를 예배하지 않는다면
하나님께서도 이런 저런 이유로 나를 기피하실 것이라는 두려움을 갖게 하소서.
결국 나의 편의와 게으름과 핑계임을 인정하고
주님 앞에 다시 경건의 모습을 회복하게 하소서.
말로만이 아니라 진정한 예배자가 되게 하소서.
나의 경배의 대상이 되시는 예수 그리스도의 이름으로 기도합니다.
아멘!

:: 아버지께 참되게 예배하는 자들은 영과 진리로 예배할 때가 오나니 곧 이 때라 아버지께서는 자기에게 이렇게 예배하는 자들을 찾으시느니라 (요한복음 4:23).

DECEMBER 9

나의 위로자 되신 아버지

나에게 귀기울이시는 하나님 아버지,
어제와 같은 아침을 맞이하지만
주님으로 인하여 오늘은 어제와 다를 것을 믿습니다.
오늘도 변함없이 주님을 찬양함으로 하루를 시작합니다.
나의 구원자 되신 주님을 찬양합니다.

사람에게 위로받지 못할 때에 나의 위로자 되신 아버지 감사합니다.
언제나 나의 말에 귀를 기울이시며,
나의 사정에 집중하여 주시는 아버지로 인하여 위로를 얻습니다.
오늘도 나의 모든 사정을 아시는 아버지,
나의 결핍과 안타까움을 아시는 아버지 감사합니다.
나를 진실로 불쌍히 여기시며 사랑으로 바라보시는 아버지로 인하여
오늘도 이 아침 다시 힘을 얻습니다.

하루를 시작하면서 사람에게 기대하는 것이 아니라
참된 나의 신이 되시는
나를 다스리시고 나를 지극히 사랑하시는 아버지께 기댑니다.
나의 모든 답답함을 주님께 내어 놓습니다.
그리고 가볍고 상쾌한 마음으로 하루를 시작하려 합니다.
주님, 나를 불쌍히 여겨 주소서.
나에게 새 힘을 부어 주소서.
진정 주님으로 인해 오늘을 살아갈 힘을 얻습니다.
나의 위로자 되시는 예수 그리스도의 이름으로 기도합니다.
아멘!

:: 그런즉 이 일에 대하여 우리가 무슨 말 하리요 만일 하나님이 우리를 위하시면 누가 우리를 대적하리요 (로마서 8:31).

DECEMBER 10

기도가 내 삶의 방패입니다

나의 방패 되시는 하나님 아버지,
이 아침에 주님께서 나의 방패 되심을 감사드립니다.
내가 다급할 때에 언제나 아버지는
나의 부르짖음에 응답하시는 분이심을 찬양합니다.

주님은 나를 공격하는 모든 것들을 너끈히 이길 힘이 계신 분이심을 믿습니다.
그래서 이 아침에 두려움 없이 하루를 시작합니다.
어느 순간에도 달려갈 곳이 있음에 참으로 든든한 아침을 맞이합니다.
오늘도 그 아버지를 믿는 믿음으로 담대하게 세상을 향하여 나가게 하소서.
매 순간 내가 옳지는 않지만 나의 잘못을 주님 앞에 자복할 때
나의 죄를 깨끗케 하시며
나로 하나님의 자녀로서의 특권을 누리게 하심을 감사합니다.

그 믿음을 가지고 오늘 내가 참으로 자녀된 특권과 의무를 다하게 하소서.
아버지의 보호하심의 특권을 누리고
내가 하나님의 자녀로서 올바로 살아야 하는 의무에 충실하게 하소서.
부족함을 느낄 때마다 마음의 소리를 높여 주님께 기도하게 하소서.

오늘도 시간의 길을 걸어갈 때에 주님을 경험하게 하소서.
이 아침에 드리는 기도가 나를 맨몸으로 세상에 나가지 않고
주님의 방패로 무장하고 나아가는 시간이 되게 하소서.
주님으로 인하여 승리하는 하루 되게 하소서.
나의 보호자 되시는 예수 그리스도의 이름으로 기도합니다.
아멘!

:: 여호와여 주는 나의 방패시요 나의 영광이시요 나의 머리를 드시는 자이시니이다 (시편 3:3).

DECEMBER 11

무엇이 죄인지를 분별할 수 있는 지혜

나를 정결케 하시는 하나님 아버지,
어제까지의 모든 죄악을 주님 앞에 내어놓으며 아침을 시작합니다.
나의 모든 죄를 예수 그리스도의 피로 깨끗하게 씻어 주소서.

의도적으로 지었던 죄악들을 주님 앞에 회개합니다.
나의 말과 행동으로 사람을 무시하고
마음으로 미워한 것이 있다면
주님, 용서하여 주소서.
내가 기억하지도 못하고 알지도 못하는 중에 지은 죄가 있다면
그것도 용서하여 주소서.
나의 영혼의 죄악을 깨끗이 씻김 받고
청량한 마음으로 새롭게 시작하는 하루 되기 원합니다.
주님의 보혈의 권능이 나를 정결케 하시며 새롭게 하심을 믿습니다.

무엇보다 무엇이 죄인지를 먼저 분별할 수 있는 지혜를 허락하소서.
그래서 몰랐다고 변명하기 이전에
분별하고 거절하고 선한 길을 선택하는 믿음의 용사 되게 하소서.
오늘도 내가 거하는 곳에서 빛 된 삶을 살기를 원합니다.
죄악의 어두움을 물러나게 만드는 빛의 존재로 거하는 하루 되게 하소서.
나의 주 예수 그리스도의 이름으로 기도합니다.
아멘!

:: 너는 진리의 말씀을 옳게 분별하며 부끄러울 것이 없는 일꾼으로 인정된 자로 자신을 하나님 앞에 드리기를 힘쓰라 (디모데후서 2:15).

DECEMBER 12

어려움은 나에게만 일어나는 일이 아니라는 사실

긍휼의 하나님 아버지,
오늘도 아침을 맞이하게 하심을 감사합니다.
어떤 이들은 건강한 몸으로 하루를 시작하지만,
어떤 이들을 아픈 몸을 이끌고 새 아침을 맞이할 때에 비록 몸은 힘들지만
마음만은 새로운 은혜로 가득하게 하소서.

우리가 어려움을 당할 때에 고난은 몰려온다는 말처럼
때로는 감당할 수 없는 일들이 한꺼번에 파도처럼 몰려옵니다.
그럴 때에 파도에 휩쓸려 떠내려 갈 것 같은 두려움이 임함을 고백합니다.
그러나 아버지의 강한 손으로 나를 붙잡아 주시고
이런 어려움이 나에게만 일어나는 일이 아니라는 사실을 명심하게 하소서.
누구에게나 있을 수 있는 일이며 주님이 함께하심으로
충분이 극복할 수 있음을 믿게 하소서.

어떤 상황에서도 놀라거나 당황하지 말게 하시고 좌절하지 말게 하소서.
주님은 반드시 문제의 해답을 가지고 계시며
나를 이 자리에서 이끌어내어 안전한 곳으로 옮겨 놓을 수 있는
힘이 있으신 하나님이심을 믿게 하소서.

오늘도 고난 앞에 담대하게 하시고
주님이 나의 보호자 되심을 찬양하며 하루를 시작하게 하소서.
나의 구원자 되시는 예수 그리스도의 이름으로 기도합니다.
아멘!

:: 고난 당한 것이 내게 유익이라 이로 말미암아 내가 주의 율례들을 배우게 되었나이다
(시편 119:71).

DECEMBER 13

나의 삶 가운데 교만이 틈타지 못하게 하소서

사랑의 하나님 아버지,
오늘 숨 쉬는 것도 주님의 은혜임을 고백합니다.
매일 수많은 사고의 위험에서 나를 보호하심에 감사합니다.
오늘도 내가 행하는 모든 상황 속에서 나를 지켜주소서.
나의 행함만이 아니라 사랑하는 나의 가족들과 사람들을
주님의 날개 아래 보호하시고 주님의 은혜로 매 순간 함께하여 주소서.

오늘도 겸손한 마음으로 하루를 살게 하소서.
큰일을 앞에 두고 두렵고 떨리는 마음으로 할 때에는 좋은 열매를 거두지만
때로 방심하고 자만하는 마음을 가질 때 작은 일에 많은 실수가 있음을 봅니다.
나의 삶 가운데 교만이 틈타지 못하게 하소서.
작은 일도 큰일을 대하듯 겸허한 마음으로 일하게 하소서.
나의 힘으로 충분하다는 교만함을 버리게 하시고,
매 순간 주님 앞에 기도함으로 실수하지 않는 하루를 허락하소서.

이 세상의 모든 것은 하나님께서 나에게 허락하셔야
나의 것이 될 수 있음을 믿습니다.
그 믿음이 있다면 내가 가지고 싶은 것에 연연하지 말게 하소서.
내가 몸부림치고 애쓴다고 해서 다 얻을 수 없음을 인정하게 하소서.
이 땅의 모든 승패는 하나님의 손에 있음을 믿습니다.
그 믿음으로 주님께 먼저 아뢰고 의지하고
나의 최선을 다하되 결과에는 승복하는 삶을 살게 하소서.
나의 주인 되시는 예수 그리스도의 이름으로 기도합니다.
아멘!

∷ 교만이 오면 욕도 오거니와 겸손한 자에게는 지혜가 있느니라 (잠언 11:2).

DECEMBER 14

내가 일하는 터전을 위한 기도

나의 주인 되시는 하나님 아버지
새로운 아침에 태양을 뜨게 하시고,
오늘도 일어나 새날을 시작할 수 있는 발걸음을 허락하시니 감사합니다.

오늘의 모든 일과를 주님께 올려드립니다.
내가 지켜야 할 가족들을 마땅히 사랑함으로 섬기게 하시고,
바쁘다는 핑계로 더 중요한 것을 놓치지 않고
가족을 잊지 않는 하루를 살게 하소서.

오늘도 내가 일하는 터전을 위하여 기도합니다.
함께하는 사람들을 축복하셔서 그들을 지켜주시고 그들의 가족을 지켜주소서.
나의 직장이 올바른 길을 가게 하소서.
불의한 일에 타협하지 말게 하시고, 점점 더 깨끗하고 정직한 직장이 되게 하소서.
이익을 목적으로 하는 것이 직장이지만
그래도 수단과 방법을 가릴 줄 아는 곳이 되게 하시고
그 일을 위하여 기도하는 사명을 잘 감당하게 하소서.

세상을 가장 두렵게 하는 것은
내 삶에 하나님의 임재가 드러나는 것임을 믿습니다.
내가 가장 친밀한 사랑으로 하나님과 깊은 관계를 유지하게 하소서.
아버지와의 온전한 동행이 세상을 이기는 가장 강력한 무기임을 기억하게 하소서.
오늘도 주님과의 동행을 기쁨으로 여깁니다.
나의 주 되시는 예수 그리스도의 이름으로 기도합니다.
아멘!

:: 너희를 불러 그의 아들 예수 그리스도 우리 주와 더불어 교제하게 하시는 하나님은 미쁘시도다 (고린도전서 1:9).

DECEMBER 15

사람들과 더불어 작은 것을 함께 나누며

사랑의 하나님 아버지,
오늘도 일상을 선물로 허락하셔서
매 순간 즐겁고 감사한 하루를 살 수 있는 은혜를 주심에 감사합니다.

하나님께서 인간이 먹고 마시는 즐거움을 허락하심에 감사합니다.
내가 수고한 열매들을 나누는 것이 기쁨이 되게 하심을 감사합니다.
오늘 하루 사람들과 더불어 작은 것을 함께 나누며 기쁨을 누리게 하소서.
나의 수고함으로 누릴 수 있는 작은 행복들에 감사하며 기뻐하게 하소서.
내가 욕심내지 않고 할 수 있는 것들까지 금욕적으로 거절하면서
탐심을 키우지 말게 하소서.

나의 가족조차도 알 수 없는 나의 상황과 어려움을 잘 극복한 것을
칭찬하여 주소서.
자녀를 집에 두고 슬퍼하며 출근해야 했던 엄마들의 아픔을
위로하시고 격려하여 주소서.
정말 그만두고 싶은 순간에도 그 길을 선택하지 못했던 것은
지켜야 할 가족이 있었기 때문이었던 모든 가장들의 마음을 안아 주소서.

오늘 이 출근길이 다시 기쁨이 되게 하소서.
모든 어려움과 아픔의 기억을 지워버리고 새롭게 시작하는 하루 되게 하소서.
일해야 하는 자들이 일할 힘을 얻기 위해 필요한
작은 위로와 기쁨이 가득한 하루 되길 소망합니다.
나를 살게 하시는 예수 그리스도의 이름으로 기도합니다.
아멘!

:: 선을 행하고 선한 사업을 많이 하고 나누어 주기를 좋아하며 너그러운 자가 되게 하라
(디모데전서 6:18).

DECEMBER 16

아버지께서 함께하시니 두려울 것이 없습니다

나의 생명 되시는 하나님 아버지,
추운 겨울에도 생명을 지키시니 감사합니다.
모든 나무들이 다 죽은 것처럼 앙상한 가지만을 보이고 있지만,
그 안에 생명을 지킬 수 있는 길을 허락하신 아버지 감사합니다.

오늘도 내 스스로를 과소평가하지 말게 하소서.
나에게는 하나님이 부여하신 놀라운 생명력을 가지고 있으며
내가 위기를 만날 때에 믿음으로 일어설 수 있는 굳건한 힘이 있음을 믿게 하소서.
내 안에 아버지께서 함께하시니 두려울 것이 없습니다.
나의 진정한 생명이 되시는 예수 그리스도의 구원이 나의 것이니
무서울 것이 없습니다.
이 믿음으로 오늘도 담대하게 살게 하소서.

세상은 때로 내가 혼자라고 너를 돕는 사람은 없다고 비웃을지라도
나를 끝까지 지키시는 하나님이 계심에 예수 그리스도를 믿는 나는
절대로 혼자가 될 수 없음을 선포합니다.
오늘도 나의 힘이 되신 주님을 믿고 나아갑니다.

기쁨 가운데 함께하시고, 어려움 가운데 일하여 주소서.
내가 감당해야하는 모든 일들을 주님께 올려드립니다.
주님 맡아 주시고 함께하시고 오늘의 주인이 되어 주소서.
나의 해답 되시는 예수 그리스도의 이름으로 기도합니다.
아멘!

:: 주를 찾는 자는 다 주 안에서 즐거워하고 기뻐하게 하시며 주의 구원을 사랑하는 자는 항상 말하기를 여호와는 위대하시다 하게 하소서 (시편 40:16).

DECEMBER 17

내 곁에 있는 이들이 모든 열매의 근원임을 알게 하소서

신실하신 아버지,
오늘도 좋은 아침을 주심에 감사합니다.
제일 먼저 입술을 열어 주님을 사랑한다 고백합니다.

아버지, 나의 지난 한 해가 어떠했던지 먼저 감사하게 하소서.
나의 열매가 비록 내가 기대했던 것보다 미치지 못한다 하더라도
그것이 나를 돕는 이들의 무능함 때문이라 핑계대지 말게 하소서.
나의 열매 없음이 또한 나의 상사 때문이라 핑계대지 말게 하소서.
내 남편의 열매 없음이 그의 느슨함 때문이라 여기지 말게 하소서.
내 아내의 열매 없음이 그녀의 세상에 대한 무지 때문이라 여기지 말게 하소서.
내 자식의 열매 없음이 그들의 게으름이라 폄하하지 말게 하소서.
세상의 모든 이들은 내가 알지 못하는 각자의 짐을 지고 가고 있음을
돌아보게 하소서.
오늘 내 곁에 그들이 있음이
나의 모든 열매의 근원임을 깨닫고 감사하게 하소서.

나의 곁을 지켜주는 나의 상사와 나의 동료, 부하직원 그리고 가족들
모두 나를 아름답게 만드는 고마운 이들이라는 것을 깨닫게 하소서.
오늘도 그들을 기억하며 힘을 얻습니다.
그들과 함께 동고동락하며 오늘 하루를 만들어갑니다.
그 안에서 주님께서 역사하여 주소서.
나의 주 나의 최고의 열매 되시는 예수 그리스도의 이름으로 기도합니다.
아멘!

:: 너희는 의인에게 복이 있으리라 말하라 그들은 그들의 행위의 열매를 먹을 것임이요
(이사야 3:10).

DECEMBER 18

한 해를 잘 마무리할 수 있는 준비를 하게 하소서

사랑의 하나님 아버지,
오늘도 지켜주셔서 좋은 아침을 맞게 하시니 감사합니다.
어제까지 지었던 모든 죄악을 깨끗하게 하소서.
그래서 진정 오늘 하루를 가뿐하게 시작할 수 있게 하소서.

벌써 한 해가 기울어가고 있는데,
나는 올 한 해를 어떻게 살았는지 돌아보게 하소서.
눈물로 씨를 뿌리는 자는 기쁨으로 단을 거둔다고 하셨습니다.
지난 1년 동안 내가 흘린 눈물만큼이나 기쁨의 단을 거두는 은혜를 주소서.
만약 나의 단이 부족하다 느낀다면,
지난 시간 내가 인내하지 못하고
씨 뿌리기를 멈췄던 적은 없는지 돌아보게 하소서.

아직은 올해가 다 가지 않았으니 아직은 나에게 기회가 있다는 마음으로
한 해를 잘 마무리할 수 있는 준비를 하게 하소서.
묶인 관계를 풀게 하시고, 내 마음의 매듭을 풀게 하시고,
상처를 씻게 하시고, 멈추었던 것들을 다시 시작하게 하소서.

오늘도 주님을 인하여 기대합니다.
주님께서 베푸시는 사랑과 은혜로 신나는 하루 되게 하시고
사명을 온전히 감당하게 하소서.
나의 주 나의 모든 열매 되신 예수 그리스도의 이름으로 기도합니다.
아멘!

:: 너희는 내게 배우고 받고 듣고 본 바를 행하라 그리하면 평강의 하나님이 너희와 함께 계시리라 (빌립보서 4:9).

DECEMBER 19

감사에 집중하는 하루

사랑하는 나의 아버지,
좋은 아침을 허락해 주시니 감사합니다.
일할 수 있는 터전을 주심에 감사합니다.
사랑하는 가족을 주셔서 감사합니다.
의지하고 어려움을 나눌 친구를 주셔서 감사합니다.
믿음의 사람들과 함께 은혜 나눌 수 있게 하심에 감사합니다.

세상에는 감사할 것이 너무도 많은데
늘 안 좋은 것에만 집중하며 사는 나를 용서하시고
오늘 하루 나의 모든 관심이 감사할 것에 집중 되게 하소서.

태어날 때에 아무 것도 가지고 태어나지 않았으니
지금 내가 걸치고 있는 옷, 지금 내가 가지고 있는 물건들,
지금 내가 누리고 있는 모든 것들이 나의 것이 아님을 고백합니다.
모든 것은 주님께서 주신 것이며
내가 필요한 것보다 훨씬 더 많은 것을 가지고 있음에 감사합니다.

가까이 있는 사람들을 외면하지 말게 하시고 그들을 먼저 돌보게 하소서.
오늘도 하루를 이겨나갈 힘을 주시고, 안전한 길로 인도하소서.
나의 주 나의 모든 것 되시는 예수 그리스도의 이름으로 기도합니다.
아멘!

:: 주께서 내 원수의 목전에서 내게 상을 차려 주시고 기름을 내 머리에 부으셨으니 내 잔이 넘치나이다 (시편 23:5).

DECEMBER 20

나에게 가장 젊은 오늘을 주심에 감사합니다

언제나 나를 바라보시는 아버지,
온 세상이 얼어버린 것 같은 아침입니다.
오늘같이 추운 날은 정말 한발자국도 집 밖에 나가고 싶지 않은 마음이 굴뚝같지만
그래도 꿋꿋이 일어나 학교로, 일터로
각자의 가야 할 길을 가게 하시니 감사합니다.

어제보다 더 피곤한 것 같고 아침부터 추위에 몸은 굳어버린 시작이지만
그래도 오늘 힘 주시는 하나님의 은혜로 새로운 능력을 공급받게 하소서.

나에게 가장 젊은 오늘, 해야 할 일을 주심에 감사합니다.
나에게 가장 젊은 오늘, 만나는 수많은 사람들을 주심에 감사합니다.
이 소중한 날이 행복하고 보람 있는 날이 되게 하소서.
지나간 날만 돌아보며 한숨짓지 말게 하시고,
내게 주어진 오늘을 기뻐하게 하소서.

연말이 되며 수많은 평가가 기다리고 있습니다.
1년의 업무를 평가 받기 위해 아부하는 길을 택하기보다는
한결같은 성실로 임했던가 돌아보게 하시고,
하나님께서는 나를 어떻게 평가하실지를 더 두려워하게 하소서.
지난 1년 나는 사랑이 많았는지, 긍휼이 있었는지,
인내와 온유함을 가졌는지 돌아보게 하소서.
오늘을 주님께 맡겨드립니다.
나를 은혜로 덮어주시고 사랑하신 예수 그리스도의 이름으로 기도합니다.
아멘!

:: 나는 오직 주의 사랑을 의지하였사오니 나의 마음은 주의 구원을 기뻐하리이다 (시편 13:5).

DECEMBER 21

하나님 앞에 칭찬받는 하루

나의 왕이 되신 하나님 아버지,
오늘도 새로운 하루를 시작하게 하심을 감사합니다.
계절의 모든 것을 다스리시고
이 땅이 하나님의 법칙에 의해 움직이게 하심을 감사합니다.
주님이 나의 왕이 되어 주셔서 나로 실족하지 않도록 붙잡아 주심을 감사합니다.
언제나 나의 통치자가 되어 주셔서 나를 다스리고 나를 지키시고 보호하시기 위해
최선을 다하고 계심을 인하여 주님께 감사와 찬양을 드립니다.

언제나 그 아버지의 인도하심을 믿고 감사하게 하시고,
내가 어떤 일을 당하거나 어려움에 처해도
주님께서 나를 구원하신 일을 넘어설 수 없음을 기억하고 감사하게 하소서.

이 추운 날씨에 따뜻한 잠자리를 주심에 감사합니다.
일할 터전이 있게 하셔서 일용할 양식이 떨어지지 않게 하심을 감사합니다.
웃으며 인사 나눌 사랑하는 사람과 동료를 주시고
한 해도 달려갈 수 있는 새로운 목표를 주심에 감사합니다.

오늘도 내 인생에 주어진 소중한 하루를 살아갑니다.
이 하루가 하나님 앞에 칭찬받는 하루 되게 하시고,
하나님의 대리자로서의 삶을 충실히 살아가는 하루 되게 하소서.
나를 위해 모든 것을 주신 예수 그리스도의 이름으로 기도합니다.
아멘!

:: 여호와께서 사람의 걸음을 정하시고 그의 길을 기뻐하시나니 (시편 37:23).

DECEMBER 22

누구를 만나던지 그 사람을 존귀하게 여기게 하소서

나를 품어 주시는 하나님 아버지,
오늘도 춥지만 새로운 날을 허락하여 주심에 감사합니다.
따뜻한 잠자리를 주시고, 마음만 먹으면 언제든지 먹을 수 있는 양식을 주시고,
나를 감싸 안을 따뜻한 옷을 주심에 감사합니다.

그러나 이러한 잠자리도, 먹을 것도, 더 껴입을 옷도 없는 사람들을 위해
기도합니다.
이렇게 추울 때에 생명을 위협받으며, 떨고 있을 그들을 품어 주시옵소서.
내가 왜 진작 한 사람이라도 더 돌아보지 못했을까 후회되는 날입니다.
겨우 내가 너무 춥다고 느끼고서야 추운 골방에서 잠을 자야 하는 이들을
더 강렬히 떠올릴 수 있었음을 회개합니다.
언제나 어려운 사람들은 곁에 있는데
그들을 향해 더 나눔을 실천하지 못했던 것을 용서하소서.

오늘도 일할 수 있는 힘을 주신 아버지 감사합니다.
내게 주어진 일을 열심히 감당하게 하시고, 기쁨으로 행하게 하소서.
내가 누구를 만나던지 그 사람을 존귀하게 여기게 하소서.
오늘 하루의 일과가 하나님의 은혜로 순조롭게 하시고,
하나님께서 기뻐하실 만한 하루가 되게 하소서.
언제나 나를 지키시는 예수 그리스도의 이름으로 기도합니다.
아멘!

:: 소금은 좋은 것이로되 만일 소금이 그 맛을 잃으면 무엇으로 이를 짜게 하리요 너희 속에 소금을 두고 서로 화목하라 하시니라 (마가복음 9:50).

DECEMBER 23

주님의 마음이 나에게 임하게 하소서

긍휼의 하나님 아버지,
이 추운 아침, 아버지를 기억합니다.
오늘도 새로운 하루를 허락하여 주심에 감사합니다.
크리스마스가 다가오고 연일 캐롤이 들리는 날들입니다.
크리스마스가 다가올수록 평일보다 더 외롭고 힘든 사람들이 많아짐을 봅니다.
예전에는 견딜만했는데 다른 사람들이 다 즐겁다고 하는 크리스마스가 오니
오히려 더 힘들고 외로워지는 많은 사람들을 위로하여 주소서.

크리스마스에는 꼭 즐거워야 한다는 강박관념을 버리게 하소서.
왜 즐거워야 하는지도 모르는 채 즐거움을 향하는 나의 마음을 붙잡게 하시고,
다시 예수님을 돌아볼 수 있는 시간이 되게 하소서.
오늘 이 아침이 변함없는 일상을 지속함에 감사하게 하소서.
여전히 내가 해야 할 일이 있고, 어제와 오늘이 다름없다는 것이
얼마나 큰 하나님의 은혜인지 기억하고 감사하게 하소서.
무엇을 행하든지 성실하게 하시고, 하나님 앞에 부끄러움이 없게 하소서.

자신의 높은 자리에서 주저함 없이 낮아지려고 오신
주님의 마음이 나에게 임하게 하소서.
나를 낮추는데 주저하지 말게 하소서.
춥고 가난한 사람을 기억하게 하시고,
그 무엇보다 예수 그리스도를 기억하게 하셔서
크리스마스에 가장 외로운 예수님이 되지 않게 하소서.
날 위해 이 땅에 오신 예수 그리스도의 이름으로 기도합니다.
아멘!

:: 이튿날 요한이 예수께서 자기에게 나아오심을 보고 이르되 보라 세상 죄를 지고 가는 하나님의 어린 양이로다 (요한복음 1:29).

DECEMBER 24

주님을 외롭게 만드는 크리스마스가 되지 않게 하소서

영광 받으시기 합당하신 아버지,
이 땅에 오신 예수님을 맞이하는 성탄절 이브의 아침입니다.
나를 얼마나 사랑하시면 이 누추한 땅에 가장 연약한 아기의 모습으로 오셨는지,
다시 한 번 깨닫게 되는 아침입니다.
내가 이 땅 누구에게서 사랑 받지 못한다 하더라도
나는 하나님 아버지의 놀라운 사랑을 받은 것이 증명되는 날입니다.

오늘 이 아침이 우리 인간에게 얼마나 고대하고 기다리던 날인지,
나의 삶의 목적과 가는 길을 얼마나 바꾸어 놓은 날인지
기억하고 감사를 드립니다.
주님이 오시지 않았더라면 영원히 죽음의 지옥밖에는
선택의 여지가 없었을 나입니다.
내가 늘 피곤하고 아픈 몸을 가진다 하더라도
주님도 그 몸 그대로를 가지고 이 땅에서 사셨다는 사실이
저에게는 큰 위로와 힘이 됩니다.
주님 때문에 그 어느 날도 외롭지 않고 버틸 수 있음을 고백합니다.

크리스마스가 너무 즐거워 세상에 나가 노느라
정작 예수 그리스도를 잊어버리고 주님을 외롭게 만드는 날이 되지 않게 하소서.
나의 온전한 사랑과 내 삶의 모든 중심을 담아 주님께 드리는 하루 되게 하소서.
나를 위해 이 땅에 오신 예수 그리스도의 이름으로 기도합니다.
아멘!

:: 이는 한 아기가 우리에게 났고 한 아들을 우리에게 주신 바 되었는데 그의 어깨에는 정사를 메었고 그의 이름은 기묘자라, 모사라, 전능하신 하나님이라, 영존하시는 아버지라, 평강의 왕이라 할 것임이라 (이사야 9:6).

DECEMBER 25

천국을 소유한 삶

완전한 사랑의 하나님,
크리스마스 아침입니다. 얼마나 기쁘고 감사한지요.
이 땅에 오신 예수님께 눈물의 감사와 찬양을 올려드립니다.
주님께서 이 땅에 오심이 나의 인생에 최대의 기쁨이며 행복임을 고백합니다.

주님은 가장 초라하고 가장 비참한 죽음을 위하여 이 땅에 오셨지만,
그 겸손한 사랑이 가장 위대한 영광이 되셨습니다.
이 사랑을 모든 사람들에게 선포하게 하여 주소서.
크리스마스를 기억하며 복음으로 인하여 감사를 드리게 하시고
천국을 소유한 삶을 사는 것이
얼마나 기쁜 것인지 마음 깊이 새기게 하소서.

고통당하는 사람들 속으로 오신 주님을 기억하며
나도 그들의 삶 속으로 들어가게 하소서.
가장 가까운 가족의 고통을 외면하지 말게 하시고,
나의 친구와 직장의 동료와 이웃들의 아픔을 무시하면서
주님을 사랑하고 닮기 원한다고 말하지 말게 하소서.

임마누엘로 오신 주님처럼
나도 저들의 삶에 함께하는 동참의 삶을 살아가게 하소서.
주님께 모든 영광과 찬양을 올려드립니다.
나의 생명 되시는 예수 그리스도의 이름으로 기도합니다.
아멘!

:: 보라 처녀가 잉태하여 아들을 낳을 것이요 그의 이름은 임마누엘이라 하리라 하셨으니 이를 번역한즉 하나님이 우리와 함께 계시다 함이라 (마태복음 1:23).

DECEMBER 26

올해가 가기 전에

나의 하나님 아버지,
오늘도 귀한 하루를 선물로 허락하여 주심에 감사합니다.
올해를 시작할 때는 갈 길이 먼 것 같았는데,
돌이켜 보니 어찌 그리 쏜살같이 지나갔는지요.
이 긴 걸음도 나 혼자 걷지 아니하고 늘 함께해 주심에 감사와 찬양을 드립니다.

올해가 가기 전에 이 땅의 사람들의 마음에
하나님의 은혜와 위로를 베풀어 주소서.
찬송가의 가사처럼 광야에 화초가 피고 말랐던 시냇물이
다시 흐를 수 있는 은혜를 주소서.
이 땅에서도 슬픔과 애통이 기쁨으로 바뀔 수 있는 때를 허락하여 주소서.
싸움과 죄악의 참혹한 땅에 그럼에도 불구하고
하늘을 향하여 눈물 흘리며
찬양을 가슴 사무치게 부를 수 있는 믿음을 허락하소서.

올해가 얼마 남지 않아 더 소중한 오늘 하루를 의미있게 보내게 하시고
상처를 주기보다 싸매는 자의 편에 서서
이 땅을 사랑으로 덮을 수 있는 우리가 되게 하소서.
오늘을 존재케 하신 주님께 감사와 찬양을 드립니다.
오늘 선 자리에서 내 몫을 다하게 하시고
주님을 위한 삶에 부끄러움이 없게 하소서.
오늘을 주님께 올려드립니다.
나와 모든 것의 주인 되시는 예수 그리스도의 이름으로 기도합니다.
아멘!

:: 내 평생에 선하심과 인자하심이 반드시 나를 따르리니 내가 여호와의 집에 영원히 살리로다
   (시편 23: 6).

DECEMBER 27

겸손하게 하시고, 감사하게 하소서

나의 아버지여,
이 아침에 주님을 기억합니다.
오늘 하루를 시작하며 하나님께서 나의 주인이시며,
나의 오늘을 주장하실 분이심을 고백합니다.

이 추운 아침에 따뜻한 잠자리를 허락하신 주님, 감사합니다.
출근하며 고를 수 있는 옷들과 목도리들을 주심에 감사합니다.
내가 마음만 먹으면 먹을 수 있는 음식이 냉장고에 있음을 감사합니다.
내가 신발을 고를 수 있고, 내가 때로는 택시도 탈 수 있고,
어떤 때에는 다른 사람에게 선물도 할 수 있음에 감사합니다.

하나님께서는 언제나 나의 필요 그 이상을 채우시는 분이셨는데
언제나 나의 마음은 부족한 것처럼 때로는 팍팍한 것처럼 여겼던 것을 용서하소서.
이 세상 모든 것을 내 힘으로 사서 누리고 있는 것이 아님에도
언제나 내가 다 한 것처럼 착각하는 교만함을 용서하소서.

오늘도 내게 허락하신 모든 것들을 인하여 감사드립니다.
겸손하게 하시고, 감사하게 하소서.
무엇보다 사람에게 감사하게 하시고,
내가 가지고 있는 모든 물건들에 감사하게 하소서.
나의 여건과 환경에 감사하게 하시고, 내게 주어진 시간에 감사하게 하소서.
그 감사한 마음으로 하루를 시작합니다.
오늘도 나를 지키시는 예수 그리스도의 이름으로 기도합니다.
아멘!

:: 먼저 내가 예수 그리스도로 말미암아 너희 모든 사람에 관하여 내 하나님께 감사함은 너희 믿음이 온 세상에 전파됨이로다 (로마서 1:8).

DECEMBER 28

매 순간이 하나님의 은혜였음을 고백합니다

나의 왕이 되시는 하나님 아버지,
이 아침에 주님을 기억하며 기도합니다.

오늘 이 아침에 나의 성품이 하나님을 닮아 순화 되게 하시고,
나의 영혼이 주님으로 가득 채워져서 처음 맞이하는 아침처럼 상쾌하게 하소서.
나의 육체가 아버지의 생명력으로 가득 차게 하셔서
활력 있는 하루의 시작이 되게 하소서.

나의 생각이 주님의 생각과 같아지게 하시고,
나의 꿈꾸는 것이 아버지의 꿈과 하나 되게 하소서.
오늘 나의 마음의 왕이 내가 아니라 아버지가 되게 하셔서 오늘 잠자리에 들 때에
"오늘 하루를 주님께서 인도하셨습니다."라고
온전히 고백할 수 있는 하루가 되게 하소서.

한 해를 보내며 지난 한 해 동안 함께하신 주님의 은혜를
낱낱이 모두 기억하고 감사하게 하소서.
감사의 마음을 얼버무려 마음에도 없는 감사의 고백을 하지 말게 하시고,
남은 연말의 시간 동안 매 순간 하나님의 은혜였던 것을 하나하나 기억하며
진심으로 감사하는 시간을 보내게 하소서.
내가 받은 상처만 기억하지 말게 하시고,
내가 받은 은혜와 감사한 일들과 기적 같은 역사를
더 많이 기억하는 시간 되게 하소서.
오늘도 주님께 모든 것을 올려드립니다.
나의 주 나의 왕 되신 예수 그리스도의 이름으로 기도합니다.
아멘!

:: 우리가 다 그의 충만한 데서 받으니 은혜 위에 은혜러라 (요한복음 1:16).

DECEMBER 29

함께 나누며 살 수 있는 따뜻한 마음

하나님 아버지,
상쾌한 아침을 시작하게 하시고,
나의 상황과 상관없이 주님을 찬양하는 마음으로 시작하게 하심을 감사합니다.
오늘도 주님의 인자하심이 나와 함께하심을 믿습니다.

오늘도 수많은 사람들이 나에게 주어진 수많은 선물임을 고백합니다.
나의 곁에 있는 많은 사람들을 축복하게 하시고,
그들의 삶 속에서도 동일한 하나님의 빛이 드러나게 하소서.

추운 날씨로 어려움을 당하는 이웃들을 기억하게 하시고,
나의 가진 것이 무엇이든 그것을 함께 나누며 살 수 있는
따뜻한 마음을 허락하소서.
나만을 기억하며 사는 날이 아니라 다른 사람을 기억하며 사는 하루 되게 하소서.
내가 피하면 다른 사람이 더 힘들어진다는 것을 생각하여
내가 조금 더 일하고, 내가 조금 더 배려하는 마음으로 사는 하루 되게 하소서.

올해도 한 해가 다 가고 있습니다.
올해의 감사한 것들을 다시 한 번 하나하나 기억하게 하시고,
올해에 버려야 할 것들을 잘 버리고 새해를 맞게 하소서.
오늘도 동행하시고 지켜주소서.
나의 주 나의 모든 것 되신 예수 그리스도의 이름으로 기도합니다.
아멘!

:: 내가 너를 불쌍히 여김과 같이 너도 네 동료를 불쌍히 여김이 마땅하지 아니하냐 하고
(마태복음 18:33).

한 해를 돌아보면서

나의 방패 되신 하나님 아버지,
아침에 눈을 떠 주님을 기억하고 기도하게 하심을 감사드립니다.
지난 한 해 동안에도 수많은 일들이 있었지만,
주님께서 늘 방패가 되어 주셔서
나를 지키시고 막아주시고 보호하여 주심을 인하여 감사합니다.

한 해가 얼마나 빨리 지나갔는지,
나는 지난 한 해 동안 잘 살았는지 돌아보게 하시고
그 무엇보다 하나님께서 함께하신 것에 대한 감사가 넘치는 연말이 되게 하소서.
한 해를 돌아보면서 나에게 1년 동안 수많은 문제가 있었다 하더라도
그 문제에 집중하는 것이 아니라 그 문제를 극복했다는데 집중하게 하소서.

한 해를 함께하신 주님께 감사를 드립니다.
그 모든 악한 영들의 공격에서 지켜 주심을 감사드립니다.
수많은 사건과 어려움과 시험들이 있었지만
털끝 하나 상하지 않고 견뎌낼 수 있도록 인도하신 아버지, 감사합니다.
결국 하나님께서 하셨습니다.
그리고 그 자리를 피하지 않고 버티게 하신 것도 하나님이심을 고백합니다.

올 한 해의 모든 영광을 주님께 올려드립니다.
그리고 오늘도 그 한 해를 포함하여 또 승리하게 하소서.
주님을 찬양합니다.
나를 지키시는 예수 그리스도의 이름으로 기도합니다.
아멘!

:: 그가 너를 그의 깃으로 덮으시리니 네가 그의 날개 아래에 피하리로다 그의 진실함은 방패
와 손 방패가 되시나니 (시편 91:4).

DECEMBER 31

주님 없이 보낼 수 없었던 지난 365일을 감사하며

나의 아버지,
춥고 어둑한 아침이지만, 새로운 날을 맞이하게 하심을 감사드립니다.
오늘은 올해의 마지막 날입니다.
최소한 오늘만큼은 지난 한 해 동안의 내 모습을
직시하게 하시고 반성하게 하시고,
회개하게 하시고 모든 무거운 짐들을 털어 버리고 새해를 맞이할 수 있게 하소서.

올 한 해를 지켜주신 하나님 아버지 감사합니다.
주님이 계시지 않았더라면 살아 걸어 다닐 수도 없는 연약한 인간임을 고백합니다.
나와 나의 가족, 교회와 직장, 이 땅을 지켜주신 하나님 감사합니다.
그 무엇보다 내게 구원을 허락하신 주님께 감사를 드립니다.

새해에는 매 순간 나의 구원에 감격하며 살게 하소서.
나의 모든 소망 중에 가장 큰 소망이 되는
십자가의 은혜를 매일 느끼며 살게 하소서.
돌아보면 부족한 것투성이나 그럼에도 불구하고 몸부림치며
이 자리까지 온 지난 한 해를 수고했다 칭찬해 주소서.

오늘 하루 매 순간 하나님께 감사하며
올 한 해의 못다한 감사와 찬양을 올려드리는 시간 되게 하소서.
주님 없이 보낼 수 없었던 지난 365일을 감사하며
주님께 찬양과 영광을 올려드립니다.
주님께 모든 것을 다 감사드립니다.
내게 구원을 주신 예수 그리스도의 이름으로 기도합니다.
아멘!

:: 호흡이 있는 자마다 여호와를 찬양할지어다 할렐루야 (시편 150:6).

직.장.인.을. 위.한. 묵.상.

하나님의 생각 속으로
들어가야 합니다

마태복음 | 9장 9-13절

9 예수께서 그 곳을 떠나 지나가시다가 마태라 하는 사람이 세관에 앉아 있는 것을 보시고 이르시되 나를 따르라 하시니 일어나 따르니라
10 예수께서 마태의 집에서 앉아 음식을 잡수실 때에 많은 세리와 죄인들이 와서 예수와 그의 제자들과 함께 앉았더니
11 바리새인들이 보고 그의 제자들에게 이르되 어찌하여 너희 선생은 세리와 죄인들과 함께 잡수시느냐
12 예수께서 들으시고 이르시되 건강한 자에게는 의사가 쓸 데 없고 병든 자에게라야 쓸 데 있느니라
13 너희는 가서 내가 긍휼을 원하고 제사를 원하지 아니하노라 하신 뜻이 무엇인지 배우라 나는 의인을 부르러 온 것이 아니요 죄인을 부르러 왔노라 하시니라

―

오늘의 내용은 예수님께서 당시 세리로 사람들에게 세금을 받고 있었던 마태를 제자로 부르시는 장면입니다.
당시 세리는 창녀와 마찬가지로 천대받고 무시당하며 사람들이 죄인이라고 꺼리고 함께하지 않던 사람들이었습니다. 그런데 파격적으로 예수님은 그런 비난받던 세리를 제자로 맞아들이신 것입니다.

내 기준으로 모든 것을 판단하는 것은 매우 위험한 일입니다
인간은 거미와 같습니다. 거미줄을 쳐 놓고 한가운데 앉아서 자기중심적으로 생각하고 판단합니다. 그래서 자칫 오류를 범하는데, 오늘 본문에서도 예수님께서 마태를 선택한 것에 대해서 사람들은 굉장히 의문을 품습니다.
'왜, 저렇게 더러운 죄인과 함께하느냐'는 것이었습니다. 우리의 모든 생각이 항상 옳은 것은 아닙니다. 특별히 하나님의 일에 있어서는 조금 더 넓은 안목을 가지고 바라볼 필요가 있습니다.

내 생각만이 옳다고 고집하지는 않습니까? 하나님의 일하심은 우리의 판단 저 너머에 있습니다. 넓고 크신 하나님의 판단에 나의 판단을 내어 맡기시기 바랍니다.

오늘 여러분의 주변에 있는 약자는 누구입니까?
성경은 언제나 일관 되게 관심을 갖는 대상이 있습니다. 그것은 고아와 과부, 나그네와 약한 자, 소외된 자들입니다.
불변하는 하나님의 지속적인 사랑과 무제한적 관심의 대상이 바로 약자들에 대한 것이었습니다. 오늘 하나님의 뜻대로 살기 원한다면, 가장 분명한 한 가지를 선택할 수 있습니다. 내 주변의 가장 약하고 힘 없는 사람을 향해 관심과 도움을 베푸는 일입니다. 그것만큼 가장 확실하게 하나님의 뜻을 수행하는 일은 없습니다.

우리는 강자를 좋아합니다. 강자 곁에 있어야 내가 유익을 얻기 때문이죠. 하지만 예수님께서는 우리에게 약자의 편에 서라고 말씀하십니다. 오늘 여러분의 주변에 있는 약자는 누구입니까? 그 사람이 오늘 여러분이 돌보아야 할 사람입니다.

하나님께서 원하시는 진정한 예배는 긍휼입니다
하나님은 형식적인 제사나 예배보다 사람을 불쌍히 여기는 마음을 가지라고 명령하십니다. 여러분은 여러분의 상사를 불쌍히 여겨 보신 적이 있으신가요? 아마 대부분은 없을 겁니다. 여러분은 미운 부하직원을 불쌍히 여겨 보신 적이 있으신가요? 예쁜 부하직원을 향해서는 몰라도, 미운 부하직원을 향해서는 없을 겁니다. 하나님은 모든 사람들을 향해 불쌍히 여기는 마음을 가지라고 말씀하십니다.

하나님께서 원하시는 진정한 예배는 오늘 나의 삶에서 만나는 사람을 향해 불쌍히 여기는 마음을 갖는 것입니다. 한 번도 불쌍한 마음으로 바라본 적이 없는 사람을 향해, 불쌍히 여기는 마음으로 바라보고 그런 마음으로 대해 주는 하루 되시기 바랍니다.

내 생각의 거미줄을 제거해 버리고, 하나님의 생각 속으로 들어갑시다. 이 세상은 내 뜻이 아니라, 하나님의 뜻대로 움직여야 소망이 있습니다.

사명선언문

너희가 흠이 없고 순전하여……세상에서 그들 가운데 빛들로
나타내며 생명의 말씀을 밝혀 _ 빌 2:15-16

1. 생명을 담겠습니다
만드는 책에 주님 주신 생명을 담겠습니다.
그 책으로 복음을 선포하겠습니다.

2. 말씀을 밝히겠습니다
생명의 근본은 말씀입니다.
말씀을 밝혀 성도와 교회의 성장을 돕겠습니다.

3. 빛이 되겠습니다
시대와 영혼의 어두움을 밝혀 주님 앞으로 이끄는
빛이 되는 책을 만들겠습니다.

4. 순전히 행하겠습니다
책을 만들고 전하는 일과 경영하는 일에 부끄러움이 없는
정직함으로 행하겠습니다.

5. 끝까지 전파하겠습니다
모든 사람에게, 땅 끝까지, 주님 오시는 그날까지
복음을 전하는 사명을 다하겠습니다.

서점 안내

광화문점	서울시 종로구 새문안로 69 구세군회관 1층 02)737-2288 / 02)737-4623(F)
강남점	서울시 서초구 신반포로 177 반포쇼핑타운 3동 2층 02)595-1211 / 02)595-3549(F)
구로점	서울시 동작구 시흥대로 602, 3층 302호 02)858-8744 / 02)838-0653(F)
노원점	서울시 노원구 동일로 1366 삼봉빌딩 지하 1층 02)938-7979 / 02)3391-6169(F)
일산점	경기도 고양시 일산서구 중앙로 1391 레이크타운 지하 1층 031)916-8787 / 031)916-8788(F)
의정부점	경기도 의정부시 청사로47번길 12 성산타워 3층 031)845-0600 / 031)852-6930(F)
인터넷서점	www.lifebook.co.kr